SV

Hans Mayer

Der Turm von Babel

Erinnerung an eine
Deutsche Demokratische Republik

Suhrkamp Verlag

Erste Auflage 1991

Satz: Uhl + Massopust, Aalen
Druck: May + Co, Darmstadt
Printed in Germany

Der Turm von Babel

Meinem Freunde
Stephan Hermlin gewidmet

Inhalt

I. Das Wort wird zur Vokabel 11

II. Brüder, in eins nun die Hände 18

III. Wilhelm Pieck und Otto Grotewohl 40

IV. Freie Deutsche Jugend 63

V. Der 17. Juni 1953 81

VI. Johannes R. Becher 100

VII. Das Entscheidungsjahr 1956 116

VIII. Ulbricht und die Seinen 143

IX. Exkurs. Hanna und Kurt. *Eine Erzählung* . 166

X. Schriftsteller im Turm von Babel 188

XI. Uwe Johnson erzählt die DDR 208
Nachtrag: Hermann Kant erzählt die DDR 243

XII. Die Ritter der Tafelrunde 248

Personenregister 267

Abkürzungsverzeichnis 272

I. Das Wort wird zur Vokabel

Turm von Babel

Das ist der Turm von Babel,
Er spricht in allen Zungen.
Und Kain erschlägt den Abel
Und wird als Gott besungen.

Er will mit seinem Turme
Wohl in den Himmel steigen
Und will vor keinem Sturme,
Der ihn umstürmt, sich neigen.

Gerüchte aber schwirren,
Die Wahrheit wird verschwiegen.
Die Herzen sich verwirren –
So hoch sind wir gestiegen!

Das Wort wird zur Vokabel,
Um sinnlos zu verhallen.
Es wird der Turm zu Babel
Im Sturz zu nichts zerfallen.

Johannes R. Becher

Der »Turm von Babel« ist ein spätes Gedicht von Johannes R. Becher. In der Chronologie seiner gesammelten Lyrik gehört es zu den Gedichten, die zwischen 1949 und 1958 entstanden. Im Jahre 1949 war Becher gewähltes Mitglied des Zentralkomitees einer Sozialistischen Einheitspartei und amtierte als Präsident des Kulturbundes zur demokratischen Erneuerung Deutschlands. Nach dem 17. Juni 1953 mußte man die berüchtigte staatliche Kunstkommission auflösen. Ein Ministerium für Kultur wurde gegründet: mit Johannes R. Becher als Minister. Übrigens: der biblische Turm zu Babel stürzte nicht ein. Er wurde nach der Sprachverwirrung nicht weiter gebaut. So hat es wohl auch der Maler Breughel verstanden.

Liest man heute jenes Gedicht über das Scheitern des Turmbaus zu Babel, so könnte es scheinen, als habe einer alles Spätere vorausgeahnt: »Es wird der Turm zu Babel / Im Sturz zu nichts zerfallen.« Das Gedicht ist vielgründig. Es kann inspiriert worden sein durch die frühen Erfahrungen eines Atomzeitalters. Es kann auch alle Schrecken und Sorgen der Heutigen über die Zerstörung der Natur mit Hilfe einer Perfektion der Technik vorweggenommen haben.

Vor allem aber ist das Gedicht vom Turm zu Babel eine Auseinandersetzung mit der Lüge und mit einer Ideologie, die allen Rückhalt bei irgendeiner Wirklichkeit, einer »real existierenden« nämlich, verloren hat. Das Wort wird zur Vokabel. Die Wahrheit wird verschwiegen. Verwirrung der Geister und der Herzen. »So hoch sind wir gestiegen!«

Nicht Johannes R. Becher allein muß die Widersprüche im hohen Anspruch einer »antifaschistisch-demokratischen« Ordnung früh bereits erfühlt und reflektiert haben. Diese Behauptung steht scheinbar im Gegensatz zu vielen Texten eines fast frevelhaft zuversichtlichen Utopismus in den vielen Gedichten, die Becher damals niederschrieb: zu irgendwelchen offenbar festlich gemeinten Anlässen. Konfrontiert man den »Turm von Babel« mit der von Becher im Auftrag rasch hingeschriebenen *Nationalhymne* der Deutschen Demokratischen Republik, so möchte der Leser, wenngleich er mit demselben Schema der Reimtechnik in beiden Texten zu tun hat, trotzdem auf zwei verschiedene Verfasser schließen. Hier – beim »Turm von Babel« – die Voraussicht einer unvermeidbaren Katastrophe. Dort – »Auferstanden aus Ruinen und der Zukunft zugewandt« – eine Hoffnungsstärke, die beim eiligen Verfasser der Verszeilen bis an die Grenzen der Absurdität geraten ist. »Denn es muß uns doch gelingen, / Daß die Sonne schön wie nie über Deutschland scheint.« Und später im Gedicht, noch absurder: »Daß nie eine Mutter mehr ihren Sohn beweint.« Vielleicht ist der Widerspruch zwischen dieser übersteigerten Zuversicht, einem Entgegendichten bis hin zur unmöglichen Zukunftsvision, und der Untergangsvision des babylonischen Unternehmens nur scheinbar. Die Absurditäten der Becherschen Nationalhymne verrieten insgeheim den Unglauben. Das Gedicht über den Babylonischen Turm steuerte zwar hin zur Endvision, war aber offenbar ausgegangen von der eigenen Teilnahme an dem ebenso kühnen wie hoffnungslosen architektonischen Projekt. In alledem offenbart sich, was Johannes R. Becher, der gebildete Literat und Schüler eines Georg Lukács, wahrscheinlich gewußt hat, eine nackte »Dialektik der Aufklärung«. Zu ihr gehört es auch, daß der Untergang einer Deutschen Demokratischen Republik, als Zusammenbruch eines Turmprojekts, besiegelt und besungen wurde durch eine Verszeile aus der Nationalhymne des kommunistischen Dichters Johannes R. Becher: »Deutschland einig Vaterland.«

> »Laßt uns dir zum Guten dienen,
> Deutschland einig Vaterland.«

So hatte es bei Becher gestanden. So mußten es alle Bürger des real existierenden Staates auswendig lernen, bis... Bis man an hoher Stelle beschloß, nach eingehender Rücksprache vermutlich mit den viel später als »Stagnation« gekennzeichneten Regierungsleuten von L. I. Breschnew, die unangenehme Vokabel »Deutschland« zu bannen, zu beschweigen. Eine Deutsche Akademie der Künste hieß nunmehr Akademie der Künste der DDR. Das Gedicht von Becher wurde nicht mehr gesungen. Die Nationalhymne war reduziert auf die Musik von Hanns Eisler. Sie macht überdies vergessen, die Musik für sich genommen, daß man Bechers gereimte Nationalhymne ohne weiteres auch nach der Musik Joseph Haydns singen konnte: ganz so wie »Deutschland über alles«. Hanns Eisler muß das gespürt haben, weshalb er den Klingklang in allen Strophen mutwillig durch einen neuen Marschrhythmus unterbrach: »Alte Not gilt es zu zwingen...« Auch Becher selbst war in den Schlußzeilen, als abgefeimter Techniker, ebenso bewußt aus dem Rhythmus gefallen: hin beinahe zur Prosa. Gerade an jenen Stellen, wo die absurde Utopie aufzuscheinen hatte.

Diese Verstrickung der maßlosen Zuversicht mit der geheimen Verzweiflung findet sich nicht allein im Leben und Werk des offiziell gefeierten Nationaldichters der DDR. Die Widersprüche bei Johannes R. Becher waren stellvertretend für alle, die sich am Turmbau von Babel seit dem Ende eines Zweiten Weltkrieges beteiligt hatten. Hoffnung und Unglaube, Aufbaustimmung und tiefe Enttäuschung, beides muß miteinander betrachtet und bei der Rückschau erinnert werden. Vom sogenannt gesunden Menschenverstand, wie er in vielen Faustregeln des Alltagslebens durchscheint, hat *Karl Marx* erklärt, er sei ein »stupider Geselle«. Hat er recht gehabt, der Begründer eines Kommunistenbundes im Jahre 1848? »Ende gut, alles gut«: das ist so ein Sinnspruch. Er macht aber zweierlei vergessen: daß das Happy-Ending die auf dem Wege zum Ende erlittenen Verzweiflungen und Leiden nicht ungeschehen macht. Auch nicht, daß jedes Ende, sogar nach dem Tode eines einzelnen, immer wieder auch für die Nachlebenden einen Neuanfang bedeutet. Auch hier Dialektik der Aufklärung.
Ende schlecht, alles schlecht? Wäre dies die nüchterne Bilanz in der Geschichte einer Deutschen Demokratischen Republik? Ein solcher Sinnspruch machte abermals vergessen, daß das Scheitern des Turmbaus zu Babel nicht gegen die kühne, prometheische Anmaßung spricht, die zur Projektierung des »Grandios-Absurden« führte. Aber »war« die Deutsche Demokratische Republik, wenn man von ihr spricht, mit Thomas Mann zu reden, als »raunender Beschwörer des Imperfekts«, eine kühne Projektion, die schließlich scheitern sollte? Und woran? *Das schlechte Ende wi-*

derlegt nicht einen – möglicherweise – guten Anfang. Die offenkundigen Untaten dieses Staates und seiner mit ihm zugrunde gegangenen Lenker können die vielen Hoffnungen, Leistungen, Ausdrucksformen eines demokratischen Gemeinwillens nicht ungeschehen machen.

Jahrelang wurde, um auszugehen vom Gründungsjahr der beiden deutschen Staaten, dem Jahre 1949, was sicher eine falsche Ausgangsstellung ist, im Volke, nämlich den realen Arbeitern, Bauern und ihren Kindern, den neuen Studenten eines neuen Schul- und Hochschulwesens, nach den moralischen Prinzipien des kategorischen Imperativs von Immanuel Kant im Wortsinne »gearbeitet«. Der einzelne handelte so, daß seine Tätigkeit gleichgerichtet war den Wünschen und Hoffnungen auf ein besseres und neu strukturiertes Gemeinwesen. Demokratisch und antifaschistisch. *Das war eine Denkwirklichkeit, nicht bloß eine Vokabel.* Man lebte und arbeitete mit den Erfahrungen dessen, was man als Drittes Reich hatte kennenlernen müssen. Man nannte es, weil die Kommunisten unfähig gewesen waren, eine befriedigende, schon gar »marxistische« Analyse zu liefern, einfach »Faschismus«. Allein dieses Wort war in der Tat nur eine Vokabel. Das Wort vom Antifaschismus hingegen meinte eine Realität, die viele in diesem neuen Staat kannten und herbeiwünschten.

Dies ist ein Erinnerungsbuch, kein wissenschaftlicher Beitrag zur Zeitgeschichte. Es ist ein Erlebnisbericht am Abend eines Daseins und bei der Rückschau auf ein politisches Gebilde, das man entstehen und vergehen sah. Dazwischen liegen vierzig Jahre. Das ist wenig in der Geschichte der Staaten, wenn man so will. Allein das Deutsche Kaiserreich vom 18. Januar 1871 hat auch nur siebenundvierzig Jahre existiert, was nicht besonders viel ist für ein Kaiserreich.

Ende schlecht, alles schlecht? Beim Anblick jener ebenso grausamen wie unverständigen und starrsinnigen alten Männer, die in wenigen Stunden nicht bloß entmachtet waren, sondern sich durch Rücktritt zu entmachten hatten, scheint es leicht zu sein, das Personal dieses Staates und der ihm vorausgehenden sowjetischen Besatzungszone auch moralisch und charakterologisch *vom Ende her zu deuten*. Das darf nicht geschehen. Es hat die einen gegeben und die anderen. Es geht nicht an, daß das Andenken, das ein Walter Ulbricht hinterlassen hat, auch seinen Vorgänger im Amt des Staatsrepräsentanten, den Präsidenten Wilhelm Pieck, kennzeichnen dürfte. Mehr noch: Das Zerrbild Walter Ulbricht hat auch wenig zu tun mit dem Charakterbild des Nachfolgers Erich Honecker. Nichts ist so erfolgreich wie der Erfolg. Die Amerikaner haben recht mit diesem Spruch. Doch nur innerhalb des Kategoriensystems ihrer eigenen Gesellschaft. Nichts ist so verächtlich wie der Mißerfolg? An diese fragwürdige Maxime sollten sich gerade die Deutschen nicht halten, als Besiegte zweier Weltkriege.

Der alte Marcus Porcius Cato aus der römischen Geschichte, das lernte man noch im humanistischen Gymnasium, umriß seine Lebensmaxime durch den Satz: Die Götter haben sich für die siegreiche Sache entschieden. Dem Cato gefällt die besiegte Sache.

II. Brüder, in eins nun die Hände

Das Bild vom öffentlichen Händedruck des Kommunisten Wilhelm Pieck mit dem Sozialdemokraten Otto Grotewohl am 21. April 1946 in Berlin ist weltbekannt geworden. So war es geplant von den eigentlichen Veranstaltern, den Russen und ihren deutschen Kommunisten. Beide schauen in die Kamera; da ist zwar der Händedruck, doch er wirkt auf dem Bild wie die Besiegelung eines Vertragsschlusses, wobei Gefühle ausgespart sind. Beide schauen uns an: jeder mit seiner eigenen, von der des anderen so divergierenden Welt.

War das mehr als eine Propaganda, die seitdem vom »historischen Augenblick« zu sprechen pflegte? Die spätere Agitation der an jenem 21. April als Zusammenschluß begründeten Sozialistischen Einheitspartei Deutschlands (SED) hat es so formuliert: »Wie zwei große Flüsse vereinigten sich 1946 Kommunisten und Sozialdemokraten zu einem mächtigen Strom. Aus dieser Vereinigung erwuchs die Kraft, die die friedliche Zukunft unserer Nation sichert.«

In seltsamer Weise wurde die konkrete menschliche Konstellation, der Händedruck also, der einen Pakt besiegelte, im Verlauf der folgenden Jahrzehnte immer stärker *verdinglicht*: folglich entmenschlicht. Der Augenblick selbst trat zurück hinter dem Bild, das von ihm »geknipst« worden war. Später wurde das Bild immer mehr auf das scheinbar Wesentliche reduziert, im Vorgang einer gleichsam ästhetischen Reduktion. Die Menschen verschwanden, diese Pieck und Grote-

wohl. Gezeigt wurde bloß noch der Händedruck. Er allein schien wichtig geworden zu sein.
Versteht man diesen Vorgang der Reduktion: vom historischen Geschehen zwischen zwei Menschen zur Abbildung, von der Abbildung des Ganzen zur Abbildung des bloß symbolhaften Händedrucks, immerhin noch als Herstellung eines originalen Kunstwerks, eben als Händedruck, so geriet nun dieses Kunstwerk in die Reproduktion. Millionenfach. Übrig blieb schließlich das *Parteiabzeichen* eines Mitglieds der SED. Es war ein Abbild des Händedrucks. Nun mußte der Händedruck im Knopfloch getragen werden. Das war Pflicht, wer es unterließ oder verschlampte, schädigte die Partei und hatte Folgen zu tragen.
Gegen Ende des Staatsgebildes und damit der Sozialistischen Einheitspartei versuchten die Parteimitglieder, unsicher oder zornig oder verzweifelt, die insgeheim gehaßte Nadel mit dem Händedruck abzustreifen. Das »Bonbon«, wie man es nunmehr höhnisch im kleinen Kreise nannte. Um es als persönliche Erinnerung zu reproduzieren: Als ich zum ersten Mal im November 1986 als Gast einer Akademie der Künste der DDR nach Ost-Berlin zurückkehrte, und damit in die Deutsche Demokratische Republik, hatten sich zu meinem Vortrag fast alle namhaften Schriftsteller und Künstler des Staates, wohl alle Mitglieder der Akademie selbst, eingefunden. Das Parteiabzeichen aber entdeckte ich nur beim Verwaltungsdirektor des Akademiegebäudes. Im Frühjahr 1988, als ich, der Republikflüchtling und Abschaum, zum ersten Mal nach Leipzig zurückkehrte und am Abend des Ankunftstages auf Einladung des Kulturbundes vor gela-

denen Gästen über Fragen der Kulturpolitik diskutierte, sah ich das Parteiabzeichen nur im Knopfloch des Mannes neben mir, des Leipziger Bezirksleiters dieses Kulturbundes.

Auch jetzt ist es durchaus unzulässig, das Geschehen vom 21. April 1946 vom schlimmen Ende her zu deuten: von der Verdinglichung, vom Zorn, vom Einsturz her des babylonischen Gebildes. Der These nachgeborener Historiker muß widersprochen werden, wonach alles, was zu jenem Vereinigungsparteitag führte, bloße Erpressung gewesen sei: der deutschen Kommunisten und vor allem der sowjetischen Militäradministration. Der Historiker Peter Wulf sprach von Druck und Täuschung. Die Vereinigung sei »unter später nicht eingehaltenen Zusagen zustande« gekommen. Mehr noch. Der SPIEGEL (10/1990) hat den Fraktionsgeschäftsführer Friedrich Bohl von der CDU mit folgender Behauptung zitiert: »Die SPD ließ sich in die SED zwingen. Die Gegner dieser Zwangsvereinigung fanden nicht genug Aufrechte, um die SPD davor bewahren zu können.«
Es war alles ganz anders. Das Streben nach einer vereinigten Kraft der Arbeiterparteien – denn das waren sie ökonomisch und soziologisch durchaus noch in jenen ersten Nachkriegsjahren – war real, geradezu leidenschaftlich. Die Erfahrungen mit dem Zusammenbruch der Weimarer Republik und mit dem Terror des Dritten Reiches, zu schweigen von den Erfahrungen der Heimkehrer aus einem beispiellosen Krieg, drängten dahin, aus eben jenen Erfahrungen der Vergangenheit

zu lernen. *Kein zweites Weimar.* Auch Weimar war als Turmbau von Babel eingestürzt. So widersinnig das auch nach mehr als vierzig Jahren klingen mag: Es waren dieselben Erfahrungen, die zur Vereinigung der Kommunisten und Sozialdemokraten in der sowjetischen Besatzungszone führten, welche im Bereich der drei westlichen Besatzungszonen die sogenannten »Väter des Grundgesetzes« veranlaßten, aus jenem Grundgesetz der Bundesrepublik Deutschland alles zu eliminieren, was in der Weimarer Verfassung vom 10. August 1919 mitgeholfen hatte, den Untergang zu beschleunigen. *Im Osten:* die Überwindung der Parteienzersplitterung durch Herstellung einer starken demokratischen Kraft, gestützt auf die (wie man im 19. Jahrhundert sagte) »eigentlich produktiven Klassen«. Das war damals, im April 1946, vor allem zu verstehen als Widerstand gegen Werwölfe, rechtsradikale Putschisten, bürokratische Zersetzungsarbeit von jenen Parteigenossen ihres Führers, die weiteramtierten als Beamte auf Lebenszeit. So war es zu verstehen, wenn sich die Deutsche Demokratische Republik als eine »demokratische und antifaschistische Ordnung« verstand. Dieses Wort war damals noch nicht zur Vokabel geronnen.

In den *westlichen* Überlegungen zum Grundgesetz dominierte aus ähnlichen Erwägungen die Abneigung besonders gegen einen Diktaturparagraphen wie jenen Artikel 48 der Weimarer Verfassung, der schließlich dem Reichspräsidenten von Hindenburg und der von ihm autoritär eingesetzten Regierung gestattete, das Parlament auszuschalten und das Deutsche Reich mit Hilfe von Notverordnungen zu regieren. Ebenso hatten die Erfahrungen der zwanziger Jahre mit der Volkswahl des Reichspräsidenten und später mit den vom Propagandaminister inszenierten Volksabstimmungen mit Hilfe von angeheizten Emotionen dazu geführt, daß auch die Möglichkeit von Volksentscheidungen im Grundgesetz weitgehend eliminiert wurde. Weder plebiszitäre Wahl des Bundespräsidenten noch gar des Bundeskanzlers.

Die Folgen jenes Zusammenschlusses durch Händedruck sind für die Sozialdemokraten in der SED und später in der DDR nahezu mörderisch gewesen. Kaum einer der führenden Sozialdemokraten vom Jahre 1946 hat im Verlaufe der DDR-Geschichte noch irgendeine Machtposition ausüben können. Als letzter konnte Friedrich Ebert, Sohn des einstigen Sozialdemokratischen Reichspräsidenten dieses Namens, als Oberbürgermeister der Reichshauptstadt zunächst, dann des östlichen Teils der geteilten Metropole amtieren. Er war auch Mitglied des Politbüros, aber mit eigentlicher Macht hatte auch dieser Fall nichts mehr zu tun.

Das war anders gewesen im Augenblick der Parteigründung. *Otto Grotewohl* war alles andere als eine willfährige Marionette. In seinem Falle von Erpressung oder mangelnder Courage zu sprechen ist absurd. Hier hatte ein Sozialdemokrat in aller Bewußtheit die Lehre aus den Erfahrungen mit der Parteienzersplitterung von Weimar ziehen wollen. Otto Grotewohl, davon wird noch zu sprechen sein, handelte am 21. April 1946 als ein bewußter Antifaschist und Demokrat. Die Erbitterung seines Gegenspielers in Hannover, des einstigen Fraktionskollegen Otto Grotewohls, *Kurt Schumachers* also, mochte berechtigt sein aus dem grundsätzlich entgegengesetzten Konzept Schumachers von den Möglichkeiten eines wiedervereinigten Deutschland. In einem Gespräch, das ich selbst im Herbst dieses Jahres 1946 in Frankfurt vor den Mikrofonen des Rundfunks mit Kurt Schumacher führte, war die eigentliche Abfolge des Interviews sehr sachlich und emotionslos verlaufen. Zorn stieg erst auf, als ich den Namen Otto Grotewohls nannte. Daß Kurt Schumacher in der Folge mit seinen Überlegungen recht gehabt hat, ist evident. Dennoch bestand in jenem ersten Nachkriegsjahr die Möglichkeit, daß durch den massenhaften Zusammenschluß von Kommunisten und Sozialdemokraten im Bereich der sowjetischen Besatzungszone eine neue Politik und vor allem eine neue, demokratische politische Struktur entstehen würde. Man vergesse es nicht: *Sie hatte an die Stelle der Institutionen und der Ideologie des Hitlerstaates zu treten.* Es ist anders gekommen.

In seinen »Erinnerungen« (1989) kommt *Willy Brandt* auf seine Erfahrungen mit dem noch kurz vor Kriegsende ermordeten sozialdemokratischen Reichstagsabgeordneten *Julius Leber* zu sprechen, dessen Bedeutung für die geistige Entwicklung des jungen Sozialisten aus Lübeck beträchtlich gewesen sein muß. Brandt wagt eine Perspektive: »Nicht einmal vier Monate später, und Julius Leber wäre ein freier Mann gewesen. Und ein sozialdemokratischer Parteiführer, der das Zeug zum Kanzler ganz gewiß gehabt hätte. So wie er war – weltoffen und wagemutig, charismatisch und machtbewußt.«

Durchaus möglich, aber auch dies ist ein Denkspiel,

dem ein anderes Denkspiel entgegengesetzt werden könnte. Und wie, wenn Julius Leber, als Überlebender, dem Beispiel auch seines Kollegen aus der sozialdemokratischen Reichstagsfraktion der SPD gefolgt wäre, dem Buchdrucker und braunschweigischen Minister Otto Grotewohl? Wer damals, gleich nach Kriegsende, die Anfänge eines gesellschaftlichen und politischen Lebens, durchaus noch keines staatlichen Daseins in Deutschland miterlebte, erinnert sich noch an die Anfänge einer sozialdemokratischen Wiederbelebung und Renaissance. Von unserer Gegenwart her gesehen, waren es durchaus *nicht die Namen, die später allgemein bekannt wurden*. Wer etwa behauptet, in jenem Jahre 1946 hätten die ehemaligen und überlebenden Mitglieder der katholischen Zentrumspartei, überhaupt alle Verfechter »einer deutschen Demokratie auf christlicher Grundlage« mit tiefer Sehnsucht auf *Konrad Adenauer* gestarrt, beweist bloß, daß er sich nicht auskennt und aus Büchern zurechtlegt, was anders verlief. Auch die spätere Christlich-Demokratische Union, ganz abgesehen von Bayern, war gespalten. Es gab die Neubegründung der alten Zentrumspartei, und es gab die Vertreter eines Projekts, das eine grundsätzliche Neugründung bevorzugte. Nicht mehr der Name einer Partei, sondern einer bloßen Vereinigung, einer Union. Das Nebeneinander also von Zentrumspartei und späterer CDU. Namen wie Spiecker oder erst recht Karl Arnold waren Hoffnungsträger. Adenauer war Jahrgang 1876, übrigens fast auf den Tag so alt wie Wilhelm Pieck. Er war vorerst als Oberbürgermeister von Köln an den Engländern gescheitert, wie man weiß, doch war er ungemein tätig und im

Laufe des Jahres 1946 bereits unangefochten als Fraktionsführer einer christlich-demokratischen Politik im Vereinigungsprozeß der englischen und amerikanischen Besatzungszone.

Trotzdem sprachen die Herausgeber der »Frankfurter Hefte«, also Walter Dirks und Eugen Kogon und Clemens Münster, viel nachhaltiger im Sinne der Kleinbürger und mittelständischen Menschen im Lande, wenn sie, wie Kogon es formuliert hatte, einen »Sozialismus aus christlicher Verantwortung« postulierten. In einem Rundfunkgespräch, das ich in Frankfurt, kurz vor jenem Interview mit Kurt Schumacher, damals auch mit meinem seit der Jugendzeit bekannten Landsmann Konrad Adenauer führen konnte, lehnte der damalige Fraktionsführer der christlichen Demokraten solche Gedanken durchaus nicht ab. Er hielt es auch, auf Befragen, für richtig, daß eine Volksabstimmung in Hessen den Gedanken einer Verstaatlichung der Grundindustrien gebilligt hatte.

Die Gegenspieler Konrad Adenauer und Kurt Schumacher konnten ihre Rolle erst auf Umwegen und nach Verzögerungen aufnehmen. Auch Kurt Schumacher war ebensowenig wie Adenauer der einzige denkbare Parteiführer der deutschen überlebenden Sozialdemokraten einer Kriegsgeneration. Die ersten Namen, die bald nach dem Ende immer wieder genannt wurden, meinten *Gustav Dahrendorf* in Hamburg und *Otto Grotewohl* in Braunschweig. Der Vater des Soziologen Ralf Dahrendorf entzog sich dem großen politischen Spiel. Otto Grotewohl hat es gewagt. Es war damals nicht zweifelhaft, auch für die Sozialdemokraten in den westlichen Besatzungszonen, daß

Grotewohls Konzept eines Zusammengehens mit den Kommunisten von weiten Kreisen seiner sozialdemokratischen Parteifreunde gebilligt wurde. Natürlich hat die sowjetische Militäradministration in Deutschland, die hervorragende Sachkenner und Politiker aufwies mit Namen Tulpanow oder Dymschitz, zu denen sich bereits einige Jahre später, aus Moskau kommend, Wladimir S. Semjonow gesellte, mit allen Mitteln der Verheißung wie Drohung auf jenen Zusammenfluß der Strömungen gedrängt. Der Händedruck war Vertragsbesiegelung und Startzeichen in einem. Er entsprach den Grundprinzipien der sowjetischen Besatzungspolitik für Deutschland.

Andererseits entsprach Kurt Schumachers Politik einer schroffen Negierung jeglichen Zusammengehens mit den Kommunisten genauso unverkennbar den Grundprinzipien einer Administration des *amerikanischen* Präsidenten Harry Truman und seines Außenministers Byrnes. Noch bis zum Ende des Jahres 1946 behielten die Abmachungen unter den vier Alliierten auch für die amerikanische Politik weitgehend Gültigkeit. Bei aller Lizenzierung von Zeitungen und Zeitschriften in der amerikanischen Besatzungszone wurde der Grundsatz beherzigt, daß unter den Lizenzträgern mindestens je einer christlich-demokratisch, sozialdemokratisch und kommunistisch sein müsse. Die erste große deutsche Tageszeitung, die in der amerikanischen Besatzungszone lizenziert wurde, hieß *»Frankfurter Rundschau«*. Unter ihren ursprünglichen Lizenzträgern gab es zwei Kommunisten, zwei Sozialdemokraten und einen christlich-sozialen Politiker (Wilhelm H. Gerst).

Das änderte sich bald, bereits zu Beginn des Jahres 1947, als die Stuttgarter Rede des Staatssekretärs Byrnes alle Gemeinschaft mit den sowjetischen Alliierten aufkündigte. Nun mußten die feierlich lizenzierten Kommunisten aus den Redaktionen der Medien in irgendeiner Weise wieder entfernt werden, falls sie nicht bereit waren, auf ihre kommunistische Parteizugehörigkeit und Überzeugung zugunsten der Lizenz zu verzichten. Einige wurden gefeuert, anderen war die neue publizistische Aktivität wichtiger als der Marxismus-Leninismus einer sowjetischen Prägung.

Im Augenblick jener feierlichen Beschwörung von Freundschaft und Kameradschaft durch den Kommunisten Wilhelm Pieck und den Sozialdemokraten Otto Grotewohl war das, in einer Welt des langsamen Aufatmens und Hoffens, eine Entscheidung, die vielen Deutschen in den vier Besatzungszonen von Herzen kam. Der Händedruck, als er noch von zwei bemerkenswerten Menschen vollzogen wurde, schien eine neue Spur zu bedeuten. Eine Spur des Prinzips Hoffnung.

Dann kam es, zögernd zuerst, bald sehr rasch, zur großen Zurücknahme. Die Politik in den Westzonen, dann der neugegründeten Bundesrepublik Deutschland, lief hinaus auf Eliminierung der Kommunisten aus allen Funktionen, die man ihnen nicht lange vorher freiwillig angeboten hatte. Es war eine regelrechte Säuberung. Man möge nicht vergessen, daß zur Zeit des »Händedrucks« vom April 1946 ein Parteikommunist in Köln als Intendant des Westdeutschen

Rundfunks innerhalb des Nordwestdeutschen Rundfunks (NWDR) fungierte. Max Burghard demissionierte bald darauf, übernahm eine Weile den Ostberliner Rundfunk als Generalintendant, wurde später Generalintendant der Theater in Leipzig und schließlich, bis zu seinem Tode, der Intendant der wiederaufgebauten Deutschen Staatsoper Unter den Linden. Burghard war ein alter Kommunist, der im Zuchthaus gesessen hatte. Sein Chefredakteur in Köln stammte aus einem alten Kölner Geschlecht, war als Kriegsgefangener in England umgeschult worden, hatte sich aber in diesem Prozeß den Kommunisten angeschlossen. Er hat diese Entscheidung niemals rückgängig gemacht. Sein Name war Karl-Eduard von Schnitzler.

Ich habe Schnitzler damals kennengelernt. Er besuchte mich zum Jahresende 1945, als ich bei der amerikanischen Militärregierung in Bad Nauheim die neu lizenzierten Zeitungen als Kultur- und Nachrichtenredakteur zu beliefern hatte. Sein weiterer Weg ist nur allzugut bekannt. Ich habe Schnitzler später in der DDR, soviel ich weiß, niemals wiedergesehen. Damals in Nauheim kam er mit einem Freund aus der englischen Gefangenschaft und Umschulung. Sie schienen Gesinnungsfreunde zu sein. Doch ihre Wege trennten sich bald. Schnitzler mußte in Köln demissionieren und ging nach Ost-Berlin. Der andere, der sich später anders nannte, ging nach Hannover zu Kurt Schumacher. Sein Arbeitsgebiet war nun jenes Ostbüro der SPD, das die Partei vermutlich viel zu lange arbeiten ließ, bevor sie die Institution auflöste. Das Ostbüro wollte hineinwirken in die Ostzone, die spätere Deutsche Demokratische Republik. Was heißen sollte, daß man versuchte, ehemalige Sozialdemokraten, nunmehrige Mitglieder der SED, zur Arbeit gegen ihre eigene Partei und den neuen Staat anzuwerben. Es gibt erschreckende Zahlen der Repression von Sozialdemokraten durch den sowjetischen Geheimdienst und die gnadenlosen Gerichte der DDR. Lager, Zuchthaus, Tod. Aber manche sind auch Opfer jenes »Ostbüros« der SPD gewesen und geworden. Ich sehe sie noch vor mir in Nauheim in dem kleinen requirierten Hotelzimmer mit dem gut heizenden Öfchen: den Schnitzler und jenen anderen. Zwei deutsche Möglichkeiten, zwei deutsche Irrwege.

Brüder, in eins nun die Hände. Das alte Sozialistenlied, die große Sehnsucht nach der gemeinsamen Kraft. Sehnsucht nach einem Starkwerden durch die Gemeinschaft von vielen, die allein für sich wehrlos und ohnmächtig sein mußten. »Die Kraft der Schwachen«, so hat es die kommunistische Schriftstellerin *Anna Seghers* genannt. Es ist vielleicht die Geheimformel für ihr großes literarisches Werk.
Diese Sehnsucht aber wurde damals so stark und bedrängend, weil die deutsche Vergangenheit der Weimarer Republik und ihres babylonischen Zusammenstürzens als Wahrzeichen stets gegenwärtig war im politischen Bewußtsein. Es sollte nicht wieder zugehen wie in den Jahren der agonisierenden ersten deutschen Republik. Beide Strömungen, die kommunistische wie die sozialdemokratische, wurden immer wieder geschwächt zwischen 1919 und 1933, durch Abflüsse

und Umlenkungen. Im Laufe des Ersten Weltkrieges hatten sich die Unabhängigen Sozialdemokraten (USPD) von den verhaßten Mehrheitssozialisten abgetrennt. Von den sechs Volksbeauftragten am 9. November 1918 gehörten drei zu den Mehrheitssozialisten, angeführt durch Friedrich Ebert, die drei anderen waren Unabhängige Sozialdemokraten. Während des Krieges hatte sich der *Spartakusbund* sowohl legal wie illegal von der Mutterpartei getrennt. Karl Liebknecht und Rosa Luxemburg waren in Haft. Man kennt die tragikomische Ausrufung der deutschen Republik am 9. November 1918 in Berlin. Die Republik wurde zweimal ausgerufen: im Berliner Schloß und im Reichstagsgebäude. Durch den Sozialdemokraten Philipp Scheidemann und den Kommunisten Karl Liebknecht. In seinem großen Romanwerk »November 1918« hat *Alfred Döblin* diesen Vorgang geschildert. Als Publizist hatte Döblin (Linke Poot) noch in den zwanziger Jahren höhnisch bemerkt, die Republik sei zweimal ausgerufen worden, womit sie ganz besonders sicher begründet worden sei. In Wirklichkeit aber war ihr schon damals nicht mehr zu helfen.

Am 31. Dezember 1918 wurde durch Liebknecht und Rosa Luxemburg und die anderen Mitglieder des Spartakusbundes die Kommunistische Partei Deutschland gegründet. Am 15. Januar 1919 wurden Karl und Rosa ermordet. Im Verlaufe des ersten Nachkriegsgeschehens aber spalteten sich auch im Laufe der Ereignisse sowohl die Kommunisten wie die Unabhängigen Sozialdemokraten. Eine Linksgruppe der KPD trennte sich von den Erben Liebknechts und Rosa Luxemburgs. Man nannte sich Kommunistische

Arbeiterpartei Deutschlands (KAPD). Zu dieser Richtung, die zum Boykott aller Wahlen zur Nationalversammlung aufforderte, gehörte wohl auch der Abgeordnete Reuter-Friesland. Also *Ernst Reuter*. Auch Clara Zetkin hatte eine Zeitlang diese linke Abweichung unterstützt, bis Lenin selbst sie von der Notwendigkeit einer parlamentarischen Tätigkeit auch der Kommunisten überzeugte.

Die USPD spaltete sich im Jahre 1920 auf ihrem Parteitag in Halle. Ein Teil dieser linken Sozialdemokraten schloß sich mit der Kommunistischen Partei zur Vereinigten Kommunistischen Partei Deutschlands (VKPD) zusammen. Die große Propagandarede des Bolschewisten Grigori Sinowjew, den Stalin später umbringen ließ, hatte die ideologische Spaltung herbeigeführt. Zu den Delegierten der USPD, die nun Kommunisten geworden waren, gehörten *Ernst Thälmann* und *Walter Ulbricht*. Die nichtkommunistischen Sozialdemokraten schlossen sich dann mit den Mehrheitssozialisten zusammen.

Das war etwa seit der Mitte der Zwanziger Jahre die Grundbasis der jahrelang bei den Reichstagswahlen als Nummer Eins führenden SPD. Bei den Kommunisten gab es immer wieder Abspaltungen, Ausschlüsse, Ächtungen. Das entsprach ziemlich genau den Machtkämpfen in Moskau nach Lenins Tod. Es gab die linken Abweicher und die rechten Abweicher, wozu vor allem die alten Mitglieder des Spartakusbundes aus Liebknechts Zeiten gehörten. Sie hielten es in Moskau mit Bucharin und wurden folgerichtig ausgeschlossen, als Stalin auf dem Sechsten Weltkongreß der Kommunistischen Internationale im Jahre 1928

den treusten Schüler W. I. Lenins entmachtete. Er ließ ihn später foltern, dann erniedrigen in einem widerlichen Prozeß, dann abschießen. Unter M. S. Gorbatschow erfolgte nach fünfzig Jahren eine Rehabilitierung. Aber was wollte das besagen ... Seit 1928 hat Stalin höchstselbst die Politik seiner kommunistischen Parteien festgelegt. Da er weder Fremdsprachen beherrschte noch irgendeine Erfahrung der west- oder mitteleuropäischen Welt besaß, gerieten seine Theorien ins Absurde. Da es den Kommunisten, übrigens auch den Sozialdemokraten, niemals gelang, eine nachprüfbare und haltbare Theorie über die Entstehung des sogenannten *Faschismus* zu liefern, geriet man ins Fabulieren. *Die Analyse wurde ersetzt durch bloße Terminologie.* Das Wort ward zur Vokabel. Stalin ließ dekretieren, der Faschismus sei ein politischer Wunschtraum der »am meisten reaktionären Kreise der Bourgeoisie«. Dadurch wurde der Faschismus zum Quantitätsproblem degradiert. Welche Bourgeoisie war mehr oder weniger reaktionär?
Noch schlimmer stand es mit der Interpretation dieses Faschismus selbst. Stalin entwickelte eine *Zwillingstheorie.* Es gebe zwei Faschismen, den eigentlichen Faschismus und den Sozialfaschismus. Mit letzterem waren die Sozialdemokraten der II. Internationale gemeint. Gekrönt wurde Stalins politisches Meisterwerk durch die These: In den Jahren seit 1928 sei nicht der Faschismus, sondern der Sozialfaschismus zu verstehen als »soziale Hauptstütze der Bourgeoisie«.
Die Folgen dieses wahnhaften Theoretisierens sind weltbekannt. Die kommunistischen Parteien erhielten allenthalben den Auftrag, sich von den Sozialfaschi-

sten zu trennen. Als Partei brauchten sie das ohnehin nicht, wohl aber als Gewerkschaften und in den bis dahin noch intakten Sport- und Kulturorganisationen der deutschen Arbeiterklasse. Da laut Stalin der eigentliche Faschismus, im Deutschen Reich also die Nazis, als kleineres Übel anzusehen war, durfte man sich getrost mit den Braunen verbünden gegen die Sozialfaschisten. Im Berliner Sportpalast diskutiert Walter Ulbricht öffentlich mit dem Dr. Joseph Goebbels. Beim Streik der Berliner Verkehrsbetriebe sind Kommunisten und Nazis verbündet gegen den sozialdemokratischen Magistrat der Reichshauptstadt.
Man muß noch weiter gehen: Die unmittelbare Folge dieser stalinistischen Dogmen war, zehn Jahre später, der Moskauer Pakt zwischen Stalin und Hitler, zwischen Molotow und Ribbentrop. Die Wunde Stalin eitert immer weiter in der Welt, bis heute. Mitten in Deutschland ebenso wie im Innern der durch Stalin terrorisierten Sowjetunion.

Auf die im Februar 1933 nach dem Reichstagsbrand sofort und planmäßig einsetzende Verfolgung waren die deutschen Kommunisten überhaupt nicht vorbereitet, wie sich zeigen sollte. Unter viel Geheimniskrämerei hatte man Illegales geplant. Als es wirklich darum ging, Menschen und Dokumente zu retten, war kaum etwas vorbereitet worden. Das Versteck des Parteiführers Ernst Thälmann wurde rasch ausgehoben; vermutlich war es der Polizei ohnehin seit langem bekannt. Es bedurfte damals noch keiner geheimen staatspolizeilichen Methoden. Thälmann wurde

ebenso rasch und widerstandslos abgeholt wie damals, am 15. Januar 1919, die »Illegalen«, Liebknecht und Rosa Luxemburg.
Es ist bis heute nicht ernsthaft untersucht worden, warum Thälmann nicht wirklich in Sicherheit gebracht werden konnte. Noch sonderbarer erscheint der Umstand, daß offenbar niemals versucht wurde, bei den Verhandlungen zwischen Molotow und Ribbentrop im Sommer 1939, die Freilassung des gefangenen deutschen Parteiführers und seine Auslieferung nach Moskau zu vereinbaren. Walter Ulbricht hat sich später gehütet, auf solche Themen einzugehen. Die Thälmann-Pioniere haben auch nicht danach gefragt, weil man ihnen nichts davon erzählte. Es wäre denkbar, daß für Stalin der gefangene oder dann auch ermordete Ernst Thälmann wichtiger war als dessen Rettung.
Auch politisch war die kommunistische Parteiführung zu Beginn des Jahres 1933 im mindesten nicht vorbereitet auf eine Lage, mit der sie ernsthaft nicht gerechnet hatte, aber hätte rechnen müssen. Die Theorie vom Sozialfaschismus hatte überall Folgen. Am Abend des 30. Januar 1933, als Fackelzüge der Braunen und der Schwarzweißroten durch alle deutschen Straßen zogen, hatte die kommunistische Partei in Köln zu einer Gegenkundgebung aufgerufen. Die Rheinlandhalle war nur spärlich besetzt. Da bröckelte schon alles ab. Der kommunistische Reichstagsabgeordnete Werner Hirsch, ein Jude übrigens, hielt eine kraftstrotzende Rede, die viel Schwäche verbergen mußte: »Die werden bald abgewirtschaftet haben. Und dann kommen wir!« Ich war hingegangen und habe Bild und Ton in

mir festgehalten. Werner Hirsch ist später erschlagen worden.
Der Brand des Reichstags, wie immer man ihn beurteilen mag, diente als Vorwand, alle kommunistischen Funktionäre, vor allem die Abgeordneten des Reichstags, festzusetzen. Dann fehlten sie bei der Konstituierung des im März neugewählten Parlaments, konnten also nicht gegen den neuen Reichskanzler stimmen. Hätten sie anwesend sein können, so fehlte dem neuen Reichskanzler aus Oberösterreich die Mehrheit. Seine Ausnahmegesetze wären dann abgelehnt worden. Er wäre trotzdem im Amt geblieben, daran sollte man nicht zweifeln, doch der nackte Terrorismus, der erst am 30. Juni 1934 triumphieren sollte, wäre bereits im Frühjahr 1933 nötig gewesen. Er verbarg sich ohnehin nicht, wie zum Beispiel beim 1. April, dem ersten Judenpogrom im deutschen zwanzigsten Jahrhundert. Beim Reichsgerichtsprozeß über die Brandstifter hatte der neu berufene Reichsminister für Volksaufklärung und Propaganda (als wären das nicht Gegensätze) eine sonderbare Mannschaft auf die Anklagebank geschickt. Den auf frischer Tat ertappten jungen Holländer Marinus van der Lubbe, drei ganz unbekannte Bulgaren, von denen man später erfuhr, daß sie bei Stalin längst in Ungnade waren und hier in Deutschland darauf warten sollten, bei irgendeiner Konspiration gefaßt und unschädlich gemacht zu werden. Man fand sie daher auch leicht, als man Zeugen brauchte für das angebliche internationale kommunistische Komplott. Als fünfter saß der Reichstagsabgeordnete Ernst Torgler auf der Anklagebank. Er war bis dahin ein Prunkstück kommunisti-

scher politischer Propaganda im Reichstag gewesen. Mitglied des engsten politischen Machtkreises, zu welchem Thälmann und Pieck gehört hatten, Franz Dahlem und Walter Ulbricht.

Beim Leipziger Prozeß wurde Torgler politisch zum Versager. Er verteidigte sich wie ein üblicher Angeklagter, der die Schuldtatsachen abstreitet, womit Torgler natürlich angesichts der schlampig gesponnenen Anklage viele Möglichkeiten hatte. Politische Argumentation, gar Angriffslust schien er sich zu versagen. Er mußte freigesprochen werden und blieb unbehelligt. Die Enttäuschung in der Welt über Torgler war unverkennbar.

Held des Leipziger Prozesses wurde der unbekannte Bulgare *Georgi Dimitroff*, wie man weiß. Hier wirkte noch der Geist, Zorn, Witz eines revolutionären Sozialisten aus den Folgejahren der russischen Oktoberrevolution. Dimitroff war ersichtlich kein Stalinist, daher die Ungnade. Doch er mußte mit Stalin rechnen, und Stalin nunmehr auch mit Dimitroff. Die Ungnade verwandelte sich in erklärte Gunst. Diesmal erzwang die Sowjetunion auf dem Verhandlungswege bei der neuen deutschen Reichsregierung die Freilassung der drei Bulgaren. Der wütende und von Dimitroff ausgelachte Hermann Göring konnte sich der Abschiebung nicht widersetzen. Auf eine Emigration Ernst Torglers schien man in Moskau keinen Wert zu legen.

Hier begann die Wende im Verhalten der Kommunisten zu den verfemten einstigen Sozialfaschisten. Dimitroff hat Stalin, das ist unbestritten, die Notwendigkeit einer Preisgabe aller schönen Theorien von der sozialfaschistischen Hauptstütze der Bourgeoisie nahegelegt. Kehrtwendung. Nun wurden sie plötzlich Brüder und Bundesgenossen, die Sozialfaschisten. Man mußte zusammenstehen im Kampf gegen den »richtigen« Faschismus, der übrigens auch kein Faschismus war nach dem römischen Modell von Benito Mussolini. Die Brüsseler nur oberflächlich geheime und illegale Parteikonferenz der KPD (1935) sanktionierte auch für die deutsche Sektion der Komintern das Rezept einer Volksfront oder Einheitsfront. Die offizielle Moskauer Strategie und Taktik erläuterte *Wilhelm Pieck* in Brüssel. Er war aus Moskau gekommen, hatte sich also der Verhaftung in Deutschland genauso entziehen können, wie er es an jenem 15. Januar 1919 verstanden hatte, im Hotel Eden zu Berlin dem Mordanschlag zu entgehen.

Ohne jene von Moskau angeordnete politische Wendung ist weder die Volksfrontbewegung in Frankreich in den dreißiger Jahren, die den Sozialisten Léon Blum an die Regierung brachte, zu erklären, noch die Kraft des Widerstandes der spanischen Republikaner und ihrer Freunde aus den Internationalen Brigaden im spanischen Bürgerkrieg. Daß er verlorenging und nach Francos Sieg in wahre Mordlust der Sieger ausartete, hängt abermals sowohl mit Stalin zusammen, wie auch mit der unsicheren, verlegen taktierenden Politik westeuropäischer Sozialisten und Sozialdemokraten. Sie hatten im Jahre 1934 den Aufstand gegen den klerikalen Konservativismus in Wien verloren. Sie klammerten sich, nicht zuletzt der französische Ministerpräsident Léon Blum, an das Prinzip einer »Nicht-

intervention in die spanischen inneren Angelegenheiten«.
Die deutschen und die italienischen Bundesgenossen des Generalissimus Franco verhielten sich weit weniger abstinent. Stalin aber scheint sich in der letzten Phase des Spanischen Bürgerkrieges weit weniger für die Rettung der spanischen Republik interessiert zu haben als für die Verfolgung sogenannter trotzkistischer Dissidenten in den Reihen der Republikaner. Wie sich der stalinistische französische Kommissar Marty dabei verhalten hat, kann in *Hemingways* Roman »Wem die Stunde schlägt« nachgelesen werden. Aber es hat wohl auch andere Martys damals gegeben, auch deutsche. Daß *Erich Mielke,* Minister für Staatssicherheit in einer Deutschen Demokratischen Republik, sich in den zwanziger Jahren zusammen mit Walter Ulbricht der Strafverfolgung wegen der Ermordung von zwei Polizeihauptleuten namens Anlauf und Lenk entzogen hatte, war bekannt. Das Strafverfahren verjährte nicht. Mielke hat niemals versucht, den Boden der Bundesrepublik zu betreten, ebensowenig wie Walter Ulbricht. Über seine Rolle im spanischen Bürgerkrieg gibt es viele Berichte, die vermutlich irgendwann überprüft und geklärt werden können.
Trotzdem gab es in den Emigrationszentren Prag und Paris vor 1939 immer wieder Gespräche im Sinne des Volksfrontgedankens und vor allem einer gemeinsamen Aktion der exilierten deutschen Antifaschisten. *Der Pariser Weltkongreß im Mai 1935* war eine beispiellose Konzentration geistiger Energien und Leistungen. *Heinrich Mann* stand damals, als Mitglied des Präsidiums, für die geistige Solidarität im Kampf

gegen das Dritte Reich. Er hatte an allen Vorbereitungen auch der politischen Gremien teilgenommen, unterließ es aber niemals, seine Verachtung für den Unterhändler Walter Ulbricht deutlich zu machen.
Die meisten Mitglieder des Parteivorstandes der exilierten SPD verhielten sich ablehnend. Sie mißtrauten aller Anbiederung. Die Erfahrungen mit dem Sozialfaschismus blieben unvergessen. Es scheint aber damals gelungen zu sein, zwei so prominente deutsche Sozialdemokraten wie *Rudolf Breitscheid* und *Rudolf Hilferding* für ein gemeinsames politisches Programm zu gewinnen. Beide sind dann nicht gerettet worden nach dem militärischen Zusammenbruch Frankreichs. Sie wurden ausgeliefert und ermordet.
Vielleicht ist es abermals ein bloßes Denkspiel, wenn man – im Gegensatz zu Willy Brandt – die ermordeten sozialdemokratischen Politiker Wilhelm Leuschner, Carlo Mierendorff, Theo Haubach oder Julius Leber als mögliche Gesinnungsfreunde von Otto Grotewohl imaginiert. Daß aber ein überlebender Breitscheid oder Hilferding weniger an der Seite Kurt Schumachers gestanden hätte als an jener Otto Grotewohls, das halte ich für denkbar. Der 21. April 1946 – das sollte hier angedeutet werden – war nicht bloß der Anfang eines Weges durch mehr als vier Jahrzehnte, der sich als Irrweg erwies. Er war auch die *Endstation* eines Weges durch die Zeit von mehr als fünfundzwanzig Jahren: 1918 bis 1946. So viele Hoffnungen und Entwürfe, so viele Enttäuschungen, so viele Fehler. Siebzig Jahre einer »Deutschen Misere«, um den Karl Marx zu zitieren.

III. Wilhelm Pieck und Otto Grotewohl

Was wissen wir, oder besser: was glauben wir von ihnen zu wissen, von den beiden Männern des historischen Händedrucks. Vom Kommunisten Wilhelm Pieck und vom Sozialdemokraten Otto Grotewohl. Vom ersten Präsidenten der Deutschen Demokratischen Republik und vom ersten Ministerpräsidenten dieses anderen deutschen Staates. Der kommunistische Politiker Wilhelm Pieck wird in den zwanziger Jahren immer wieder angegriffen von den jeweiligen Abweichlern der rechten oder ultralinken Richtung, weil er sich kein Dissidententum zu leisten gedachte. Er war mit dem Spartakusbund in der Opposition gewesen gegen jene Sozialdemokraten, die dem Kaiser Wilhelm II. seine Kriegskredite bewilligt hatten. Er konnte entkommen aus dem Hotel Eden am 15. Januar 1919. Der Versuchung einer linken Abweichung hat er ebenso widerstanden wie der Zustimmung zum Entschluß seiner alten Freunde *Heinrich Brandler* und *August Thalheimer,* den geplanten Aufstand im Oktober 1923 jäh abzusagen, weil keinerlei Aussicht auf Sieg bestand. Ein trotzkistischer Dissident hatte um 1928 den führenden Genossen Wilhelm Pieck, an die Formulierung kann ich mich auch heute noch erinnern, einen »alten unehrlichen Seemann« genannt.

Ist Wilhelm Pieck das gewesen? Wir beurteilen solche Gestalten der Zeitgeschichte meist nach ihrem Erfolg oder Mißerfolg. Sind die ersten römischen Kaiser so gewesen, wie sie von Sueton oder Tacitus geschildert wurden, gibt es keine Rettung des Herzogs von Gloucester aus dem Hause York, des blutbeladenen Königs Richard III.? Shakespeare hielt sich an die Historiker, die im Dienst standen der Sieger über Richard Gloucester. Shakespeare brauchte auch als Dramatiker eine Kunstfigur, die gleich zu Beginn des Abends den Zuschauern mitteilt: sie sei gewillt, ein Bösewicht zu werden.

Unsere Welt der Medien und der Information verhindert immer stärker, daß hinter Bildern und Tondokumenten, Lobeshymnen oder Polemiken sichtbar wird, was jener konkrete Mensch vor sich selbst als Identität empfunden haben mag. Dieses jeweilige Selbstempfinden aber bleibt nicht ungestört durch die Außenwelt. *Jean-Paul Sartre* sprach vom »Blick des Anderen«. Unter diesem Blick aber wandelt sich, auch wenn ein solches Angeschautwerden nur vorgestellt sein mag, das eigene Selbstempfinden.

Ich habe beide gekannt, Wilhelm Pieck und Otto Grotewohl. Ein paar Begegnungen, mehr nicht, doch sie wiederholten sich im Verlaufe einiger Jahre, so daß man bei einer neuen Begegnung, mit dem Blick des Anderen, die Veränderungen entdecken konnte. Die waren in der Tat unverkennbar in beiden Fällen. Bei Wilhelm Pieck als ein langsames Freiwerden, vielleicht sogar als versuchte Rückkehr zu einem Selbstbildnis, das es einmal gegeben haben mochte. Bei Otto Grotewohl als Prozeß einer Versteinerung und Selbstentfremdung.

Wilhelm Pieck kam am 3. Januar 1876 in Guben zur Welt, das später, nach dem Tode des Republikpräsidenten am 7. September 1960, von Ulbricht zur Wilhelm-Pieck-Stadt promoviert wurde. Sein Geburtstag liegt dicht bei dem von Konrad Adenauer. Dennoch wäre es unsinnig, diese beiden als Gegenspieler bezeichnen zu wollen. Der erste Kanzler der Bundesrepublik Deutschland und der erste Präsident einer Deutschen Demokratischen Republik, das ergab kein Spannungsverhältnis. Sie lebten nicht nur nach Herkunft und Überzeugung in grundverschiedenen Bereichen. Sie sahen auch, durch Herkunft und Überzeugung, die eigene Umwelt, vielleicht sogar die Welt, in einer Weise, die für den sogenannten Gegenspieler unverstehbar sein mußte.

Gemeinsam war ihnen die Konstellation: Machtfülle und geschichtliche Bedeutsamkeit im späten Alter. Wilhelm Pieck hatte wenige Monate vor jenem Händedruck mit Grotewohl den siebzigsten Geburtstag gefeiert. Er war vorerst nur Vorsitzender der in allen vier Besatzungszonen wieder zugelassenen Kommunistischen Partei Deutschlands. Aus Moskau zurückgekehrt, doch bestrebt, diese neuerstandene Partei im Sinne ihres Namens zu einer kommunistischen Partei Deutschlands zu machen. In der Tat waren seit Kriegsende überall in Deutschland, unabhängig vom jeweiligen Militärregime, die Anfänge eines kommunistischen Parteiapparates zu entdecken. Die Militärregierungen, nicht allein in der sowjetischen Besatzungszone, waren hilfsbereit. Die KPD war eine antifaschistische Partei, mit der Sowjetunion stand man immer noch im Bündnis. In München oder Frankfurt, beispielsweise, konnte die Partei Wilhelm Piecks in stattliche, unzerstört gebliebene Gebäude einstiger Firmen oder Behörden einziehen. Als Wilhelm Pieck und Otto Grotewohl nach der Gründung der Sozialistischen Einheitspartei gemeinsam im Herbst 1946 zu einer Kundgebung am Main erschienen, fand in Frankfurt eine Massendemonstration auf dem Römerberg statt. Beide Redner sprachen gleichsam wie Brüder, die einander gut leiden mochten. Auch hessische Sozialdemokraten, die sich ausdrücklich *nicht* für eine Vereinigung etwa mit der hessischen KPD bereitfinden mochten, spürten die Möglichkeit einer großen politischen Kraft.

Der junge Tischler aus der Lausitz, der sein Handwerk gut verstanden haben muß, denn *August Bebels* Partei von 1914 legte Wert darauf, daß die politischen Vertreter des arbeitenden Volkes auch Bescheid wußten im Arbeits- und Lebensprozeß. Es muß aber bei Pieck von Anfang an auch eine Freude am Erlernen schwieriger Gedankengänge und vor allem auch an allen Künsten spürbar gewesen sein. Piecks Beruf als Handwerker war eine künstlerische Profession. Dann gab es die Begegnung mit *Rosa Luxemburg*. Von ihr hat er immer wieder erzählen mögen. Er war auch ihr Schüler an der Parteihochschule für hoffnungsvolle Arbeitervertreter.

Andererseits hat Pieck in den entscheidenden Jahren zwischen 1919 und 1925 keine entscheidende Rolle im kommunistischen Parteiapparat gespielt. Er gehörte weder zum Kreis um Paul Levi, Brandler und Thalheimer, noch zur ultralinken Fraktion des Russen Maslow und der deutschen Kommunistin Ruth Fischer, der Schwester des Musikers Hanns Eisler. Später trat Pieck immer wieder hinter dem Volkstribun aus Hamburg, dem erfolgreichen Redner Ernst Thälmann, zurück, den man zärtlich »Teddy« nannte. Teddy repräsentierte die kommunistische Partei im Bewußtsein der kommunistischen Anhänger. Walter Ulbricht hatte damals bereits eine feste Position im Machtapparat. Offensichtlich dank seiner von irgendwelchen Überzeugungen oder Skrupeln ganz unbeschwerten Bereitschaft, jede Entscheidung des Mannes im Kreml sofort zu übernehmen und auszuführen.

Wilhelm Pieck wirkte steif beim öffentlichen Auftreten, die Rede fiel ihm schwer, sie war hölzern. Einen ursprünglich vielleicht breiten Wortschatz hatte er immer mehr einschrumpfen lassen unter dem Druck, die jeweils neue Parteilinie mit den amtlich vorgeschriebenen Vokabeln rednerisch nachzuziehen.

Wirkliche Bedeutung erlangte Pieck für seine Partei wohl erst nach 1933 und im sowjetischen Exil. Immer mehr trat er an die Stelle Ernst Thälmanns. Walter Ulbricht hatte dadurch keine Möglichkeit, sich selbst an die Spitze zu setzen, was seine Empfindungen dem auch körperlich weit überlegenen Parteiveteranen gegenüber nicht milder werden ließ. Daß es später im Parteihaus am Rosa-Luxemburg-Platz stürmisch und laut zuging zwischen dem Parteivorsitzenden und seinem Generalsekretär, war kein Geheimnis. Da andererseits in Moskau einige der Mitglieder des deutschen Politbüros durch Stalins Geheimdienst, aus welchen Gründen immer, als Schädlinge und Agenten entlarvt und umgebracht wurden, wie Heinz Neumann, Remmele, Eberlein, oder deutsche emigrierte Schriftsteller wie Ernst Ottwald und Herwarth Walden, oder wie die große Schauspielerin Carola Neher, mußte Wilhelm Pieck vor seiner Partei und vor sich selbst die Duldung all dieser Untaten verantworten. Man weiß nicht, was er gefühlt hat. Darüber konnte nicht gesprochen werden, auch nicht im engsten Kreise. Selbst dies war viel zu gefährlich. Daß Wilhelm Pieck einverstanden war mit der von Dimitroff bei Stalin herbeigeführten Entscheidung für ein Zusammengehen der Partei mit anderen politischen, religiösen und kulturellen Bestrebungen, ist wohl unbestreitbar. Dies entsprach seinen wirklichen Überzeugungen. Als einstiger Sozialdemokrat muß er unter der Schmährede vom Sozialfaschismus gelitten haben. Einen Ulbricht focht das nicht an. Er hatte stets die jeweils geforderten Überzeugungen.

Ein Intrigant im Moskauer Exil ist Wilhelm Pieck wohl niemals gewesen. Er hatte sich auch nicht danach gedrängt, irgendwo die Nummer Eins zu sein. Er war es geworden, weil er übrigblieb und wohl auch, weil man in Moskau und in der deutschen Partei den Walter Ulbricht als Nummer Eins nicht haben wollte.

Konflikte zwischen Herbert Wehner und Wilhelm Pieck in Moskau hat es wohl nicht gegeben. Das hat mir *Ernst Fischer* später, der als österreichischer führender Kommunist an vielen Beratungen beteiligt war, ausdrücklich bestätigt. Daß Pieck jedoch im Zeichen der Moskauer Schauprozesse und der Säuberungsaktionen in seiner eigenen Umgebung die Kraft zum Widerspruch und zur Intervention gefunden hätte, davon konnte Ernst Fischer nichts mitteilen. Widerspruch, auch ausdrücklichen gegen einzelne Untaten, gab es bei dem Bulgaren Dimitroff und dem Italiener Palmiro Togliatti.

Ich bin Wilhelm Pieck zuerst in Frankfurt am Main im Herbst des Jahres 1946 begegnet, bei jenem Besuch und politischen Auftreten auf dem Römerberg. Man saß vorher und nachher zusammen mit den Veranstaltern, auch mit Presseleuten. Ich führte damals ein Gespräch mit Otto Grotewohl. Mit Wilhelm Pieck kam es nur zu ein paar Begrüßungsworten. Für mich war er damals immer noch der offizielle Repräsentant einer Politik, gegen welche ich als linker Sozialist, dann als rechter oppositioneller Kommunist vergeblich angekämpft hatte. Er war der Mann und Beauftragte J. W. Stalins im Nachkriegsdeutschland. Freilich war er für mich zugleich immer noch der Schüler Rosa Luxemburgs.
All dies hat ihn offenkundig belastet. Als erster Präsident einer Deutschen Demokratischen Republik war er bemüht, es gut zu machen, ein Staatsoberhaupt für die so grundverschiedenen Menschen aus fünf deutschen Ländern zu sein: Thüringen, Sachsen-Anhalt, Sachsen, Brandenburg, Mecklenburg. *Vermutlich hat er, vor sich selbst, auch vieles gutmachen wollen.* Er ist ein würdiger Präsident gewesen. Man hat ihn respektiert. Am 17. Juni hat wohl keiner daran gedacht, mit dem Ruf »Der Pieck muß weg« zu demonstrieren. Alle aber riefen: »Der Spitzbart muß weg!«
Dann sah ich ihn wieder, einen der beiden Parteivorsitzenden der Sozialistischen Einheitspartei, Wilhelm Pieck also, im November 1948. Zu Beginn des Winter-

semesters hatte ich im Oktober mein Amt als neuberufener Professor an der Leipziger Universität angetreten. Das war umständlich und schwierig. Es gab den kalten Krieg und die Blockade. Für den November hatte Johannes R. Becher als Vorsitzender des Kulturbundes zur demokratischen Erneuerung Deutschlands eine große Kulturkonferenz nach Berlin einberufen. Die eigentlichen Debatten fanden statt im Haus des Kulturbundes in der Jägerstraße. Das Gebäude eines einstigen Herrenklubs, wo Franz von Papen die »Machtübernahme« vom 30. Januar 1933 herbeiintrigiert hatte. In diesem Haus in der Jägerstraße war auch, ein Jahr vorher, im Oktober 1947, ein *Erster Deutscher Schriftstellerkongreß* eröffnet worden durch die Vertreter von vier Besatzungsmächten. Der Engländer sprach ein paar passende Worte. Die Amerikaner hatten einen Subalternen geschickt, der ziemlich mürrisch mitteilte, er wisse nicht recht, was hier eröffnet werden solle, aber er wünsche »good luck«. Dann verschwand er wieder. Die Franzosen hatten die Konstellation besser verstanden. Sie schickten ihren Generalinspekteur Hepp. Auch die Russen wußten natürlich, was gespielt werden sollte. Alexander L. Dymschitz hielt ein ausgezeichnetes deutsches Einführungsreferat.

Der Kongreß selbst, dessen feierliche Eröffnung durch Ricarda Huch und Günther Weisenborn im Hebbeltheater (englischer Sektor) vollzogen wurde, endete als ein Mißerfolg. Offenkundig ein Opfer des kalten Krieges zwischen Amerikanern und Russen. Ein Jahr später hatte sich die Spannung verschärft. Diese Tagung des Kulturbundes war den drei westlichen Alliierten ersichtlich unerwünscht, doch die Russen wußten, warum sie Bechers Plan gutgeheißen hatten. Übrigens hielten sie sich bei den Veranstaltungen selbst völlig zurück. Es handelte sich um eine *deutsche* kulturelle Erneuerung.

Schaut man zurück, so sind damals, im November 1948, einige Gründungen vorbereitet worden, die nachgewirkt haben bis heute im kulturellen Leben der Deutschen, ob West, ob Ost. Damals erreichte Johannes R. Becher die Gründung der Komischen Oper Berlin unter Leitung von *Walter Felsenstein*. Heutiges Musiktheater, auch wenn es sich von Felsensteins realistischen Maximen weit entfernt hat, bleibt unverstanden, wenn man dieser Ursprünge nicht eingedenk ist.

Damals wurde auch die Gründung des *Brecht-Theaters* beschlossen, also des Berliner Ensembles mit der Prinzipalin Helene Weigel.

Während jener Tagung, daran erinnere ich mich genau, kam *Peter Huchel* zu mir und berichtete vom Projekt einer neuen und singulären Literaturzeitschrift, die Becher selbst herauszugeben gedenke. Er selbst, Peter Huchel, sei der Chefredakteur. Ob ich bereit sei, daran mitzuarbeiten. Ich war bereit, und so erschien auch mein Name bald darauf im Prospekt der künftigen Mitarbeiter einer Zeitschrift mit Namen *»Sinn und Form«*. Den Titel hatte sich Becher ausgedacht. Er wollte etwas Ähnliches haben wie damals Thomas Mann im Exil, als er eine Zeitschrift »Maß und Wert« herausgab. Das Schema »Sinn und Form« verrät diese Ursprünge natürlich. Trotzdem war der neue Titel schärfer und polemischer zu verstehen. Der ideologischen Inhaltshuberei offizieller und vulgärmarxistischer Literaturkritik sollte mit Nachdruck die Bedeutung sprachlicher und literarischer *Form* entgegengesetzt werden. In diesem Sinne hat Peter Huchel seine Zeitschrift von 1949 bis 1962 redigiert. Becher war 1958 gestorben und hatte zuletzt nicht einmal sich selbst schützen können, geschweige denn seine Zeitschrift.

Im November 1948 aber war alles noch Anfang, Hoffnung, Aufatmen. Es war den Veranstaltern gelungen, zwei bedeutende deutsche Schriftsteller als Gäste zu gewinnen: *Arnold Zweig* und *Bertolt Brecht*. Arnold Zweig hatte bis zum Sommer 1948 als Zionist in Palästina gelebt, doch im Exil. Er wollte ein deutscher Schriftsteller bleiben, verließ sein Haus auf dem Berge Karmel bei Haifa just in der Woche, als der Staat Israel ausgerufen wurde. Zweigs reisten dann nach Prag, kamen von dort zum Kongreß nach Berlin.

Bertolt Brecht war mit seiner »erweiterten Familie«, wie die Soziologen es nennen, aus Zürich aufgebrochen. Er wollte die Vaterstadt Augsburg wiedersehen und von dort nach Berlin weiterreisen. Die amerikanische Militärregierung verweigerte die Durchreise. So mußte man gleichfalls über Prag reisen.

An zwei Tagen hintereinander gab es vor Eröffnung der eigentlichen Kulturtagung gesonderte Empfänge für Zweig und für Brecht. Ich war beide Male zugegen und habe alles noch gut im Gedächtnis. Es gab eine Kaffeetafel für den sehr erkälteten Arnold Zweig, der dennoch eine kurze Dankrede hielt.

Wilhelm Pieck hatte sich neben mich gesetzt. Er freute sich, daß ich nun nach Leipzig gekommen war, versprach sich viel von einem neuen Lehren und Lernen mit neuen Professoren und Studenten. Von Arnold Zweig hatte er manches gelesen, sprach vor allem vom »Streit um den Sergeanten Grischa«. Er wollte von mir wissen, was Arnold Zweig in den Jahren des Exils geschrieben habe. Ich nannte ihm vor allem den Roman »Erziehung vor Verdun«: der sei noch besser als der »Grischa«. Pieck zog ein Blatt Papier heraus und notierte.

Am nächsten Tag kam er nicht zu dem Empfang für Brecht, er hatte ganz gewiß etwas anderes zu tun, denn am Vorabend hatte er mit Freude über die Ankunft der Familie Brecht gesprochen. Brecht selbst hielt keine Dankrede. Begrüßt worden war er durch *Wolfgang Langhoff*, den Direktor des Deutschen Theaters, der voraussah, daß er sich von nun an mit den Brechtleuten um Probenbühnen und Termine werde herumstreiten müssen. Doch Langhoff verehrte Brecht, und er sagte das auch. Dann sprach *Herbert Jhering*. Er hatte zu Anfang der zwanziger Jahre dem jungen Dramatiker des »Baal« und der »Trommeln in der Nacht« den Kleist-Preis verliehen. Brecht hatte das niemals vergessen. Er vergaß weder Undank noch Dank. Bei dieser Kaffeetafel in der Jägerstraße machte mich Ihering dann mit Brecht bekannt. Dadurch hat sich vieles in meinem Leben verändert...

Wer sich der widerlichen Lobhudelei erinnert, die Walter Ulbricht und auch Erich Honecker nicht bloß toleriert, sondern ersichtlich gewünscht hatten, soll wissen, daß Wilhelm Pieck dergleichen verachtet hat.

Was später N. S. Chruschtschow arg beschönigend, womit Stalin gemeint war, als »Personenkult« rügte, das hatte Wilhelm Pieck in Moskau genugsam erlebt. Das sollte kein Vorbild sein. Ich habe es während einer Episode gespürt, die ganz ohne »historische Aura« gewesen ist, aber plötzlich und in der Öffentlichkeit spüren machte, was in diesem Manne vorging, dem die Lobredner bis zum Überdruß den Reim Pieck–Republik vorsangen.

Das war im *Frühjahr 1950*. Pfingsttreffen der Freien Deutschen Jugend. Diesmal hatte Walter Ulbricht unbedingt selbst eine Rede an die deutsche Jugend aller vier Besatzungszonen halten wollen, die nach Berlin gekommen war. Man nahm es hin, ließ es ablaufen. Wilhelm Pieck hatte sich bei alledem ganz zurückgehalten. Allein er liebte das Theater, und so kam er zur Aufführung eines Theaterstückes des österreichischen Kommunisten *Ernst Fischer*, seines Moskauer Exilgefährten. Es war irgendein Partisanenstück, wenn ich mich recht erinnere. Ernst Fischer war später nicht besonders stolz darauf.

Ausverkauftes Haus, viel Blauhemden, aber fröhlich, unbefangen, keine Spur noch der späteren Jubelroutine.

Wilhelm Pieck saß in der ersten Reihe auf dem Balkon. Als er eintrat, wurde er sehr herzlich und mit Beifall begrüßt. Aber noch kein Ritual einer »standing ovation«. Doch der Beifall hörte nicht auf. Vermutlich wurde er angeheizt durch eifrige Funktionäre, die jungen Leute machten mit, es sah so aus, als wollten sie eine Ansprache des Präsidenten herbeiklatschen.

Dann erhob sich Pieck. Vom Parkett aus konnte ich

ihn gut sehen und merkte, daß er böse war. Stille. Dann sagte Pieck mit starker, aber einfacher Stimme, ganz ohne den Tonfall eines Redners: »Liebe Freunde, wir sind hierher gekommen, um eine Theatervorstellung zu sehen. Ich schlage daher vor, daß wir das Vorspiel beenden und mit dem Spiel beginnen.« Er setzte sich wieder. Dann hob sich der Vorhang.

Zuletzt sah ich ihn im Oktober 1955. Da war er neunundsiebzig, wirkte gealtert, aber frisch. Am Vorabend des Staatsfeiertages verlieh er die Nationalpreise für Kunst und Wissenschaft. Den ersten Preis erhielt der in München lebende bedeutende Erzähler *Leonhard Frank*, Sohn kleiner Leute aus Würzburg, berühmt geworden vor dem Ersten Weltkrieg durch den Roman »Die Räuberbande«. Als Pazifist im Krieg hatte er in der Schweiz einen Band Erzählungen herausgegeben mit dem programmatischen Titel »Der Mensch ist gut«. Er hatte im amerikanischen Exil gelebt, in Thomas Manns Tagebüchern ist viel von ihm die Rede. Dann war er nach München zurückgekehrt. Hier nahm er mit großer Freude den Nationalpreis einer Deutschen Demokratischen Republik entgegen.

Preisträger zweiter Klasse war *Ernst Bloch*. Er war siebzig geworden im Juli. Ich selbst bekam, als Anerkennung für meine Arbeiten zur deutschen Klassik, wie die Urkunde mitteilte, einen Preis dritter Klasse. Im Jahre 1949 hatte mein Freund und Leipziger Kollege, der Romanist *Werner Krauss*, auch einen Preis dritter Güte erhalten. Er sprach spöttisch von der »Holzklasse«.

Es gab Sekt, und dann saßen wir drei Literaten –

Frank, Bloch und ich – mit dem Präsidenten zusammen. Er hatte uns selbst die Urkunden vorgelesen und jedem einzelnen herzlich gedankt. Abermals spürte ich seine innere Freude über den Vorgang, ähnlich jener freudigen Zuversicht, die er hatte spüren lassen sieben Jahre vorher, bei jener Kulturtagung mit Arnold Zweig und Bertolt Brecht. Freilich hatte es inzwischen den 17. Juni 1953 gegeben.

Otto Grotewohl stammte aus Braunschweig (11. März 1894). Die norddeutsche Aussprache war unverkennbar. Auch er s-tieß sich am s-pitzen S-tein. Ein gelernter Buchdrucker, der gleichsam traditionsgemäß schon früh der Sozialdemokratie beitrat. Er muß ein politisches Wunderkind gewesen sein, denn schon in jungen Jahren amtierte er als Minister im einstigen Herzogtum Braunschweig. Bald wurde er auch in den Reichstag gewählt. In Braunschweig hatte sich mittlerweile eine braune Regierung installiert. Eine ihrer ersten Taten bestand darin, daß sie den Mann aus Braunau am Inn als Regierungsrat berief auf irgendeine Verwaltungsstelle. So wurde er Bürger des Deutschen Reiches. Als er nunmehr als Reichskanzler vom 30. Januar 1933 und nach dem Reichstagsbrand und den einsetzenden Verfolgungen vor das Parlament trat, um sein Ermächtigungsgesetz zu beantragen, hat die Sozialdemokratie als einzige Partei dagegen gestimmt. Ihr Vorsitzender *Otto Wels* begründete würdig den Protest der Schwachen und Verfolgten. Man weiß heute, daß er seine Giftkapsel bei sich trug. Otto Grotewohl stimmte mit der Fraktion und gegen die Diktatur.

Er wurde dann 1938/39 verhaftet. Natürlich gibt es offizielle Biographien, allein dort pflegten, seit der »Personenkult« offiziell gebrandmarkt, im übrigen jedoch weidlich betrieben wurde, die Tatsachen unmerklich umgeleitet zu werden ins Legendäre.

Es bedurfte aber der Legenden nicht. Der Sozialdemokrat Grotewohl muß in den Jahren des Dritten Reiches die Verbindung gehalten haben zu seinen Genossen, die sich irgendwie durchschlugen. Unmittelbar nach dem Kriegsende jedenfalls war sein Name plötzlich immer wieder genannt, wenn es um Neugründung (oder Legalisierung) der Sozialdemokratischen Partei Deutschlands ging. Es gab zwischen 1945 und dem Jahr 1949, als die beiden deutschen Staaten gegründet wurden, mehrere Kraftzentren der sozialdemokratischen Erneuerung. Zwischen ihnen bestanden Spannungen, weil die jeweilige örtliche Konstellation eng verbunden war mit einer eindrucksvollen und integrierenden Persönlichkeit. Kurt Schumacher natürlich, Ernst Reuter in Berlin, Max Brauer in Hamburg, Wilhelm Kaisen in Bremen, Hinrich Kopf für das neue Land Niedersachsen.

Mit Recht hat *Willy Brandt* in seinen »Erinnerungen« das Schlagwort abgelehnt: »Kein Mensch ist unersetzlich.« Ohne das besondere Menschentum jener eben genannten Sozialdemokraten hätte sich die Entwicklung der Sozialdemokraten in der Bundesrepublik anders vollzogen. Jene anderen aber teilten mit Kurt Schumacher in Hannover die Ablehnung jeglicher Koalition, erst recht einer jeden Vereinigung mit den Kommunisten. Von heute aus gesehen, war das eine richtige Entscheidung, denn die Vereinigung mit den

Kommunisten bedeutete auf alle Fälle die Unterwerfung unter den Stalinismus. Otto Grotewohl traf trotzdem eine solche Entscheidung. Wann hat er jemals erkannt, daß er sich in verhängnisvoller Weise falsch entschied? Das wird er schließlich wohl gewußt haben. Er starb in Ost-Berlin am 21. September 1964: also nach Errichtung der Mauer. Im Jahre 1960 hatte man den ersten Ministerpräsidenten der DDR auch zum stellvertretenden Vorsitzenden des Staatsrats berufen. Beschluß der Volkskammer. Vorsitzender des Staatsrats war Walter Ulbricht. Der Parteivorsitzende Grotewohl aber unterstand nunmehr nach dem Protokoll des Staates seinem umtriebigen Generalsekretär, den er haßte und fürchten mußte.

Bald nach meiner Ankunft in Leipzig ließ mich Grotewohl als Parteivorsitzender, also noch vor der neuen Staatsgründung, zu einem Gespräch nach Berlin bitten. Es handelte sich um Personalfragen des kulturellen Lebens. Man wollte Künstler berufen, die sich im Dritten Reich nicht eben mannhaft verhalten hatten. Ich war einer der Vorsitzenden der *Vereinigung der Verfolgten des Naziregimes* (VVN). Grotewohl wünschte das Gespräch, um einen offiziellen Widerspruch der Naziopfer gegen seine Berufungspläne zu vermeiden. Bei der wichtigsten Berufung, die dann erfolgte, hat er richtig gehandelt. Seine Argumentation hatte mich überzeugt.

Es war ein erstes Gespräch unter vier Augen. Der Parteivorsitzende hätte diese Fragen ohne weiteres auch den Kulturfunktionären der Einheitspartei über-

lassen können, doch er hielt diese kulturellen Neugründungen in der sowjetischen Besatzungszone mit Recht für politische Fragen von hoher Bedeutung.
Das Jahr 1949 war ein *Goethe-Jahr*. Zweihundertster Geburtstag. 1749–1949. Becher hatte erfahren, daß Thomas Mann, der sich bis dahin immer geweigert hatte, deutschen Boden zu betreten, die Einladung der Stadt Frankfurt am Main annehmen werde, wo ihm der Goethe-Preis der Stadt verliehen werden sollte. Becher hatte angeregt, man solle auch einen Goethe-Preis stiften und Thomas Mann nach Weimar einladen, um ihn dort entgegenzunehmen. Dazu ist es dann auch gekommen, wie man weiß. Womit gleichzeitig feststand, daß in Goethes Geburtsmonat August in Weimar die zentrale Festrede gehalten werden müsse durch den Erzähler des Romans »Lotte in Weimar«. Der Präsident des Kulturbundes, also Becher, würde im Nationaltheater Weimar den Gast begrüßen. Die Gründung der DDR, das sei hier erinnert, erfolgte erst im Oktober dieses Jahres 1949.
Wer kam auf den Gedanken, für den Monat März, den Sterbemonat Goethes, bereits eine erste Goethe-Feier anzuregen, bei welcher auch Otto Grotewohl als Redner auftreten könne? Ich möchte annehmen, daß zwei Männer diesen Vorschlag machten, der dann vom Parteivorstand der SED gebilligt wurde: *Erich Honekker* als Vorsitzender der Freien Deutschen Jugend und *Walter Bartel*, der persönliche Sekretär Wilhelm Piecks im Parteivorstand. Ich hatte Walter Bartel im Vorstand der VVN in Frankfurt kennengelernt. Er flößte Vertrauen ein, war ebenso tapfer wie klug. Bartel war kleingewachsen, aber er hatte in Buchenwald

nicht bloß überlebt, sondern als Vertrauensmann der illegalen Widerstandsgruppe unter den Häftlingen auch die einzigartig gebliebene Selbstbefreiung der Lagerinsassen von Buchenwald organisiert. Wilhelm Pieck hatte ihn geholt, Walter Bartel liebte seinen Chef. Er kam zu mir nach Leipzig, wohl gegen Ende des Jahres 1948, und fragte an, ob ich bereit sei, im März im Weimarer Nationaltheater auf einer Goethe-Feier der Freien Deutschen Jugend gemeinsam mit Erich Honecker zu sprechen. Ich war Professor der deutschen Literaturgeschichte an der Universität Leipzig, ein solcher Auftrag war meines Amtes, es war auch eine Freude, ich sagte zu. Dann hatte Walter Bartel noch einen zweiten Vorschlag zu machen. Neben der Morgenveranstaltung im Nationaltheater, die ausschließlich für die Jugendorganisation gedacht war, sollte am Abend oder am nächsten Abend auch eine große Massenkundgebung veranstaltet werden in der Weimarhalle. Dort solle Otto Grotewohl sprechen. Ob ich bereit sei, ihn bei der Vorbereitung seiner Rede zu beraten? Auch das war »meines Amtes«, und ich sagte zu.

Dann wurde ich nach Berlin eingeladen ins Parteihaus der Sozialistischen Einheitspartei. Es begann eine Beratung mit wenigen Teilnehmern, die streng sachlich bezogen war. Ich habe dabei den »wirklichen« Otto Grotewohl kennengelernt. Die Erinnerung an diese Augenblicke ist unverblaßt.

Anwesend war der unvermeidliche Kulturfunktionär, der sich *Alexander Abusch* nannte. Er war Stellvertreter Bechers beim Kulturbund, sang Bechers Lob, wo es irgend anging, und hat ihn dann verraten, als ein solches Lob nicht mehr gewünscht war. Der todkranke Becher, das hat mir Lilly Becher später bestätigt, sprach den Namen des angeblichen Freundes nicht mehr aus. Er sprach nur noch vom »Verräter«.

Abusch hatte im mexikanischen Exil überlebt, zusammen mit Ludwig Renn, mit Anna Seghers und Bodo Uhse. Er hatte auch eine Emigrationszeitschrift geleitet. Sein Buch »Irrweg einer Nation« war Pflichtlektüre. Später schrieb er auch, zum Schiller-Jahr 1959, ein Buch über Schiller. Bei Goethe hielt er sich damals noch zurück. Dafür war der andere Teilnehmer des Gesprächs bei Otto Grotewohl zuständig. *Wilhelm Girnus*, ein kommunistischer Student aus dem Memelland; als Studienreferendar – das hat er mir später voller Stolz erzählt – hatte er in Berlin beim gewaltigen Studienrat Bruno Wachsmuth hospitieren dürfen, dem späteren Neubegründer der ungeteilt gebliebenen *Deutschen Goethe-Gesellschaft*. Der Name sagte mir nichts, als ich, wohl zu Beginn des Jahres 1946, ein Telegramm aus Berlin erhielt, worin ein Wilhelm Girnus mir antrug, die Leitung des Rundfunks in der sowjetischen Besatzungszone zu übernehmen. Ich nehme an, daß mein Züricher Exilgefährte Michael Tschesno-Hell, der mit Stephan Hermlin und mir die Flüchtlingszeitschrift »Über die Grenzen« herausgab, diesen absurden Vorschlag gemacht hatte. Ich war damals bei der Nachrichtenagentur der amerikanischen Militärregierung als Redakteur tätig und zeigte lachend das Telegramm. Es wurde nicht beantwortet.

Girnus war damals beim Berliner Rundfunk tätig, wurde aber immer stärker zum Berater für kulturelle

Fragen im Parteiapparat der SED. Es gab dort sehr früh schon eine Zweigleisigkeit. Hier – der Kulturbund mit Johannes R. Becher und einer sehr weit gespannten unorthodoxen Konzeption. Dort – die moskowitische Ästhetik mit aller Theologisierung und scharfen Trennung zwischen bürgerlicher Dekadenz und sozialistischem Fortschritt. *Girnus war ein Stalinist, ganz gewiß.* Das hat er bewiesen als sektiererischer Ideologe der unrühmlich bekanntgewordenen »Staatlichen Kunstkommission«, die den 17. Juni 1953 nicht überleben sollte. Als Stalinist, doch mit gewissen Skrupeln, der keinerlei Kenntnis und Verständnis besaß für die künstlerischen Schöpfungen des zwanzigsten Jahrhunderts, wurde es ihm leicht, die bürgerliche Dekadenz, zusammen mit Georg Lukács, zurückzuverfolgen bis zu Gustave Flaubert. Die russischen Theoretiker um A. A. Shdanow gingen weiter. Für sie war auch – ausgerechnet – *E. T. A. Hoffmann*, nachzulesen in der Großen Sowjetischen Enzyklopädie, ein Repräsentant des »Salon-Feudalismus«.
Wilhelm Girnus hat dann später in Leipzig bei mir und Ernst Bloch promoviert mit einer philologisch einwandfreien Arbeit über »Goethes ästhetische Anschauungen«. Becher hielt Distanz zu ihm. Brecht wurde zornig, wenn er an Girnus dachte. Ein berühmter Text von Brecht zur Verteidigung *Ernst Barlachs* wurde ausdrücklich geschrieben, um ein sektiererisches Pamphlet von Girnus abzuwehren.
Hier aber, bei der Besprechung mit Otto Grotewohl, war Girnus ganz gut geeignet. Er liebte den Weimaraner, und er kannte sich aus.
Otto Grotewohl leitete das Gespräch, aber er be-

herrschte es auch. Er stellte Fragen, wollte vieles erklärt haben von den Germanisten. »Fragen eines gebildeten Arbeiters«, so hätte es Brecht abermals formuliert. *Welchen* Goethe soll man im Vorfrühling des Jahres 1949 in einer Massenkundgebung sichtbar machen? Wir kamen auf die kühnen und aufsässigen Gedichte des »West-östlichen Divan« zu sprechen, Goethes Alternativen vom Siegen oder Unterliegen, Hammer oder Amboß sein. Daran entzündete sich das Denken Otto Grotewohls. Die Rede, die er dann in Weimar gehalten hat, trug den Titel »Hammer oder Amboß«. Er hatte sehr genau gefragt, im Gespräch entwickelte sich ein Gedankengang. Wilhelm Girnus war hilfreich: er mußte hier und in diesem Augenblick keine Rechtgläubigkeit beweisen. Abusch hat nicht gestört.
Otto Grotewohl damals: das war ein aufrichtiger deutscher Sozialist, der es auch seinerseits, mit einer ganz anderen Vergangenheit, »gut machen« wollte. Seine Goethe-Rede in Weimar fand trotzdem keinen wirklichen Anklang bei den Zuhörern. Man respektierte den Redner, allein es war ihm nicht gelungen, eine eigene, höchstpersönliche und nicht austauschbare Beziehung zu Goethe herzustellen. Nach unserem Gespräch hatte Grotewohl den Girnus beauftragt, das Ergebnis unserer Beratung als Entwurf einer Rede niederzuschreiben. »Das werde ich dann für mich in meine eigene Sprache übersetzen.« Dazu ist es wohl nicht mehr gekommen. Trotzdem steht Grotewohls Rede von 1949 »babylonisch hoch« über den langweiligen und gelangweilten Dichter- und Künstlerreden, die später zum starren Ritual der DDR werden sollten.
Diesen Otto Grotewohl habe ich niemals wiedergese-

hen. Es gab immer wieder Begegnungen offizieller Art mit dem nunmehrigen Ministerpräsidenten.
Im Jahre 1955 sah es so aus, als werde sich einmal noch die Zusammenarbeit von 1949 wiederholen. Schiller-Jahr 1955. Es sollte auch diesmal, noch vor den offiziellen Feiern im Mai, eine Schiller-Feier der Freien Deutschen Jugend stattfinden. Auch dort sollte wieder Grotewohl sprechen. Er lud mich abermals nach Berlin ein. Wieder die Gesprächsrunde von damals. Allein Grotewohl war, mit Ernst Bloch zu sprechen, *fast zur Unkenntlichkeit verändert*. Ein nervöser Bürokrat stellte routinierte, nahezu unbeteiligte Fragen. Eine Sekretärin stenografierte und notierte. Er hatte auch keine Freude mehr an dieser Aufgabe. Schillers Wort war auch hier zur Vokabel geworden. Man machte ein paar Vorschläge, versuchte einige Akzente zu setzen. Hat er damals überhaupt zugehört?
Es war viel geschehen seit jenem Goethe-Jahr, dem Hoffnungsjahr 1949. Was wirklich geschah mit Grotewohl, darüber gab es nur angstvoll geflüsterte Gerüchte. Man wird eines Tages erfahren, was damals vorging, als Grotewohl – mit aller Schonung nach außenhin, das versteht sich – entmachtet wurde durch Ulbricht und die Staatssicherheit. Gab es einen (weiblichen?) Spion des Herrn Gehlen in Grotewohls Sekretariat? Ist es blutig zugegangen? Man weiß es nicht.
Nach dem 17. Juni 1953 hat Grotewohl offenbar mit Energie die Reformgesetze vorangetrieben, die ein bißchen Tauwetter brachten und einige neue Hoffnung. Daß der Händedruck mit Wilhelm Pieck schließlich einen Teufelspakt besiegelt hatte, muß er

vor sich selbst erkannt haben. Aber Wilhelm Pieck war kein Teufel gewesen. Beide haben es wohl anders gewollt.
Otto Grotewohl starb wenige Monate nach seinem siebzigsten Geburtstag. Hat man den mit allem Ritual und Gepränge gefeiert im März 1964? Das müßte man nachschauen. Vermutlich hat man es getan. Später auch ein Staatsbegräbnis, das versteht sich. Zwei unglückliche Menschen am Schluß. Für beide, Wilhelm Pieck und Otto Grotewohl, galt wohl der Schlußsatz der Erzählung »Lenz« von Georg Büchner. Ein schlimmer Satz: »So lebte er hin.«

IV. Freie Deutsche Jugend

Auch hier ist vom schlimmen Ende her kaum zu erfahren, wie es anfing, was erhofft und dann so planmäßig verspielt und verraten wurde. Es gibt das böse Wort von der Freien Deutschen Jugend, an welcher nichts echt sei: nicht die Freiheit, nicht die Deutschheit, nicht einmal die Jugend. Mit letzterem war gemeint das Bild der ältlich gewordenen professionellen Jugendvertreter, für die im Kategoriensystem der Deutschen Demokratischen Republik eine zusätzliche Funktion der ideologischen Einstimmung vorgesehen war. Mit Hilfe der Berufung auf die Notwendigkeit einer Vertretung von Fraueninteressen, von Jugendinteressen, der Gewerkschaftsinteressen, der Bauerninteressen, der Künstlerinteressen war ein ebenso totales wie totalitäres System entworfen worden, das stets im Einzelfall dazu führte, daß ein Vertreter der SED in ein noch nicht völlig gleichgeschaltetes Gremium einziehen konnte.

Als Beispiel mag, denn auch hier handelt es sich um Erinnerung und Ausgrabung eines Damals, die *Philosophische Fakultät der Leipziger Universität* dienen. Jene Universitas Litterarum Lipsiensis, die im Jahre 1953, abermals im Rahmen eines Jubiläumsjahrs, ohne irgendeine Befragung der Beteiligten, zur Karl-Marx-Universität hinaufbefördert wurde. Nach wie vor tagte die Fakultät einmal am Mittwoch eines jeden Monats in den alten Räumen in der Ritterstraße, wo noch Erich Kästner sein Doktorexamen hatte ablegen müssen. Es war noch die überlieferte Ordinarienuniversität. Die SED hatte jahrelang keine Möglichkeit, einen der Ihren zum Dekan zu wählen. Deshalb begann die quantitative Zuwahl zur Fakultät, die auf qualitative Veränderung der Substanz gerichtet war. Es mußte plötzlich und »streng demokratisch« ein Vertreter der Studentenschaft in die Fakultät aufgenommen werden. Das war ein Mitglied der Einheitspartei. Dann sollte, unabhängig von dem Studentenvertreter, auch ein Funktionär der Freien Deutschen Jugend mit Sitz und Stimme berufen werden, dann ein Gewerkschaftsvertreter, eine Frauenvertreterin und so weiter. Schließlich kam man ans Ziel, doch hat es mehr als zehn Jahre gedauert.

Die Anfänge waren anders gewesen. Am Schluß stand der Vertreter der FDJ ein für Gleichschaltung und Linientreue. Alles war ritualisiert: nicht allein das Ritual mit dem Gegeneinanderschreien von: »Seid bereit!« – »Immer bereit!«, mit Fahnenweihe und Gelöbnis, kommandierter Kritik und Selbstkritik. Es mußte gelehrt und gelernt werden. Als nach Errichtung der Berliner Mauer keine Rücksicht mehr genommen werden mußte auf irgendwelche »Verluste« und alte Rechnungen beglichen werden konnten, forderte die Parteileitung zusammen mit der FDJ-Leitung der Leipziger Universität zur Polemik auf gegen Professor Hans Mayers untragbares Buch *»Ansichten zur Literatur der Zeit«*, das 1962 bei Rowohlt in Reinbek bei Hamburg erschienen war. Das Buch hatte keiner gelesen, wo hätte er es auch finden können. Das waren Kleinigkeiten. In diesem in der Bundesrepublik erschienenen Buch aber war ein durchaus verständnisvoller Aufsatz enthalten über den Roman *»Doktor Schiwago« von Boris Pasternak*. Ein Druckerzeugnis mithin, das von Moskau aus als schädlich verworfen wurde. Folglich wurde zur öffentlichen Kritik aufgerufen, da an Selbstkritik des unseligen Professors nicht gedacht werden konnte.

Alles ging rituell und protokollarisch zu. In jeder Nummer der Studentenzeitung, die der Einheitspartei gehörte und die sich schlicht »Universitätszeitung« nannte, erschienen Artikel von Nichtlesern des Buches, die zornigen Protest anmeldeten. Man wußte natürlich, oder erfuhr es später, daß Parteiaufträge oder FDJ-Aufträge vergeben wurden. Ein ausländischer Student aus einem fernen Kontinent hatte das Ritual gründlich mißverstanden. Er hatte das Buch aus dem Rowohlt-Verlag gelesen, und es hatte ihm gefallen. Das schrieb er auf und reichte das Geschriebene ein bei der »Universitätszeitung«. Wenn öffentlich zur »Kritik« aufgefordert wird, das sollte sich schließlich herumgesprochen haben, war damit gemeint: Ablehnung, Protest, zornige Forderung nach Sühne. Der Mann aus dem fernen Kontinent konnte das nicht wissen. Natürlich wurde er nicht gedruckt, sondern milde belehrt.

Wie konnte es gelingen, mitten in Deutschland und mitten unter einer nachgewachsenen jungen Generation, die nichts mehr an eigener Erfahrung mitbrachte, wenn es um das Dritte Reich ging und einen Zweiten Weltkrieg, das starre, langweilige und gründlich verlogene Ritual einer gesinnungstreuen Staatsjugend zu etablieren? *Es geschah nach dem sowjetischen Mu-*

ster. Die Rituale des Komsomol mußten nachgeahmt werden, in Budapest und Prag wie in Krakau oder Leipzig. Allein der Komsomol hatte eine Geschichte aufzuweisen, die bisweilen in der Tat erlaubte, sogar im Sinne der moralisierenden Ästhetik, von »positiven« Helden zu sprechen. Die jungen Kommunisten der Sowjetunion hatten mitgeholfen, den Fall von Leningrad oder Stalingrad zu verhindern, sie standen schließlich oben auf dem Brandenburger Tor und hißten die Fahne der Sowjetunion.
Der Roman »Die junge Garde« von *Alexander Fadejew* aus Sibirien war ursprünglich ein redliches Erlebnisbuch. Fadejew begann, es dann immer im Sinne der jeweiligen Wandlungen der Stalin-Politik umzuschreiben. So gelangte er in Stalins Zentralkomitee. Auf einer Fotografie des Majakowski-Archivs in Moskau sieht man Fadejew zusammen mit dem Theatermann Wsewolod Meyerhold und mit Wladimir Majakowski. Am Flügel sitzt der junge Dmitri Schostakowitsch. Majakowski hat sich erschossen. Meyerhold wurde umgebracht. Schostakowitsch wurde durch Stalin und Shdanow immer wieder ernsthaft verwarnt. Sein Haß und sein Leiden sind hörbar geworden. Die Partituren haben nichts verheimlicht. Schließlich erschoß sich auch Alexander Fadejew. Jener Fotografie erging es sonderbar. Zumeist wurde sie reproduziert mit Majakowski, Fadejew und Schostakowitsch, es fehlte Meyerhold. Nach Stalins Tod und dem Selbstmord von Alexander Fadejew gab es offizielle Reproduktionen auch in der DDR zu sehen. Darauf gab es wieder den Meyerhold, doch nun fehlte Fadejew.

Die »*Junge Garde*« von Fadejew hat eine ungeheure Rolle bei der Gleichschaltung junger Menschen gespielt, zusammen mit dem in seiner Art gleichfalls tapferen und noblen Erlebnisbuch »*Wie der Stahl gehärtet wurde*« von Nikolai Ostrowski.
Allein für die Rezeption solcher Bücher und Gedankengänge fehlt es in Deutschland – West wie Ost – an allen Voraussetzungen eines Erlebten. *So mußte die Imitation des Komsomoltums auf deutschem Boden unvermeidlich zur Wiederbelebung ehemaliger HJ-Rituale führen.* Um so mehr, als die unsinnige und wirklichkeitsblinde Ansicht der Leute vom Politbüro ernsthaft davon ausging, den Deutschen müsse, damit ihnen ein Regime wirklich gefällt, ein militärisch-militaristisches Zeremonial von neuem verordnet werden. Parademarsch, Stechschritt, Fanfaren, klingendes Spiel, Fahnenweihe, Gelöbnis, Sprechchöre des Gemeinwillens.
Solche protokollarischen Abläufe, über die in der europäischen Welt mit Recht gelacht wurde, knüpften innerhalb der deutschen Überlieferung an die schlechten Traditionen an: das Kaiserreich Wilhelms II. und das Dritte Reich eines Führers und Reichskanzlers. *Es waren Traditionen des »Untertan« von Heinrich Mann.* Die jungen Menschen aber, die nachgewachsen waren auf dem Boden einer Deutschen Demokratischen Republik, etwa im Jahre 1970, besaßen keinerlei Erinnerung mehr an die schwarzweißroten oder braunen Verhaltensformen. Hingegen war ihnen bewußt, daß sie mit alledem wieder einmal den großen Bruder zu imitieren hatten. Der liebte, aus welchen Gründen immer, den Parademarsch, das klingende

Spiel, das Ordensgewimmel auf dem Brett vor der Brust.
Wieder einmal hatte die Losung zu lauten: »Von der Sowjetunion lernen, heißt siegen lernen.« Boshafte geheime Dissidenten hatten bei den berühmten Radrundfahrten durch DDR und ČSSR, wohl auch durch Polen, auf einer besonders schweren Etappe an einem besonders schwierigen Hang ein solches Transparent angebracht: »Von der Sowjetunion lernen, heißt siegen lernen.« Aber die Fahrer der DDR waren damals in Führung, die Sowjetunion schien längst abgeschlagen zu sein und war es wohl auch. *Das Wort wird zur Vokabel.* Allein die Sprache vermag sich zu rächen. Kurz vor dem Zusammensturz des Turms zu Babel, als das Politbüro der SED alle Nachahmung der Maßnahmen eines Gorbatschow ablehnte und der wieder einmal ahnungslose Besserwisser *Kurt Hager* den unnötigen Tapetenwechsel ablehnte, erfand man im »real existierenden« Volk die alte und nunmehr brisant gewordene Losung: »Von der Sowjetunion lernen, heißt siegen lernen.«

Auch die Blauhemden der Freien Deutschen Jugend waren am Turmbau von Babel beteiligt, und sie waren gern an der Arbeit: damals, zwischen 1947 und 1950, als alles noch möglich zu sein schien. *Es ist eine Legende, daß die FDJ bereits in ihren Anfängen ein bloßer Abklatsch gewesen sei des Komsomol, also des Stalinismus.* Sie war auch im mindesten nicht beschränkt auf die jungen Menschen bloß der sowjetischen Besatzungszone. Die Kommunistische Partei

Deutschlands war – noch – eine legale Partei in den Westzonen, dann auch im ersten Parlament der Bundesrepublik Deutschland. Der kommunistische Abgeordnete *Max Reimann* hat in den ersten Bonner Debatten und in Abwehr der Zweiteilungspolitik Konrad Adenauers eine Gegenposition vertreten, die überstimmt, doch nicht negiert werden konnte. Die Amerika-Bindung der Bundesregierung bedeutete Aufteilung Deutschlands, die Gänsefüßchen bei Erwähnung der DDR empfanden viele junge Menschen als lächerlich und wirklichkeitsblind. Die Losung der DDR-Regierung lautete: *»Deutsche an einen Tisch.«* Sie mußte Zustimmung finden. Kurt Schumachers Politik erschien vielen Menschen, die noch in den letzten Jahren der Weimarer Republik zur Welt gekommen waren, bloß als *zweifache Negation.* Weder Adenauer noch Grotewohl. Das war zu wenig.

So allein ist es zu erklären, daß die Bewegung der blauen Hemden, der Freien Deutschen Jugend also, weit entfernt war von einer Beschränkung auf die Jugend der sowjetischen Besatzungszone, ebensowenig gleichgesetzt werden konnte mit sturer, denkunwilliger Zustimmung zu den oft unsicher tastenden, falsch auftrumpfenden, immer wieder existenzblinden Aktionen und Verlautbarungen der Sozialistischen Einheitspartei. Die Freie Deutsche Jugend war bis etwa zum Jahre 1951 *eine selbständige, potente, kritische Gemeinschaft junger Deutscher*, die durchaus begriffen hatte (woran *Lothar de Maizière* mit Recht in seiner Regierungserklärung erinnern sollte), daß es für die sowjetische Besatzungszone keinen Marshallplan gab, sondern Demontagen und Reparationen. Die Trennung der ursprünglichen FDJler von ihren Hoffnungen und Entwürfen muß zwischen 1950 und 1953 erfolgt sein. Das Verbot der Kommunistischen Partei in der Bundesrepublik drängte die jungen Kommunisten oder Sympathisanten zuerst in die Illegalität. Dann aber erwies sich ihre gleichfalls in die Illegalität gegangene Parteiführung als bloße Briefträgerin für Ulbrichts Ostberliner Dekrete. Zwei Jahre nach dem 17. Juni 1953, also im Jahre 1955, trat Erich Honekker zurück von der Leitung der Freien Deutschen Jugend. Er hatte sie von 1946 bis 1955 repräsentiert. Jetzt war er dreiundvierzig Jahre alt.

Wie soll man von ihm sprechen, von *Erich Honecker*? Die klassische Formulierung in zwei Worten stammt von den Römern. Vae victis! Wehe den Besiegten! Das ist kurz und bündig. Noch immer ist Weltgeschichte nach einem Sieg von den Siegern geschrieben worden. Die haben dabei, von Livius und Sueton bis zu Tacitus, die bis heute gültigen Beispiele gegeben. Bei den Griechen waren Sieg und Niederlage der jeweiligen Polis allzu stark ineinander verschränkt, als daß ihre Historiker die nötige Siegerhärte hätten aufbringen können.

Im gespaltenen Deutschland hat man deshalb wenig Umstände gemacht nach dem Zusammenbruch einer Deutschen Demokratischen Republik. Ein noch jugendlicher Minister der ersten frei gewählten Regierung der DDR nach dem 18. März 1990 – hieß er nicht Diestel? – sprach von Honecker und anderen Mitgliedern seines Politbüros einfach unter der Bezeichnung »Strolche«. Der noch jugendliche Minister erwies sich dadurch als nicht besonders stark in Fragen der Rechtsstaatlichkeit. Aus der Geschichte ebendieser Deutschen Demokratischen Republik und ihres Staatsratsvorsitzenden Erich Honecker hatte er offensichtlich gelernt, die *Vorverurteilung* zu verkünden: noch vor jeglichem Verfahren.

Es kam hinzu, daß auch die Juristen des zusammengebrochenen Staatswesens, aufgewachsen in der Tradition von stolz »parteilichen« Generalstaatsanwälten, von *Melsheimer* bis *Wendland*, nicht besonders stark waren in der Rechtsstaatlichkeit, so daß sie von einem Hochverratsverfahren gegen Honecker und seine Mitarbeiter zu sprechen wagten. Sie mußten sich rasch belehren lassen, daß damit juristischer Unsinn verkündet wurde. Erich Honecker hätte also Hochverrat begangen? Gegen wen? Offenbar gegen sich selbst, denn er verkörperte in seiner Person die Einheit von Parteimacht und Staatsmacht. Diese Rechtskonstruktion von Juristen, welche die Wende überlebt hatten und überleben wollten, mußte fallengelassen werden. Honecker durfte sehr Vieles und Schweres vorgeworfen werden, aber nicht die Absicht, sich selbst stürzen zu wollen.

Freilich gab es ähnliche Fälle der Absurdität in der Rechts- und Parteipraxis der DDR. Nach dem Jahre 1956 hatte der erste Parteisekretär des Bezirks Leipzig, *Paul Fröhlich*, Mitglied in Walter Ulbrichts Politbüro, den Parteiausschluß von *Karola Bloch* angeordnet. Mit folgender Begründung: Sie habe Personenkult betrieben. Personenkult – mit wem? Mit Ernst Bloch natürlich, ihrem Mann.

Wie also soll man von ihm sprechen, von dem Gestürzten, von Erich Honecker? Das Bild, das die Sieger von dem Gescheiterten entwarfen, hatte scharfe und schreckliche Konturen. Das Ehepaar Honecker, Erich und Margot, geborene Feist. Der alte Mann und die jüngere Frau. Er hatte sie kennengelernt in der Jugendbewegung der Jungen Pioniere, als Honecker selbst noch gewählter Vorsitzender der Freien Deutschen Jugend war. Margot Feist wurde Margot Honecker, wurde Frau Ministerin für Fragen des Schulwesens und ganz allgemein für Volksbildung. Sie mußte abtreten beim Sturz ihres Mannes. Nun waren Bilder zu sehen, heimlich aufgenommen am Zufluchtsort der Geächteten. Zuflucht hatte ihnen wohl kein anderer gewähren mögen als ein evangelischer Pfarrer mit seiner Familie. Ein kurzer Versuch mit Untersuchungshaft scheiterte sowohl am Gesundheitszustand Erich Honeckers wie auch an der sehr fragwürdigen Rechtslage. Er war politisch gescheitert, ohne Frage; an Schuldmomenten fehlte es nicht, aber reichten sie hinüber von der Sphäre der Moralität in die Sphäre des materiellen Unrechts? Jener Diestel, er wußte es wohl nicht besser, sprach von den kriminellen Tätigkeiten dieser Strolche. Worin genau aber hatten sie bestanden? Das mußte doch wohl erst ein Gerichtsverfahren eruieren. Außerdem übersah jener Diestel, daß er für den Augenblick zwar zuständig sei für das Ministerium für innere Angelegenheiten, nicht aber für die

Justiz. Doch wer wird hier so kleinlich unterscheiden wollen.
Nun saßen sie im Pfarrhause, Erich und Margot Honecker, entlassen vorerst sowohl aus der Haft wie aus dem Krankenhaus. Die Gastgeber handelten christlich, ohne Frage. Freilich betonten sie es etwas zu stark in den bereitwillig gewährten Interviews.
Hat Erich Honecker nach seinem Scheitern begriffen, woran er und warum er so tief fallen mußte? Die Starre des Alters hat vielleicht das moralische zugleich mit dem politischen Unterscheidungsvermögen geschädigt. Dennoch: Der Mann Erich Honecker und sein Fall (in jeglichem Wortsinne) war nicht mit den Taten und Untaten seines Vorgängers Walter Ulbricht zu vergleichen und mit dessen einstigem Kumpan Erich Mielke.
Wie bei kaum einem anderen, der beim Zusammenbruch des Turms von Babel verschüttet wurde, ist es hier unangebracht, mit der Formel »Ende schlecht, alles schlecht« zu hantieren. Walter Ulbricht hat niemals Leid erfahren wegen seiner politischen Überzeugung. Er befand sich stets fern von der großen Gefahr. Keine langjährige Zuchthausstrafe im Dritten Reich wie im Fall des Jungkommunisten Erich Honecker aus dem Saargebiet. Keine heimliche Ermordung als Gefangener wie im Fall von Ernst Thälmann. Kein Genickschuß durch die sowjetische Geheimpolizei wie im Falle von Ulbrichts Parteifreunden aus dem kommunistischen Politbüro vor 1933. Kein Ende wie bei Hermann Remmele, bei Ernst Ottwald, wie bei Heinz Neumann. Ulbricht stand immer bei den jeweiligen Siegern. Er konnte die nacheinander ins Nichts beför-

derten Geheimdienstchefs überleben. Diese Jagodas oder Berias.
Erich Honecker wurde durch die Rote Armee aus dem Zuchthaus Brandenburg befreit, wo er sich mit einem anderen Gefangenen angefreundet hatte, einem bedeutenden Naturwissenschaftler namens *Robert Havemann*. Das wurde eine richtige Freundschaft. Gemeinsam haben sie die Anfänge in der sowjetischen Besatzungszone und der Deutschen Demokratischen Republik mitgestaltet. Honecker hat jedoch später nicht verhindern wollen, daß der Knastgefährte Robert Havemann in einem System, das sich »real existierender Sozialismus« zu nennen wagte, als Dissident und Parteischädling ausgeschlossen, verhaftet, isoliert wurde. Die Akademie der Wissenschaften der DDR warf Robert Havemann hinaus. Erich Honecker hat es nicht verhindern wollen. Er flog hinaus zusammen mit dem Philosophen *Ernst Bloch*. Wer hat damals eigentlich im Politbüro begriffen, wie töricht ein solches Treiben sein mußte? Nach Erich Honeckers Sturz hat man es offenbar in Kreisen der moribunden SED für möglich gehalten, jene Infamie von damals rückgängig machen zu können. Man erreichte nur, daß die Welt sich plötzlich ihrer von neuem erinnerte. Havemann und Bloch waren tot. Der eine (Robert Havemann) war in Trauer und Einsamkeit gestorben. An der Beisetzung Ernst Blochs in Tübingen nahmen mehr als zweitausend meist junge Menschen teil.
Hier wird man ansetzen müssen, um die Frage nach der Schuld Erich Honeckers sinnvoll zu stellen. Als Walter Ulbricht zurücktreten mußte: nicht etwa weil der Abscheu gegen ihn im Staatsvolk der DDR über alle

Ufer trat, sondern weil der alt und starr-rechthaberisch gewordene Staatsratsvorsitzende den Leuten im Kreml auf die Nerven ging, erhofften sich viele, nicht allein in der Sozialistischen Einheitspartei, sondern gerade auch viele ehemals junge Menschen, die mit Erich Honecker als ihrem Vorsitzenden hineingewachsen waren in diesen neuen Staat, eine Änderung der Lebensformen in der Gesellschaft und der Verhaltensformen im Staatsapparat. Erich Honecker selbst, dafür gibt es einzelne persönliche Zeugnisse, muß es auch für sich erhofft haben. Er hatte aber damals bereits die politische Konstellation nicht mehr durchschaut, die ihn als Nachfolger Walter Ulbrichts präsentierte.

Es hat zwei in vielen Zügen sehr divergierende Menschen gegeben mit diesem selben Namen Erich Honecker. Beim späteren Generalsekretär und Staatsratsvorsitzenden erinnerte nichts mehr an jenen aus dem Zuchthaus befreiten Jugendführer der späten vierziger Jahre. Damals war Erich Honecker die Verkörperung einer neuen Lebensqualität. Die Wahl Honeckers durch die Blauhemden brauchte nicht manipuliert und umgefälscht zu werden. Kein anderer innerhalb der Reihen einer Freien Deutschen Jugend (aus vier deutschen Besatzungszonen) hätte mit Erfolg gegen Honecker antreten können. Honecker war damals immer noch geprägt durch seine Lehrjahre als kommunistischer Jugendfunktionär in der moribunden Weimarer Republik. Seine Art des Sprechens, sein Wortschatz, die Intonation des Redners, die grob antithetische Gegenüberstellung von Fortschritt und Dekadenz, Sozialismus und Kapitalismus: alles reichte zurück in die

Zeit Ernst Thälmanns, des Roten Frontkämpferbundes und des kommunistischen Jugendverbandes.
Andererseits verband sich, wenn man mit jenem Erich Honecker um 1949/50 sprach, ein sektiererisches Vokabular von einst ganz unmittelbar mit einer offenen, durchaus nicht sektiererischen politischen Wachheit. Mit dem staubig und leer gewordenen Vokabular seiner Rhetorik allein hätte Honecker bei den jungen Menschen der ersten Nachkriegsjahre nur noch Hohngelächter ernten können. Man hörte jedoch hinter den Sprachklischees ein unzweifelhaft gegenwärtiges Denken und Fühlen. Er war in der Tat ein Sprecher dieser Jungen, die noch einmal davongekommen waren und überlebt hatten. Es gab keinen anderen gegen ihn oder auch nur neben ihm. Einige hatte man ihm von Anfang an, vermutlich mit Hilfe kontrastierender Geheimdienste, beigesellt. Das sozialdemokratische Ostbüro hatte für Honecker einen guten Kumpel ausgesucht. Der kam mit zum Besuch im Jahre 1949, wenn Erich Honecker zu mir nach Leipzig kam, um die geplante Goethe-Feier der Freien Deutschen Jugend zu besprechen. Der Kumpel war zweifellos viel klüger als der Jugendfreund Erich. Von achtbarer und gut antifaschistischer Herkunft. Er verschwand dann aber etwas plötzlich. Seine Mission war wohl gescheitert.
Andere Kumpels, vermutlich von Ulbricht ausgesucht und beigesellt, blieben treu an Honeckers Seite. Sie gerieten später mit ihm – auf dem Wege über die Freie Deutsche Jugend und die Sozialistische Einheitspartei – ins Politbüro. Scheiterten auch mit ihm.

Als Erich Honecker aus Gründen der »Überalterung« die Leitung des Jugendverbandes abgegeben hatte, holte man ihn nach Moskau. In der DDR gab es dafür die Kurzformel »auf Schule«. Es war eine *Geheimdienstschule*, wie sich herausstellte. Er lernte die Arbeit der sowjetischen Geheimdienste. Doch er lernte nicht, im Gegensatz zu seinen sowjetischen jungen und nachrückenden Kollegen, dem älteren Jurij Andropow und dem jüngeren Michail Gorbatschow, die schonungslose Analyse des eigenen Staates, seiner Politik und Gesellschaft, seiner Privilegien und Verbrechen.
Hat Erich Honecker später in den Moskauer Jahren und nach seiner Rückkehr und der Wahl zum mächtigen Parteisekretär, der zuständig ist für Sicherheitsfragen, überhaupt noch Kenntnis gehabt vom »real existierenden« Leben in der Sowjetunion des L. I. Breschnew und der DDR des Walter Ulbricht? Man darf es bezweifeln. Jene Wirklichkeitsblindheit, die das Politbüro mit seinem Generalsekretär Erich Honecker nicht nur in den Untergang trieb, sondern in die politische Absurdität, läßt sich nur als Resultat der Moskau-Impfungen erklären. Ein paar Freunde von einst, denen Honecker nach dem Machtantritt immer noch die Treue hielt, auch wenn sie sein politisches Tun scharf ablehnten, haben über den völligen Zwiespalt berichtet zwischen dem, was der alt gewordene und erkrankte Honecker immer noch wünschte und erhoffte, und den Aktionen und Verbrechen, die er tolerierte oder sogar akzeptierte, wenn ein *Erich Mielke*, den Ulbricht seinem Nachfolger hinterlassen hatte, es anforderte.

Eine Persönlichkeitsspaltung? Ein Vorgang, wie bei *R. L. Stevenson* im berühmten *Fall des Dr. Jekyll und Mr. Hyde*, worin der schlechte Mr. Hyde schließlich alle noblen Impulse des Dr. Jekyll zersetzt? Übrig blieb schließlich ein Erich Honecker, von außen her gesehen, was heißen soll: von den Menschen seines Staates, als ein Staatsratsvorsitzender, dessen Starrheit, Realitätsverlust und »moral insanity« kaum zu unterscheiden waren vom Bild, das sein Vorgänger Walter Ulbricht in der Bevölkerung hinterlassen hatte.
Wäre Erich Honecker fähig gewesen, wie es seine Mitstreiter offenbar angeraten hatten, das chinesische Rezept vom Platz des Himmlischen Friedens auch am Alexanderplatz in Berlin oder am Karl-Marx-Platz in Leipzig anzuwenden? Man muß es vermuten. Vorerst spricht nichts dafür, daß er sich dem, aus welchen Gründen immer, widersetzt hätte. Die gespensterhafte Gratulationsmission jenes *Egon Krenz in Peking* spricht dafür, daß Honecker zu allem bereit war. Nichts war übriggeblieben von jenem jungen Menschen einer Nachkriegszeit, den man sich nach dem eigenen Ebenbilde gewählt hatte.
Ebendies hat sein Protektor Walter Ulbricht gewollt und erreicht. Die Goethe-Feiern des Jahres 1949 in Weimar hatten ohne irgendein Auftreten des Generalsekretärs Walter Ulbricht auskommen müssen. Dafür hatten seine Parteipräsidenten Pieck und Grotewohl gesorgt. Allein beim Pfingsttreffen der Freien Deutschen Jugend *im Jahre 1950* war Ulbricht wieder aufgetaucht und mutete den jungen Menschen zu, die das vorerst noch geduldig hinnahmen, eine richtungweisende Ulbricht-Rede zu überstehen. Ungeschickt war

Ulbricht auch hier nicht. Er brauchte einen legitimen Vorwand, um dabeisein zu dürfen. So regte er an, ein junger Dichter möge die eigentliche Eröffnungsrede nach eigenem Willen formulieren. *Die Wahl fiel auf Stephan Hermlin*. Der wurde akzeptiert und sprach in seiner eigenen unvertrauten, aber darum gerade glaubhaften Diktion zu den jungen Menschen. Dadurch wurde auch die Tolerierung der Ulbricht-Rede erst möglich. Trotzdem war *jenes Pfingsttreffen von 1950 ein Wendepunkt* im geschichtlichen Ablauf einer Freien Deutschen Jugend. Westdeutsche Polizeischikanen der gleichfalls noch jungen Adenauer-Regierung entzündeten noch einmal neue Begeisterung für die Rituale und Losungen der Blauhemden. Dann aber war es bald mit aller Gemeinsamkeit zu Ende. Die FDJ wurde zur Kaderschmiede für künftige Parteifunktionäre. Einige von damals stiegen auf mit ihrem einstigen Chef, mit Erich Honecker. Sie wurden dann, wie man weiß, gestürzt und geächtet: zusammen mit ihm.

Am 4. November 1989, das ist bekannt, man hat es auch auf dem Bildschirm gesehen, kamen Hunderttausende zusammen auf dem Berliner Alexanderplatz. Schriftsteller und Künstler sprachen zu den Menschen, es entstand eine in der deutschen Kulturgeschichte wohl beispiellose Identifikation zwischen »dem Volk« und »den Intellektuellen«. Es war ein geschichtlicher Augenblick, wie ihn sich *Heinrich Mann* ein Leben lang und sehr vergeblich erträumt hatte. Einer der Redner auf dem Alexanderplatz, ein Schriftsteller der DDR, in Schlesien geboren im Jahre

1944, aufgewachsen in der Deutschen Demokratischen Republik und schlimm gebeutelt, gekränkt, geschädigt ob seines unbequemen Künstlertums, der Schriftsteller *Christoph Hein*, widersprach in diesem Augenblick allen Rezepten der politischen Rhetorik. Den Rezepten, die fordern, daß man die Entrüstung der Massen mit formuliert, daß man ihnen schmeichelt, für sich selbst einzunehmen sucht. Christoph Hein tat nichts dergleichen. Er sagte: »Ich möchte uns alle an einen alten Mann erinnern, an einen alten und wahrscheinlich jetzt sehr einsamen Mann. Ich spreche von Erich Honecker. Dieser Mann hatte einen Traum, und er war bereit, für diesen Traum ins Zuchthaus zu gehen. Dann bekam er die Chance, seinen Traum zu verwirklichen. Es war keine gute Chance, denn der besiegte Faschismus und der übermächtige Stalinismus waren dabei die Geburtshelfer. So entstand eine Gesellschaft, die wenig mit Sozialismus zu tun hatte. Von Bürokratie, Demagogie, Bespitzelung, Machtmißbrauch, Entwürdigung und auch Verbrechen war und ist diese Gesellschaft gezeichnet.«

V. Der 17. Juni 1953

Noch keine vierzig Jahre sind seitdem vergangen, aber das Gestrüpp der Legenden hat bereits alles überwachsen und nahezu unkenntlich gemacht. Die Legenden sind kontradiktorisch. Es gibt die Westvariante und die bis vor kurzem geltende Ostvariante. Im Westen erklärte man den 17. Juni zum Staatsfeiertag. Das gehörte noch zur Geschichte und Sprachregelung der Ära Konrad Adenauers. Da sei das Volk aufgestanden, habe nach Freiheit verlangt, sei durch russische Panzer niedergeworfen worden. Allein was sollte hier bei diesem Staatsfeiertag gefeiert werden? Doch nicht die Niederlage. Auch eignete sich der Junitag nicht sonderlich gut für Trauerfeiern. Die finden sich gehäuft im Monat November.

Das Unbehagen über diesen sonderbaren Staatsfeiertag, den man bei der Masse der westdeutschen Bevölkerung einfach als erwünschten Feiertag begrüßte, ohne besonderes Nachdenken über den besonderen Anlaß, war immer spürbar. Die offiziellen Reden im Bundestag, wenn man sie einmal gebündelt herausgeben würde, was vermutlich bisher – und wohlweislich – nicht geschehen ist, verraten Verlegenheit. Leere Rhetorik in den meisten Fällen. Daß einer der offiziellen Redner den Versuch gemacht hätte, auf alle Klischees zu verzichten, genauer den Einzelheiten der Vorgänge nachzuforschen, die Folgenlosigkeit des Geschehens zu konstatieren, ist kaum ersichtlich. Ein Staatsfeiertag der Bundesrepublik Deutschland. Warum eigentlich?

Der schlampigen Heroisierung des Westklischees entsprach in den offiziellen Urteilen der DDR und ihrer Medien eine *planmäßige Vernebelung*. Da war ein Zwischenfall gewesen und weiter nichts. Ein ohnmächtiger Versuch des westlichen Klassenfeindes, den antifaschistisch-demokratischen Staat der Werktätigen an seinem Wege in den real existierenden Sozialismus zu hindern. Auf Einzelheiten mußte nicht eingegangen werden. Es durfte auch kein Thema sein für die Autoren der Deutschen Demokratischen Republik. Gewiß war *Stefan Heym* ein offiziell geachteter Schriftsteller der DDR: weithin bekannt seit dem Kriegsende von 1945 als Autor erfolgreicher Romane und Reportagen. Er war der Autor des Buches »Kreuzfahrer«, eines Welterfolgs. Allein im Politbüro liebte man ihn nicht besonders. Er war zu unabhängig, lieferte nicht weisungsgemäß bei jedem neuen als historisch deklarierten Ereignis die fälligen (und natürlich begeisterten) Kommentare. Er ließ sich später auch nicht täuschen durch evidente Anzeichen einer freieren Lebensführung in der Konstellation eines sogenannten »Tauwetters«.

Als damals, im Jahre 1956, der Minister für Kultur Johannes R. Becher zu einem nüchternen Gespräch über Schwierigkeiten des geistigen Lebens im Staate einlud, nahm auch Stefan Heym das Wort. Er begann jedoch seine Rede erst, nachdem er umständlich und weithin sichtbar auf dem Rednerpult vor sich ein Mikrofon und ein Aufnahmegerät installiert hatte. Was heißen sollte, wie jedermann im Saale verstand: Ich möchte sicher sein, daß man mir meine Rede nicht verfälscht. So durfte es nicht verwundern, daß Stefan

Heyms Versuch, die Junitage des Jahres 1953, mit dem siebzehnten im Mittelpunkt, in Romanform und gleichsam prismatisch von den verschiedenen Aspekten des Geschehens her zu erzählen, auf schärfste offizielle Ablehnung stieß. Der 17. Juni war kein Thema für Schriftsteller einer Deutschen Demokratischen Republik. Heym hat jahrelang versucht, von Pieck bis Ulbricht, von Ulbricht bis Honecker, sein Buch an die Öffentlichkeit zu bringen. Es blieb stets beim Nein. Liest man es heute, offenbar nach vielen Umarbeitungen und mit dem Epilog des heutigen Stefan Heym, so erscheint es mir nach wie vor ebensowenig schlüssig wie damals in den fünfziger Jahren, als mir Stefan Heym das Manuskript ins Haus schickte und um mein Urteil bat.

Es konnte nicht gelingen. Weder mit den spezifischen und bemerkenswerten literarischen Mitteln des Autors Stefan Heym, noch mit seinem Grundkonzept, sowohl ein Verständnis für die Revoltierenden zu bekunden wie auch ein Verständnis für die Notwendigkeit ihres Scheiterns. Der 17. Juni war weder ein heroisches noch ein tragisches Ereignis.

Die Besinnung auf den *allgemeingeschichtlichen Augenblick* der Ereignisse sollte helfen, das Gestrüpp der Legenden durchsichtiger zu machen. *Stalin* war am 5. März 1953 in Moskau gestorben. Die nächste Umgebung, seit langem und ungeduldig wartend auf diesen Augenblick, hatte ihn nach dem Schlaganfall offenbar liegenlassen mit der beruhigenden Erklärung, er werde sich schon wieder erholen. Der Generalissimus und Vater der Völker. Millionen Menschen haben damals geweint und sich gleichsam in der Tat als vaterlose Kinder empfunden. Sie meinten den Stalin der Legende, natürlich auch den Sieger in einem großen Verteidigungskrieg. Den Stalin seiner Untaten kannten sie nicht oder wollten ihn nicht kennen.

Der Historiker *Walter Markov*, Professor der Geschichte an der Universität Leipzig und damals, im Jahre 1953, als gebürtiger Slowene aus der Sozialistischen Einheitspartei ausgeschlossen wegen »Titoismus« (er hat es später bei dem Ausschluß belassen und jegliche Rückkehr verweigert), interpretiert den Vorgang in seinem Buch »Zwiesprache mit dem Jahrhundert« (Aufbau-Verlag 1989) in folgender Weise: »Ich glaube aber sagen zu müssen, daß es wirklich empfundene Trauer, gepaart mit dem Gefühl der Leere, des Alleingelassenseins, in politisch engagierten Kreisen der Jugend, also in der FDJ, in der Studentenschaft gegeben hat. In wirklicher Unkenntnis von vielem Hintergründigem, vom ›anderen Stalin‹, konnten sich die jungen Leute nicht so richtig vorstellen, wie die Welt ohne ihn, von dem sie sich ›erzogen‹ fühlten, weitergehen wird. Sogar meine Frau war von solchen Anwandlungen nicht ganz frei.«

Es ist so gewesen. Bei der offiziellen Trauerfeier in der Leipziger Universität mußte ich meinen Gesichtsausdruck streng kontrollieren. Ein Pokergesicht. Stalin hatte ich seit meiner Jugend gehaßt. Trotzkist war ich nicht geworden, aber die Bücher von Trotzki hatte ich genau gelesen. Die Erfahrungen des Exils, mit dem Walten Stalins im Spanischen Bürgerkrieg, mit den Moskauer Prozessen gegen Bucharin oder Sinowjew, mit dem Hitler-Pakt, mit der skandalösen, von Stalin mitredigierten Rede Alexander Fadejews auf dem Breslauer Kongreß der Intellektuellen im August 1948: alles bewirkte bei mir nach dem Tode des »großen Georgiers« ein Gefühl der – möglichen – Erleichterung. Kein Anlaß für Trauer. Die Studenten haben geweint.

Unter solchen Umständen mußte es undenkbar sein, daß ein großer Teil der Jugend in dieser jungen Deutschen Demokratischen Republik das Scheitern dieses Staates und seine Umwandlung in eine Filiale der nicht minder jungen Bundesrepublik Deutschland hätte wünschen können.

In der Tat bestätigten mir die Ereignisse selbst des 17. Juni, daß die ganz überwiegende Mehrheit unserer Leipziger Studenten leidenschaftlich bemüht war, die Universität gegen einen denkbaren Ansturm der Aufständischen vom 17. Juni zu verteidigen. Ich habe in meinen Erinnerungen »Ein Deutscher auf Widerruf« geschildert, daß ich das historische Datum beinahe verschlafen hätte. Am Abend vorher war ich von irgendeinem Vortrag – wohl in Chemnitz – zurückgekehrt und schlief bis in den Morgen hinein. Man weckte mich, die Leute vom Institut der Universität hätten nach mir verlangt. Ich ging an den Apparat. Hörbare und spürbare Freude und Erleichterung am anderen Ende: Er ist zu Hause und nicht bei der Revolte, was vielleicht einige allzu linientreue Funktionäre gefürchtet (oder gehofft) hatten. Ich fuhr sofort ins Institut für Deutsche Literaturgeschichte. Aber da war in Leipzig wohl schon alles »bereinigt«. Die westdeutschen »Flitzer« mit ihren unverkennbaren schönen Fahrrädern, die habe ich noch gesehen, bevor sie irgendwohin wieder verschwanden. Man hat mir das später immer wieder abgestritten, nachdem die offizielle DDR-Propaganda, vom anfänglichen Schrecken nur allzu rasch erholt, solchen Flitzern und eingeschleusten westdeutschen »Saboteuren und Agenten«, im Volksmund abgekürzt als »Sabogenten«, alle Schuld an dem offiziell sonst so unerklärbaren Geschehen zuschrieb. Doch, die Flitzer hat es gegeben, aber die Revolte war trotzdem eine Revolte. Sie war hausgemacht und im Kern ganz sicher nicht vom Westen importiert. Im Gegenteil meine ich, daß die Bonner Regierung Konrad Adenauers mit ihren amerikanischen Beratern und Protektoren zwar Pläne entworfen haben mag für den Fall einer »Aufrollung«: daß aber in den Tagen um den 17. Juni selbst vom Westen her noch keine wirkliche Initiative einer Intervention geplant sein konnte. Hätte sie doch unmittelbar den neuen Krieg mit der Sowjetunion bedeutet, und zwar auf deutschem Boden.

Die Regierung *Konrad Adenauer* war vier Jahre zuvor mit einer Stimme Mehrheit, bekanntlich der Stimme des Kanzlerkandidaten selbst, zustande gekommen. Das Jahr 1953 bedeutete für Adenauer und sein Regierungskonzept zum ersten Mal die legale Bestätigung durch freie Wahlen, die er, wie bekannt, von nun an für geraume Zeit erwarten durfte.

Adenauer war damals, in meiner Jugend, der Oberbürgermeister meiner Vaterstadt, ein Mann von siebenundsiebzig Jahren. Im politischen Sprachgebrauch der Weimarer Republik mußte seine Regierung als »Bürgerblock« bezeichnet werden: vom damaligen Zentrum bis zu den damaligen Deutschnationalen. Deutschnational im tradierten Sinne waren Adenauers Minister einer »Deutschen Partei«. Deutschnational war der Minister Seebohm mit seinen penetranten Sonntagsreden für die Rückkehr der Vertriebenen ins nunmehrige Polen und ins Sudetenland, wohl auch ins nunmehr sowjetische Ostpreußen. Königsberg oder Kaliningrad, es war eine waghalsige politische Rhetorik, die der Bundesminister Seebohm betrieb. Zu schweigen vom Fall des Politikers Oberländer, dem schließlich seine Warschauer Tätigkeit in der Kriegszeit zum Verhängnis wurde. Auch viele verantwortliche Politiker der Freien Demokraten gehörten politisch, von den zwanziger Jahren her gesehen, mehr zum rechten Flügel des bürgerlichen Demokratismus als zur bürgerlich-liberalen Tradition eines Walther Rathenau. Der erste Bundespräsident *Theodor Heuss* entsprach noch der Tradition der einstigen Deutschen Demokratischen Partei, die er auch bis zum Schluß im Reichstag vertreten hatte. Ein Erich Mende jedoch als Sprecher der Freien Demokraten war schon ein anderes Kaliber.

Der Bürgerblock Konrad Adenauers hatte die *Sozialdemokratie* vorerst für unabsehbare Zeit zur ohnmächtigen Opposition verurteilt. Obwohl damals bereits die meisten deutschen Großstädte sozialdemokratisch regiert und verwaltet wurden. Es war auch im Bundeskanzleramt durchaus bekannt, daß sich vielleicht nicht gerade der sozialdemokratische Parteiapparat in Hannover aus Kurt Schumachers Zeiten, aber die Mehrheit der Landes- und Kommunalpolitiker der Sozialdemokratie mit Entschiedenheit wehrte gegen

alle Putschversuche oder Aufrollungspläne, wenn es sich um die DDR handelte.
Es kam hinzu, daß nach Stalins Tod in Moskau selbst ein *Interregnum* bestand, das nicht dauern würde. Stalin hatte ein Dreierkollegium eingesetzt aus Leuten, denen er natürlich auch nicht traute, doch am wenigsten mißtraute. Der Altbolschewik Molotow sollte zuständig sein für Regierung und Staatsapparat. Stalins Schüler Malenkow für die mächtige Partei der Bolschewiki. Beria für Geheimpolizei und Nachrichtendienst. Das funktionierte noch bei der offiziellen Trauerfeier für den großen Mann aus dem Städtchen Gori in Georgien. Dann begannen die Kämpfe der Diadochen. Beria blieb auf der Strecke und wurde erschossen. Sein Staat im Staat hatte ihn nicht retten können. Immer mehr schob sich ein etwas umgänglicherer und weniger autoritärer Parteipolitiker in den Vordergrund. *N. S. Chruschtschow*. Allein für einige Jahre mußte man in Moskau noch mit diesem Amalgam rechnen aus Stalin-Erbschaft und vorsichtigem erstem Antistalinismus. Noch drei Jahre später, im Oktober 1956, habe ich sie selbst in Moskau gesehen beim Staatsfeiertag der DDR in deren Moskauer Botschaft: Malenkow, Molotow und den unvermeidlichen ideologischen Besserwisser Michail Suslow. Chruschtschow war nicht erschienen, was bei den Anwesenden ersichtlich als schlechtes Zeichen galt.
Für die Ereignisse des 17. Juni 1953 war daraus zu folgern, daß die Sowjetunion auf alle Versuche, innerhalb ihres deutschen Interessenbereichs gewaltsam Änderungen herbeizuführen, von innen oder von au-

ßen, die stalinistische Strategie praktizieren würde. Die Panzer. Der 17. Juni sollte es demonstrieren. Das war unvermeidbar. Man wußte es ebensogut in Bonn wie in West-Berlin. Die Schilderung, die *Willy Brandt* in seinen »Erinnerungen« gegeben hat, ist richtig. Man konnte von West-Berlin aus nicht anders handeln. Es stand wieder ein Weltkrieg auf dem Spiel.

Was also war in Wirklichkeit geschehen an jenem 17. Juni? Jede einzelne These über diesen späteren westdeutschen Staatsfeiertag ist in ihrer Eindeutigkeit falsch, jede enthielt dennoch ein bißchen Realität. Die Flitzer hat es gegeben, doch von einer westdeutschen massiven Infiltration konnte die Rede nicht sein. Daß eingeschleuste Agenten und Volksredner die Stimmung im Sinne ihrer Auftraggeber angeheizt haben, darf vorausgesetzt werden. Auch jene *»Kommandeuse«* hat es wohl gegeben, die *Stephan Hermlin* zum Thema einer Erzählung, eigentlich einem inneren Monolog über den 17. Juni machen sollte. Eine im Zuchthaus auf Lebenszeit inhaftierte mörderische Aufseherin eines Konzentrationslagers der Nazizeit, die man aus der Zelle befreite, als die Gefängnisse in einigen Städten gestürmt und die politischen Gefangenen befreit wurden. Nun marschierte die Kommandeuse mit den Aufständischen. Nach dem Scheitern des 17. Juni räumte die offizielle Propaganda diesem Sonderfall gewaltigen Raum ein. Man hätte meinen können, am 17. Juni habe es sich vor allem um einen Putschversuch verbrecherischer Nazis gehandelt. Hermlin ist in der westdeutschen Kritik heftig angegriffen worden wegen dieser Geschichte. Allein sie hat überhaupt nichts zu tun mit der offiziellen DDR-Propaganda. Er schilderte einen Bewußtseinsprozeß jener Frau selbst: ihre Träume aus dem Dritten Reich, ihren Haß in der Zelle, ihren Jubel bei der Befreiung. Nun werden wir wieder dasein, das Ende. Das Ende ist wohl eine Hinrichtung gewesen.

Die *wirkliche Basis der Volksbewegung* vom 17. Juni war relativ schmal. Sie war auch politisch eher diffus, von aller Eindeutigkeit entfernt. Es stimmt schon, daß die Losung vielfach gerufen wurde: »Spitzbart, Bauch und Brille sind nicht des Volkes Wille.« Der beleibte Pieck, die Brille Otto Grotewohls, der Spitzbart Walter Ulbrichts. Allein das war eine sehr ausgeklügelte Formulierung, die nur dort Anklang fand innerhalb der Volksbewegung, wo in der Tat die Beseitigung der gesamten Regierung und Führungsspitze gefordert werden sollte. Daß es dafür keine wirkliche Massengrundlage gab, ganz gewiß nicht innerhalb der Jugend der DDR, kann aus der besonderen Konstellation jener Tage gefolgert werden. Einheitlich jedoch erklang der Ruf: *»Der Spitzbart muß weg!«* Die Person Walter Ulbrichts war ein allgemeines Postulat. Dafür gab es Zustimmung bis weit in die oberen Schichten des Parteiapparates hinein: von allen anderen zu schweigen. Ulbrichts Reagieren nach der Niederwerfung des Aufstands machte es deutlich.

Im Grunde erinnerte das Geschehen vom 17. Juni weit eher an einen aggressiven Generalstreik als an eine politische Revolution. Ausgelöst wurden die Ereignisse durch einen Tatbestand, den im Jahre 1990 der frei gewählte Ministerpräsident *Lothar de Mai-*

zière in seiner Regierungserklärung nüchtern erläuterte, als er die Gegensätze im Entwicklungsgang der beiden deutschen Staaten analysierte. Hier ein *Marshallplan* der Hilfe, dort *Reparationszahlungen* an den verbündeten sowjetischen Alliierten. Daß die Reparationsforderungen der fürchterlich verwüsteten Sowjetunion legitim waren, sollte nicht bezweifelt werden. Nur wurden sie nicht von der Gesamtheit der Deutschen geleistet, sondern von jenem Bruchteil des einstigen Staates und seiner Bevölkerung, denen man diese Reparationen mit Erfolg abverlangen konnte.
Dadurch wurde alle Arbeitskraft dieses jungen Staates nicht wie im Westen in den Dienst des eigenen Wiederaufbaus gestellt, sondern des Abbaus noch vorhandener Werte, um Schulden zu bezahlen, sprich: Reparationen. Die Demontage eines Großteils des Eisenbahnnetzes in der DDR war vielleicht die schlimmste Folgerung aus diesem Anfangszustand, von welchem sich die DDR niemals wirklich erholen konnte.
Es ist kein Zufall, daß sich *Uwe Johnson* in seinem berühmt gewordenen ersten Roman »Mutmassungen über Jakob« den Hintergrund des Eisenbahnsystems der DDR gewählt hat, um von dort aus die gesamte Dialektik einer Gesellschaft zu interpretieren. Noch dazu auch zeitlich in einer entscheidend krisenhaften Konstellation: *während des ungarischen Aufstands vom Oktober/November 1956*. Jene Wirklichkeitsblindheit der Partei- und Staatsführung in der DDR, die immer wieder ans Absurde gegrenzt hat, ließ sie übersehen, daß zwischen den Reparationsforderungen des großen Bruders und dem eigenen Existenzminimum innerhalb eines »Staates der Arbeiter und Bau-

ern« eine politische und erträgliche Lösung gefunden werden mußte. Man suchte sie nicht einmal, sondern sah allein das Gebot der Willfährigkeit gegenüber Stalin und seinen Nachfolgern. Also mußte immer noch mehr Arbeit gefordert, immer weniger gezahlt, immer sinnloser administriert werden.
Das Schlagwort von der »*Normenschinderei*« war vielleicht die realste und gültigste Aussage über die Ursachen des 17. Juni. Die Arbeitsnormen wurden immer von oben administrativ erhöht. Sie waren nicht zu leisten, was man wohl auch gewußt hat. Diese Forderungen aber bedeuteten eine wachsende Verelendung. Daß dieser Zustand nicht unvermeidlich war, zeigte sich nach der Revolte. Nun wurde reformiert, die Verbesserungen erwiesen sich als möglich und nützlich, es ging auch so! Warum war es nicht rechtzeitig erkannt worden?
Von der Sterilität und dünkelhaften Borniertheit des damaligen Politbüros, das längst – wegen des hohen Alters von Wilhelm Pieck und der geheimen Entmachtung von Otto Grotewohl – vom Spitzbart geleitet wurde, kann man sich kaum einen Begriff machen. Am 13./14. Mai 1953 hatte das Zentralkomitee der SED getagt, um, wie es bekanntgab, die »Lehren aus dem Slansky-Prozeß« zu ziehen. Im Zeichen der Stalinschen Schauprozesse, die er nach seinem Sieg im Zweiten Weltkrieg immer wieder anberaumte, weil er wahnhaft überall Feinde sah, die es zu erschießen oder zu erhängen galt, waren Prozesse gegen angebliche Agenten des Imperialismus innerhalb der kommunistischen Parteipparate anberaumt worden. Fest stand bereits mit dem Prozeßbeginn auch schon der Tag der

Hinrichtung. In Bukarest, in Budapest, zuletzt mit jenem – jüdischen – Generalsekretär Rudolf Slansky in Prag.
Auch Ulbricht lieferte die Mannschaft für die fälligen Hinrichtungen. Der Prozeß jedoch in Ost-Berlin fand nicht statt. Ulbricht hatte ihn nicht wagen können: wegen der offenen deutschen Grenze. So wurden die unter absurden Anklagen verhafteten Kommunisten der sowjetischen Gerichtsbarkeit überstellt. Die meisten kamen schließlich mit dem Leben davon. Der 17. Juni war inzwischen vorüber. So konnte *Leo Bauer* (auch ein Jude) schließlich aus Sibirien heimkehren. Er kam in die Bundesrepublik, starb aber früh an den Folgen der Haft und Mißhandlung. Auch der Leiter des Bahnwesens in der DDR Kreikemeyer wurde verhaftet. Vermutlich hatte er den Russen mißfallen, als er Einspruch erhob gegen die Demontagen. Er kam wohl nicht mit dem Leben davon. Darüber sprach man später nicht. Aber wenige Wochen vor jener Revolte in der Mitte des Monats Juni hatte das Zentralkomitee offenbar keine anderen Sorgen als Rachegedanken einer Säuberung und Reinigung in den eigenen Reihen.
Es kam noch schöner. »Am 26. Mai 1953, da waren es noch drei Wochen bis zum Vorabend des 17. Juni, faßte das Politbüro einen ellenlangen Beschluß. ›Über die Verbesserung der Literaturkritik, der Bibliographie und der Propagierung des fortschrittlichen Buches‹. Nicht allein dieses Thema in dieser Konstellation vor der Katastrophe war objektiv komisch; auch die Rügen waren es, weil sie auf die Rügenden zurückschlugen: ›Ein ernstes Hemmnis für die weitere He-

bung des ideologischen und künstlerischen Niveaus unserer Literatur und für deren Popularisierung ist das fast völlige Fehlen einer wirklichen Literaturkritik und Bibliographie, dieses wichtigsten Instruments zur ideologischen und künstlerischen Erziehung der Leser und Autoren.‹«

Faßt man alle Teilaspekte des Geschehens zusammen, so wird es kaum möglich, eine in irgendeiner Weise eindeutige Kennzeichnung des Vorgangs zu formulieren. Es war *keine* politische Revolution, denn ökonomische Sorgen der ausgebeuteten Arbeiter standen im Vordergrund. Es war *keine* planmäßig vorbereitete Gegenrevolution, weil die außenpolitischen Gegenspieler vorerst abwarten mußten und weil innenpolitisch keine Gegenkraft vorhanden oder gar organisiert war, die ein Gegenkonzept hätte durchsetzen können. Im Vergleich zu den Vorgängen des Jahres 1989 hatten sich die *Kirchen* in der DDR am 17. Juni als untätig erwiesen, nicht allein als ohnmächtig. Eine neofaschistische Bedrohung war nicht vorhanden. Ein großer Teil der Parteikader und auch der anderen Massenorganisationen glaubte noch an die Möglichkeit einer alternativen Gesellschaftsordnung.

Zudem erwies sich der Vergleich mit der *Bonner Politik* als nicht besonders attraktiv. Sie war traditionalistisch und regressiv, die Interessen der Arbeiterschaft mußten im Westen hart erkämpft werden durch funktionierende Gewerkschaften. Das Bildungssystem der Schulen und Hochschulen blieb konservativ. Neue Gesellschaftsschichten aus dem Volk hatten keinen wirklichen Zugang zur höheren Bildung. Saubermänner und Duckmäuser forderten eine »saubere

Leinwand«; sie entrüsteten sich über die sekundenweise im Film aufblitzende Nacktheit der Schauspielerin Hildegard Knef; Alpenkitsch, treuherziges Volkstheater, Kostümzauber mit Kaiserinnen und Königinnen durften als legitime Weiterführung der einstigen Ufa-Produktion bewertet werden.
Die Literaturgemeinschaft der *Gruppe 47* stand schroff gegen den offiziellen Bonner Zeitgeist. Ein vorsichtig kritischer Roman wie »Das Treibhaus« von *Wolfgang Koeppen* wurde von mächtigen Kritikern hart abgelehnt mit der Begründung: Da habe man nun endlich einmal ein bißchen neue Staatsgesinnung, schon komme ein Autor, um sie wieder zu entwerten. Der spätere Außenminister *Heinrich von Brentano*, Bruder eines Autors, der mit Brecht befreundet war, verglich im Bundestag den in Ost-Berlin lebenden Dichter Bertolt Brecht mit Horst Wessel.
Es war vor allem das frustrierte ältere Bürgertum der Dagebliebenen in der DDR, das einen möglichst raschen Anschluß an die Bundesrepublik erhoffte. Doch von ihm konnte keine Gegenkraft ausgehen, die das selbstherrliche Walten der Parteifunktionäre hätte bremsen können. Das Volk: das waren auch damals bereits die arbeitenden Menschen. Die aber wollten bessere Lebensbedingungen, eine vernünftigere Obrigkeit, eine Planung, die funktioniert, das Ende der Reparationen und Demontagen. Und mehr Hoffnung für ihre Kinder, die neuen Studenten aus dem Volk, die künftigen Leiter einer neuen Gesellschaftsordnung. Dann kamen die Panzer.

Allein es kamen nun auch die Leute zu Wort, die ihrerseits forderten, *Lehren* aus den Vorgängen zu ziehen. Man fand sie allenthalben. Es gab in diesem Augenblick, das kann jeder bezeugen, der damals nach dem 17. Juni an den nun fälligen Debatten teilnahm, eine große Übereinstimmung. Das da darf sich nicht wiederholen. Dafür muß jetzt gesorgt werden. Die SED hat im Laufe ihrer Partei- und Staatsgeschichte einiges immer beargwöhnt und mit allen Mitteln zu verhindern gesucht: *eine Fehlerdiskussion.* Nun sollte es dazu kommen. In der nun anhebenden Debatte um die Ursachen und Lehren des 17. Juni gab es, von heute aus gesehen, plötzlich zwei literarische Gegenspieler, die es seit langem gewesen waren: *Kuba und Brecht.* Der Schriftsteller Kurt Bartel, der sich albernerweise Kuba nannte, steht mir immer noch vor Augen als eine ungemein widerwärtige Figur. Er war sehr häßlich, doch nicht von jener »ätzenden Häßlichkeit«, die Thomas Mann meinte, wenn er von dem insgeheim bewunderten jüdischen Intellektuellen *Georg Lukács* sprach. Kuba war aufgedunsen, er hatte eine quäkende Stimme, die immer wieder eingesetzt wurde, um anzuklagen und zu denunzieren. Denunziert werden mußten all jene, die an Kubas Dichtertum nicht glauben wollten und die seinem Poem, einer Art »Gedicht vom Menschen« neben schwungvoller Wortmacherei mit bekanntem und erwünschtem Inhalt, keinen literarischen Wert beimaßen. Kuba betrachtete seine literarischen Gegner als Staatsfeinde, und er sorgte dafür, wo er konnte, daß der Staat selbst es genauso hielt.

Nun war aber jener Kuba, aus besagten Gründen, an

jenem 17. Juni der *Generalsekretär des Schriftstellerverbandes der DDR*. Was hier berichtet wird, ist nicht bekanntgeworden, soweit ich sehe. Aber es hat sich so zugetragen, denn Brecht hat es mir später lachend erzählt.

Bertolt Brecht befand sich am 17. Juni im Theater und probierte – nicht etwa, wie Günter Grass in seinem Schauspiel »Die Plebejer proben den Aufstand« fingiert hat, den »Coriolan« von Shakespeare, sondern – das DDR-Stück »Katzgraben« von Erwin Strittmatter. Anruf vom Generalsekretär Kuba. Die Aufständischen seien im Anmarsch auf das Gebäude des Schriftstellerverbandes. Brecht möge herüberkommen und mit seiner Autorität die Revoltierenden zur Ruhe bringen. Brecht sagte: »Ich habe ihm geantwortet: ›Lieber Kuba, Ihre Leser müssen Sie schon selbst empfangen!‹«

Kuba jedoch scheint nichts begriffen zu haben. Einige Tage später schrieb er eine erbitterte Abrechnung mit dem Undank des Volkes, das die Wohltaten nicht verdient habe, die es von seiner Regierung empfange. Darauf nun antwortete Brecht mit einem berühmt und sprichwörtlich gewordenen Gegengedicht:

Die Lösung

Nach dem Aufstand des 17. Juni
Ließ der Sekretär des Schriftstellerverbands
In der Stalinallee Flugblätter verteilen
Auf denen zu lesen war, daß das Volk
Das Vertrauen der Regierung verscherzt habe
Und es nur durch verdoppelte Arbeit

Zurückerobern könne. Wäre es da
Nicht doch einfacher, die Regierung
Löste das Volk auf und
Wählte ein anderes?

Weltpolitisch gesehen, endete also dieser Tag mit einem Unentschieden. Nichts Definitives. Die Existenz einer Deutschen Demokratischen Republik war nicht wirklich bedroht. Weder von innen noch von außen. Natürlich war es arg beschönigend, wenn Karl Eduard von Schnitzlers Rundfunkkommentar am Morgen des 18. Juni, in Andeutungen raunend, bloß zu berichten wußte: Da sei etwas gewesen, doch das sei nun vorüber. Da war etwas gewesen. Da war gelyncht und getötet worden. Rache an verhaßten Funktionären, auch die Panzer waren nicht zur Parade aufgefahren. Nun wurden neue Maßnahmen verkündet, um die ärgsten Mißgriffe der Wirtschaftspolitik zu beseitigen.

Trotzdem gab es einen Sieger. Er hieß Walter Ulbricht. Was keiner erwartet hatte, trat ein. Als die Rufe erklangen: »Der Spitzbart muß weg«, war er untergetaucht, nirgendwo sichtbar oder faßbar. Dann tauchte er wieder auf, als sei nichts geschehen. Aber er hatte nichts vergessen. Vor allem nicht, daß im Politbüro selbst die Gegner auf seinen Sturz gewartet hatten. Die mußten nun beseitigt werden. So kam es zu einer grotesken Doppelstrategie, die bereits siebenunddreißig Jahre vor dem Einsturz des Turms von Babel die wirklichen Risse des Turmbaus erkennen machte. Einerseits Verbesserungen und Erleichterungen. Vie-

les wurde unbürokratisch geregelt, was bis dahin tabuisiert worden war. Walter Markov, um ihn abermals zu zitieren, hat es in seinem Dokumentarbuch ebenso gesehen: »Es fand eine Erweiterung der Toleranzbreite statt, die einherging mit ersten Korrekturen mancher Überhärten und Schärfen, die zuvor – bis in den Jargon hinein – gang und gäbe waren. Politische Gefangene wurden amnestiert. Hinzu kam die nahezu absolute Reisefreiheit bei geöffneten Grenzen.«
Andererseits Säuberung in der Parteispitze, die den Besiegten des 17. Juni zum Sieger machte. Unter *Wilhelm Zaisser* als Geheimdienstchef, einem der leitenden Strategen im Spanischen Bürgerkrieg, war der Apparat der Staatssicherheit vor allem orientiert worden auf die Verhinderung neofaschistischer Umtriebe. An ein später von Ulbrichts Kumpan Erich Mielke installiertes System der totalen Volksüberwachung wurde nicht gedacht. Zaisser hatte den Ulbricht verabscheut. Nun wurde er abgesetzt und entmachtet. Der schneidend scharfe und kritische Journalist *Rudolf Herrnstadt*, auch wohl jüdischer Herkunft, hatte als Chefredakteur des »Neuen Deutschland« immer wieder das Mißfallen des Spitzbarts erregt. Nun setzte man ihn ab und schickte ihn, gleichsam zum Hohn, irgendwo in ein Staatsarchiv, war es nicht Merseburg? Er kam auch kein bißchen mehr nach oben. Spätere runde Geburtstage des »guten« Genossen wurden ignoriert. Ulbricht hatte nichts vergessen vom 17. Juni 1953. Er hatte auch nichts gelernt.

VI. Johannes R. Becher

Der eine, Jahrgang 1886, war um vier Jahre älter, der Jüngere hat ihn um zwei Jahre überlebt. Mehr als vierzig Jahre haben sie einander, fast ohne persönliche Begegnungen, beobachtet, bewundert, mißbilligt und befehdet. Niemals aber gehaßt oder gar verachtet: *Gottfried Benn und Johannes R. Becher.* Hier handelte es sich, jenseits aller Bedeutung für die Literatur (und die Politik), um exemplarische Lebensläufe. Sehr deutsche überdies.

Die Gegensätze von Herkunft und Umwelt konnten größer nicht sein. Benn kam in einem protestantischen Pfarrhaus in der Westpriegnitz zur Welt. Als Abkomme ganzer Generationen protestantischer Geistlichkeit. Auch die Mutter aus der romanischen Westschweiz war Protestantin, also wohl Calvinistin. Ein geheimer Zug der »innerweltlichen Askese« gehört zu Gottfried Benns dichterischer Welt. Der Gegensatz zum Vater war unverkennbar, wurde aber niemals zur Qual. Hingegen gibt es in der frühen Gedichtsammlung »Söhne« das berühmte Gedicht »Mutter«:

> Ich trage dich wie eine Wunde
> auf meiner Stirn, die sich nicht schließt.
> Sie schmerzt nicht immer. Und es fließt
> das Herz sich nicht draus tot.
> Nur manchmal plötzlich bin ich blind und spüre
> Blut im Munde.

Hans Becher – so nannten ihn die Freunde – war ein katholischer *Bayer*, und er blieb es insgeheim bis in den schweren Todeskampf hinein. Vater Amtsgerichtsrat, der später ein sehr hoher Jurist werden sollte: Oberlandesgerichtspräsident in der bayerischen Hauptstadt. Johannes R. Becher hat seine Heimatstadt München geliebt, und er hat seinen Vater in einer Weise gehaßt, die sogar in der expressionistischen Generation der Vater-Sohn-Konflikte ungewöhnlich war.
Sein Gedicht »Meine Kindheit« hat Becher bei der eigenen Periodisierung unter die Texte aus den Jahren 1926–1935 eingereiht. Ein längeres Erzählgedicht in betont trivialen Bänkelreimen. Das banale wilhelminische Elternhaus wird auch in der Versform banalisiert. Den Hintergrund bildet das Entsetzen eines Kindes.

»Vater«, fragte die Mutter, »wie war es denn?!«
»Na, wie Hinrichtungen eben sind –«
Der Vater nahm die Mutter beiseite:
»Pst. Ruhig. Nicht vor dem Kind!«

Der Vater hat den Braten zerteilt.
Der Braten schmeckte ihm gut.
Ich sah an seiner Hand ein Beil,
Seine Augen standen voll Blut.

Satt stand er auf: »Wie steht's,
Hans, mit den Schulaufgaben?!«
Viele haben gemordet wohl, dachte ich,
Weil sie gehungert haben –

Das klingt authentisch, nicht stilisiert mit Hilfe einer expressionistischen Poetik des Häßlichen. Nichts wird hinausgeschrien. Alles spielt sich im bürgerlichen Alltag ab. Am gut gedeckten Mittagstisch. Dahinter das Grauen, das den kleinen Hans Robert Becher ein Leben hindurch begleiten sollte.

Die qualvolle Erfahrung mit dem wilhelminischen Vatertyp war real, kein poetisches Klischee. Das wurde es erst, als der Expressionismus seit 1918 zur Mode degenerierte. Aber im Tagebuch von Georg Heym, dem Schlesier, der im Wannsee ertrank, findet sich der Satz: Aus ihm wäre wohl etwas geworden, hätte er nicht solch »einen schweinernen Vater« gehabt. Der jüdische Vater Walter Hasenclevers in Aachen und der halbjüdische Stiefvater Arnolt Bronnens in Wien: exemplarische Fälle auch hier. *»Der Sohn«* von Hasenclever, bereits während des Ersten Weltkriegs aufgeführt, wurde zum dramaturgischen Modell der expressionistischen Stationenstücke bis hin zum Spätling Beckmann in *»Draußen vor der Tür«* von Wolfgang Borchert nach einem Zweiten Weltkrieg. Bronnen schrieb das Stück *»Vatermord«* schon vor dem Kriegsausbruch von 1914. Bechers später Roman *»Abschied«*, im sowjetischen Exil entstanden (1935), hat die Geschehnisse dieser Jugend geglättet und dem Schema eines klassizistischen Entwicklungsromans angepaßt, wie es der Freund und literarische Berater *Georg Lukács* vermutlich angeraten hatte.

Bechers reale Münchener Jugend aber war anders, schrecklicher. Der unmündige Sohn eines autoritären Juristenvaters hatte eine Liebschaft mit einem Mädchen »aus dem Volk«. Aussichtslos. Man will gemeinsam sterben. Der junge Becher erschießt das Mädchen, verfehlt sich selbst. Die Kugel blieb stecken: bis zur Todesstunde am 11. Oktober 1958. Der Skandal und der Mordprozeß. Man besorgt Atteste, die auf Unzurechnungsfähigkeit erkennen. Freispruch nach Paragraph 51. So mußte der Junge nicht zum Militär. Einen jungen Frontsoldaten namens Hörder, der Johannes heißt mit Vornamen, läßt Becher in seinem Schauspiel »*Winterschlacht*«, während des Rußlandkrieges in der Sowjetunion verfaßt, auf Heimaturlaub zur Mutter zurückkehren. Becher selbst war niemals Soldat.

Die Katastrophe wurde – vermutlich – zur dichterischen Erweckung. Sie besaß sogleich *drei Grundelemente*, die sich in Bechers späterer Entwicklung, von außen betrachtet, zwar restlos zu verwandeln schienen, doch stets da waren: Motivation durch Literatur; religiöse Inbrunst; Gesellschaftsekel. Man beginnt – das versteht sich – im Zeichen Heinrich von Kleists. Dann – auch das verstand sich damals, beim frühen Expressionismus – ein »*De profundis, Domine*«. Schließlich der Gesellschaftsekel in der besonderen Form des *Deutschland-Ekels*.

Bechers Gedicht »Deutschland« wird exemplarisch für das Empfinden der jungen Generation vor 1914. Jede Strophe endet mit demselben Refrain.

Schwer wird's, sich als Deutschen zu bekennen,
Nicht nach den Landschaften Frankreichs zu brennen,
Nach Paris nicht, unserem rosenen Kindheitstraum.
Wir leben in einem kalten rechteckigen Raum.

Man muß solche Verse in ihrer Provokationskraft verstehen. Sie stehen neben dem gleichzeitigen »Untertan« von Heinrich Mann und dem nicht minder skandalösen Zola-Essay des älteren Bruders von Thomas Mann. Paris: das war der Erbfeind. Der Abschaum welscher Dekadenz. Undeutsch durch und durch. Auch dieses Moment, das gerade Thomas Mann während eines Zweiten Weltkriegs in die Formel *»Leiden an Deutschland«* faßte, ist permanent bei Becher.

Dergleichen gibt es nicht bei *Gottfried Benn*. Er kennt es offenbar nicht, das Fernweh. Seinem Freunde F. W. Oelze aus Bremen, der auch am kalten rechteckigen Raum (und am Bremer Patriziat) litt, antwortete Benn:

> Meinen Sie Zürich zum Beispiel
> sei eine tiefere Stadt,
> wo man Wunder und Weihen
> immer als Inhalt hat.

Die Überschrift des Gedichts lautete »Reisen«. An solchen gegensätzlichen Motivationen ihrer dichterischen Arbeit erweisen sich Benn und Becher als kontrastierende »Phänotypen«, wie Benn das genannt hat. Benn kommt nicht frei von der protestantischen Verantwortungsethik, auch wenn er sie immerfort verletzt. Er kennt den »Ausdruckszwang« als geheimes Lebensgesetz, das ihn zum Warten zwingt, auf das Nahen der »trunkenen Flut«. Da fehlt die Zeile, die vorerst alles schon Geschriebene hinfällig macht. Inzwischen muß man leben. *Doppelleben*. Die dermatologische Praxis, das Warten auf die poetische Erleuch-

tung: die Droge der Dichtung. Folglich ist alles Leben und Erleben unbrauchbar, wenn es um das monologische Gedicht geht, das sich an niemanden wendet.
Wenn man sich dann trotzdem einläßt auf ein Gespräch über politische Dichtung, weil Johannes R. Becher den Dr. Benn eingeladen hat, bei den kommunistischen Schriftstellern im Berlin der späten zwanziger Jahre einen Vortrag des russischen Dramatikers *Sergei Tretjakow* (den Stalin umbringen ließ) anzuhören, geht alles schief. Benn hat die Gegenwelt erkannt, die ihn abstößt. Das Weitere ist bekannt. Benn hilft mit bei der Vertreibung des verehrten Heinrich Mann. Er verhöhnt die Emigranten vor dem Mikrofon eines Dritten Reiches. Das mußte schwer bezahlt werden.
Johannes R. Becher hätte niemals ein *Doppelleben* führen können. Er sah keinen Gegensatz zwischen Dichten und Leben. Seine Freunde aus dem Café Stephanie in München (dem Becher ein schönes Gedicht gewidmet hat) berichteten, wie der junge Literat mitten im Weltkrieg eintrat mit dem Jubelruf: bald werde der Krieg zu Ende sein. Warum? »Demnächst erscheint mein Gedichtband ›An Europa‹« (1916).
Aus diesen Grundpositionen erklärt sich die erschrekkende Vielfalt von Bechers literarischer, vor allem auch dichterischer Produktivität. Dem Destillieren und Warten bei Benn entspricht das hemmungslose Niederschreiben bei Becher. Die Leichtigkeit des Formulierens und sogar Reimens wird nicht als Schwierigkeit und Verantwortung empfunden. Becher war kein Mann der Verantwortungsethik. Eine solche Art der Kreation ist möglich. Auch *Erich Fried*, der Johannes R. Becher sehr genau gelesen hatte, pflegte so zu

arbeiten. Freilich warf er dann sogleich wieder vieles weg: im Gegensatz zu Becher, der später alle die fast zwanghaft produzierten Sonette drucken ließ.
Trotzdem hat Gottfried Benn bis in die fünfziger Jahre hinein den Typ Becher als bedeutende dichterische Möglichkeit betrachtet. Er hat es immer wieder gesagt. Als Benn eine Anthologie der wichtigsten Gedichte ehemaliger Ausdruckskunst herausgeben wollte, bat er Becher, den Kulturminister der DDR, um die Abdrucksrechte. Becher verleugnete damals, wie in Moskau vorgeschrieben, seine expressionistischen Anfänge. Man trug Klassizismus und nannte ihn sozialistischen Realismus. Dennoch wußte er selbst es besser. Er wollte in Gottfried Benns Anthologie vertreten sein. Das war politisch nicht unbedenklich. Er beriet sich also. Auch mit mir. Natürlich riet ich zu. Er hat die Erlaubnis gegeben.

Die *Widersprüche* in diesem Leben und Werk sind nicht zu zählen. Wenn es um Becher ging, gab es nur Freunde oder erbitterte Feinde. Er freute sich über Feindschaften. Das gehörte zu seiner bayerischen Substanz. Niemals erlebte ich ihn so frei und gelöst wie in München. Dann erzählte er von seinen Erfolgen als Münchener Jugendmeister im Brustschwimmen. Die »Ausstrahlung« dieses jungen Menschen muß außerordentlich gewesen sein. Im Sturm eroberte er sich den jungen Verleger *Kurt Wolff*, der bereits die Bedeutung Kafkas, Benns, Werfels oder Arnold Zweigs erkannt hatte. Bechers Gedichte wurden im Insel-Verlag von *Anton Kippenberg* in einer Prachtausgabe gedruckt.

Das hat der Politiker (und Machthaber) Becher niemals vergessen. Als Thomas Mann auf Einladung Bechers im August 1949, von Frankfurt kommend, in Weimar eintraf, um auch dort im Nationaltheater die Frankfurter Goethe-Rede zu wiederholen, saß bei dem Abendessen im Hotel Kaiserin Elisabeth, zu welchem auch ich geladen wurde, der aus Leipzig angereiste Leiter des Insel-Verlags, also Kippenberg, mit am Tisch. Vielleicht ist es auf diese alten Freundschaften zurückzuführen, daß der *Insel-Verlag* in der DDR unter dem Kulturminister Becher eine besondere Position einnehmen durfte.

Der Expressionismus war zu Ende, als er nach dem Kriegsende von 1918 und der deutschen Niederlage scheinbar gesiegt hatte. Der Kampf der Geschlechter, der Generationen, der Nationalfeindschaften: das schien abgetan. Die »Geburt des Neuen Menschen« war eine inhaltsleere Floskel. Auch hier galt Bechers spätere Formel *»Das Wort wird zur Vokabel«*. Becher absolvierte nacheinander ein Gastspiel bei den Dadaisten, eine katholisch-religiöse Dichterphase und die Einkehr im Haus der »künstlichen Paradiese«, mit Baudelaire zu sprechen. Er war stets anfällig für Drogen. Dem Morphin vermochte er sich zu entziehen. Das Rauchen hatte er sich um 1955 abgewöhnt, brauchte aber noch geraume Zeit das Streichholz oder den Zahnstocher zwischen den Lippen. Der Widerstreit zwischen Anfälligkeit und Willensenergie gehörte zu seinen Widersprüchen.

Johannes R. Becher war ein Kommunist der ersten Stunde. Noch während des Krieges verließ er die Unabhängigen Sozialdemokraten (USPD), gesellte sich zum Spartakusbund von Karl Liebknecht und Rosa Luxemburg, gründete mit ihnen die KPD und wurde im Jahre 1925 Reichstagsabgeordneter seiner Partei. Das Leipziger Reichsgericht bereitete einen Hochverratsprozeß gegen ihn vor: zuerst wegen des Gedichtbandes »Der Leichnam auf dem Thron« (1925), ein Jahr später wegen des Romans *»Levisite oder Der einzig gerechte Krieg«*: einem *Antikriegsroman gegen den chemischen Krieg*. Becher war aber bereits ein so anerkannter Schriftsteller, daß internationale Proteste vieler bedeutender, durchaus nicht kommunistischer Autoren die Einstellung des Verfahrens bewirkten.

Hier findet sich eine der geistigen Konstanten innerhalb der schillernd-zweideutigen Vielfalt politischer Überzeugungen in diesem Werk. Daß Becher noch bis in die dreißiger Jahre hinein die *Sowjetunion Lenins* als konkret gewordene Utopie empfand, ist nicht zu bezweifeln. Bechers Lenin-Gedicht, das von Friedrich Hebbel die Formel von dem übernahm, der »an den Schlaf der Welt rührte«, ist ehrlich und ein gutes Gedicht. Dann mußte er Deutschland verlassen, fand sich im Moskauer Exil, in der Gewalt Stalins.

Von Angst und Feigheit damals hat er in seinen letzten Lebensjahren, wenn kein Denunziant zugegen war, freimütig gesprochen. Aus dem Buch des amerikanischen Politologen David Pike über »Deutsche Schriftsteller im sowjetischen Exil 1933–1945« (1981) scheint hervorzugehen, daß man Bechers Treue in Moskau mißtraute. Er wollte gern zum Schriftstellerkongreß in Madrid während des Spanischen Bürgerkrieges delegiert werden. *Man ließ ihn nicht fahren*. Er würde nicht zurückkehren. Nun hatte er keine

Wahl mehr. Jetzt hatte er Schmeichelgedichte zu liefern: »Sterne, unendliches Glühen ...« für die Rote Armee. Becher hatte Todfeinde unter den Moskauer Emigranten: wohl nicht unverschuldet. *Erich Weinert*, der vorzügliche Lyriker einer politischen Agitation im Kampf gegen das Dritte Reich und gegen Kriegsende der Präsident eines Nationalkomitees Freies Deutschland, hat den Mitemigranten Becher bis zum Schluß trotz aller Parteimitgliedschaft und gemeinsamen Prominenz inbrünstig gehaßt.

Leicht hätte er in Moskau das Schicksal des Schriftstellerkollegen Ernst Ottwalt oder der so schönen und begabten Schauspielerin Carola Neher oder des einstmals expressionistischen Programmatikers Herwarth Walden teilen müssen, die alle umgebracht wurden, zu schweigen von Parteileuten wie Eberlein, Remmele oder Heinz Neumann. Geschützt hat ihn offenbar *Walter Ulbricht*. Mit dem, also mit der Gruppe Ulbricht, kehrte er gleich nach Kriegsende, im Grunde schon vorher, nach Berlin zurück. Becher hielt dankbar zu Ulbricht. Der Staatsratsvorsitzende und Generalsekretär scheint »seinem« Dichter vertraut zu haben. Beim Staatsakt nach Bechers Tode führte Ulbricht die Witwe Lilly Becher, die auch im Moskauer Exil gelebt hatte, in den Saal. Da spürte man so etwas wie Gefühl.

Hat Becher als Mann der Nomenklatura noch an den Sozialismus, vielleicht sogar an den Kommunismus geglaubt? Schwer zu sagen. Ich meine, daß er keine Illusionen mehr hatte. Stalin war zu genau und bedrohlich erlebt worden.

Konstant blieben zwei Empfindungsweisen. Einmal

die Kriegsfeindschaft. Seine wichtigsten Reden nach 1945 sind Friedensreden. Das könnte auf einen virulenten Kosmopolitismus deuten: wie in jenem Deutschlandgedicht der Anfänge.

Im Widerspruch jedoch gerade hierzu – oder war sie kein Widerspruch? – steht die für mich unbezweifelbare Erfahrung, daß Johannes R. Becher zeit seines Lebens ein *deutscher Patriot* gewesen ist. Da es nicht bekanntgeworden ist, aber feststeht, soll hier eine Tatsache mitgeteilt werden, die solche These bestätigt.

Im August 1948 tagte in Breslau der von der Sowjetunion inspirierte »Internationale Kongreß der Intellektuellen zur Verteidigung der Kultur«. Mit Picasso und Renato Guttuso und Fernand Léger, mit Andersen Nexö, Paul Eluard, Max Frisch, Julian Tuwim, dem späteren Nobelpreisträger Ivo Andrič, mit Lukács und Hanns Eisler, Max Pechstein und dem späteren Erbauer der Berliner Philharmonie, also Hans Scharoun. Ich habe damals, aus Frankfurt am Main anreisend, zur deutschen Delegation gehört.

Natürlich sollte Becher diese Delegation anführen. Er weigerte sich, wollte nicht mitfahren nach Breslau. Warum? Er wollte ein polnisches Breslau nicht akzeptieren. Becher war gegen die Grenze an Oder und Neiße.

Er konnte lachen, der Hans Becher. Das unterschied ihn von den meisten seiner Genossen, erst recht im Bereich der deutschen Nomenklatura. Bisweilen war es Ausdruck eines brutalen bajuwarischen Humors. Becher besaß eine wohl nicht besonders gute Zahnprothese. Die ließ er manchmal mit der Zunge hervorschnellen, zum Entsetzen seiner Partner. Das machte ihm Spaß. Es gab auch Züge eines bösen Menschen in ihm. Eines bösen, nicht eines schlechten Menschen. Er konnte leiden machen, um das zu genießen. Witz und Ironie standen immer zu Gebot. Er war glänzend in Form, wenn es galt, mit Gegnern öffentlich zu polemisieren. Auf einem Evangelischen Kirchentag, der Anfang der fünfziger Jahre noch in Leipzig stattfand, stellte sich Becher den westdeutschen Besuchern im überfüllten Saal. Ein junger Mensch aus der Bundesrepublik las einen töricht-apodiktischen DDR-Text vor und wollte Bechers Meinung dazu hören. Der sagte kühl: »Das ist alles Unsinn!« Nun freute sich der Fragende: »Aber es ist ein Zitat von Kuba!« Becher, weiterhin kühl: »Auch Kuba ist sterblich ...«

Als Kulturminister, davon muß noch gesprochen werden, ist Johannes R. Becher ein *Glücksfall* gewesen. Nichts bedrückte ihn so tief wie die von Bonn angeordnete Ignorierung und Ächtung alles dessen, was sich im anderen deutschen Staat zutrug. Die »DDR« mit den ironisch sein sollenden Gänsefüßchen. »Volkskammer«, »Nationalpreisträger«, »Deutsche Staatsoper«, »Gesellschaftswissenschaften« und so weiter. Dahinter stand kein politisches Konzept, bloß Hochmut. Was die dort drüben machten, konnte nicht ernst genommen werden. Man hat es jahrelang bereuen müssen, dies fehlende politische Konzept, als Bechers Forderung, die ernst gemeint war, nämlich: *»Deutsche an einen Tisch«*, nach Ulbrichts Willen ausgewechselt wurde durch Abgren-

zung, Abscheu vor westlicher Ansteckung, Verleugnung des Wortes »deutsch«.
Becher hatte seine Nationalhymne der Deutschen Demokratischen Republik, die auch er selbst für ein schlechtes Gedicht hielt, ganz wie Hanns Eisler nur mit Unbehagen von seiner Musik dazu sprach, trotz allem als ein deutscher Patriot entworfen. Daher die Verszeile *»Deutschland einig Vaterland«, die zum Sterbelied des Staates werden sollte.* Als Präsident des Kulturbundes hat er all jene Entscheidungen und Institutionen möglich gemacht, die weiterdauern sollten, auch weit hinein ins kulturelle Leben der Bundesrepublik: Walter Felsensteins Komische Oper. Brechts Berliner Ensemble. Die Zeitschrift Sinn und Form. Die Mitarbeit im internationalen PEN-Club. Die Nichtzerschlagung der Goethe-Gesellschaft. Die Nichtverschleuderung des Nietzsche-Archivs in Weimar.
Nicht zuletzt, das weiß ich nun einmal, die Zurückführung der nach Moskau abtransportierten Kunstschätze aus Berlin, Dresden oder Leipzig. Mit Pergamon-Altar und Sixtinischer Madonna.

Er ist traurig und schwer gestorben. Seit Budapest und dem Herbst des Jahres 1956 war er praktisch entmachtet. Über Kulturpolitik entschied von nun an das Büro Ulbricht mit Otto Gotsche, und der zuständige Mann im Sekretariat der Partei, also Alfred Kurella.

Becher ist einsam gestorben. Darüber hat *Stephan Hermlin* berichtet, der Becher noch kurz vor dem Ende besuchte. Bechers letztes Buch war eine Klitterung über den offiziell zugelassenen und verkündeten

Lebenslauf Walter Ulbrichts. Als der Sterbende, der offensichtlich, wie viele bezeugen, den eigenen Zustand nicht begriffen hatte, dieses letzte Buch vor sich sah, begann er zu weinen.

»Ein angenehmer Mensch – nein, das war er nicht.« Er sei sogar eine Zumutung gewesen, wird hinzugesetzt. Thomas Mann urteilte so über den insgeheim bis zuletzt geliebten Richard Wagner. Auch Becher war für viele, die mit ihm zu tun hatten, eine Zumutung. Keiner sprach von ihm ohne Emotion. Das hat er gewußt und genossen. Oderint dum metuant. Das Motto des Kaisers Caligula. Besser Haß und Furcht als Verachtung. So hätte Becher leben wollen. Das gelang nicht. Das Bedürfnis, geachtet, vielleicht geliebt zu werden, brach immer wieder durch.

Züge des Bösen waren unverkennbar. Er hat es gewußt, sogar kultiviert. Auch darin ein bißchen die Rolle des Caligula, der lieber gefürchtet sein wollte als mit Gleichgültigkeit beurteilt. Wer ihm zu Willen war, hatte es zu büßen: Männer wie Frauen. *Er hat versucht, mich zu vernichten, in unseren Anfängen.* Als das mißlang und ich respektlos blieb vor Drohungen der Macht, begann seine Sympathie, die schließlich fast so etwas wie Freundschaft werden konnte in unseren Feriengesprächen im Harz, in Schierke. Ich möchte das nicht missen.

Wahrheit und Lüge, echtes und gespieltes Empfinden hatten ihn am Ende fast ratlos werden lassen. Er wußte, daß er schlechtes Zeug schrieb, konnte aber nicht davon lassen. Er wußte, daß er sein großes poeti-

sches Talent verraten hatte. Zuletzt gab es für den qualvoll Sterbenden, der das nicht wußte, nur noch die bayerische Heimat und die Kindheitsreligion.
»Verfall und Triumph«, um diesen Antagonismus kreist Bechers gesamtes Dasein. Der Titel eines frühen Gedichtbandes. *Aber Becher war und blieb insgeheim bis zum Schluß ein Expressionist*, weil er die Trennung von Leben und Schreiben nicht anerkannte. Nur wandelte sich die ursprüngliche »Negative Dialektik« immer deutlicher in ein klassizistisches Harmoniestreben, das ihm Freund Lukács anempfahl, das aber Becher nicht akzeptieren konnte. Er blieb ein Dichter der Negation, der sich Ikonen erträumte. Rote Ikonen. Doch er traute ihnen nicht.
In Bechers spätem Gedicht *»Mein Leben«*, das sich als Schulbuchpoesie wissen will und das dort, in der Schule, auch ankam, ist gültig nur der Mittelteil der Selbstverneinung.

Und Höllen waren, und er fand in ihnen
Einlaß und ist in allen eingekehrt
Und hat vernichtet und sich selbst verheert
Und riß sein Leben nieder zu Ruinen.

Die »Moralité« des Sonetts spricht dann, weil die Form es erzwingt, in den beiden letzten Zeilen von Wandlung und Auferstehen. Religiöses Vokabular, das hier fast blasphemisch eingesetzt wird. Becher wußte dies alles.
Den 17. Juni 1953 empfand er als Bestätigung all seiner Befürchtungen. Nun konnte gehandelt werden. Er hatte bis dahin kein staatliches Amt übernommen,

konzentrierte sich auf den von ihm selbst zusammen mit dem Münchener Professor der Anthropologie *Karl Saller*, durchaus keinem Kommunisten, initiierten *»Deutschen Kulturtag«*.

Nun übernimmt er das Amt des Präsidenten der Deutschen Akademie der Künste, wie sie damals noch hieß, der auch Brecht angehörte. Da Heinrich Mann sein Amt als Präsident nicht mehr hatte antreten können, wurde Arnold Zweig gewählt. Er amtierte bis 1953, war aber fast erblindet und mußte das Amt deshalb abgeben. Becher trat an seine Stelle, aber die Ereignisse des 17. Juni hatten so große Veränderungen zur Folge, gerade weil sie sorgsam in ihrer wahren Bedeutung verdeckt wurden, daß Becher, der in seinem *»Tagebuch 1950«* (1951) höchst mißmutig geurteilt hatte über die langweilige und muffige »Aura« des Kulturlebens in der jungen DDR, bereit war, vermutlich es selbst vorschlug, die Leitung eines neugegründeten »Ministeriums für Kultur« zu übernehmen.

VII. Das Entscheidungsjahr 1956

Es gab, wie sich später herausstellte, und es wurde bereits gesagt, einen Sieger nach dem 17. Juni: Walter Ulbricht. Am Tage danach allerdings, am 18. Juni, sah man es anders. Ulbricht war untergetaucht während der Revolte. In der Tat war sein Leben bedroht; allzuviel Haß hatte er auf sich gezogen. Den Arbeiterdelegationen, die ein Gespräch mit dem Genossen Walter begehrten, stellte er sich nicht. Das taten andere. *Heinrich Rau* beispielsweise. Er war verantwortlich für die Wirtschaftslage und die »Normenschinderei«. Ein alter Kommunist aus der Weimarer Zeit, nach Frankreich emigriert, dort nach der französischen Niederlage von 1940 verhaftet und an die deutschen Sieger ausgeliefert. Man brachte Rau, zusammen mit *Franz Dahlem*, dem erbitterten Feind Walter Ulbrichts im Politbüro, ins Lager Mauthausen, wo beide überleben konnten.

Nun kam die Stunde der politischen Abrechnung, also der an der Parteispitze so gefürchteten »Fehlerdiskussion«. Zierpflanzen freilich der »Blockparteien«, nämlich die Christlichen Demokraten, die Liberal-Demokraten, die Nationaldemokraten als Heimstätte einstiger Gefolgsleute ihres Führers, beteiligten sich kaum daran, wenn ich mich recht erinnere. Sie sagten das Übliche an kritischen Vorbehalten. Allein das war auch wieder bereits ein festgefahrenes Ritual. Angeordnet von oben. *Jetzt hatte man Selbstkritik zu üben.* Das war die neue Linie. Sie sollte die wirkliche Diskussion verhindern.

Am treffendsten hat ein Gedicht *Bertolt Brechts*, gleich nach dem 17. Juni entstanden, diesen demagogischen Humbug beschrieben. Brecht war Mitglied der Deutschen Akademie der Künste. Ihr Präsident hatte er nicht sein wollen. Nun beschloß die Akademie, all jene Staats- und Partei-Institutionen zur Rechenschaft zu ziehen, die man für verantwortlich hielt, die geistige Repression gefördert und verwaltet zu haben. Das war ein »Amt für Verlagswesen«, welches seine Aufgabe seit 1951 darin erblickte, Bücher zu verhindern. Dann vor allem jene berüchtigte »*Staatliche Kunstkommission*«, wo vor allem Wilhelm Girnus als Verhinderer und Verbieter gewaltet hatte.

Nicht feststellbare Fehler der Kunstkommission

Geladen zu einer Sitzung der Akademie der Künste
Zollten die höchsten Beamten der Kunstkommission
Dem schönen Brauch, sich einiger Fehler zu zeihen
Ihren Tribut und murmelten, auch sie
Zeihten sich einiger Fehler. Befragt
Welcher Fehler, freilich konnten sie sich
An bestimmte Fehler durchaus nicht erinnern. Alles, was
Ihnen das Gremium vorwarf, war
Gerade nicht ein Fehler gewesen, denn unterdrückt
Hatte die Kunstkommission nur Wertloses, eigentlich auch
Dies nicht unterdrückt, sondern nur nicht gefördert.
Trotz eifrigsten Nachdenkens
Konnten sie sich nicht bestimmter Fehler erinnern, jedoch

Bestanden sie heftig darauf
Fehler gemacht zu haben – wie es der Brauch ist.

Unbelehrbare also, in den meisten Fällen. Der Vorsitzende allerdings jener weiland Kunstkommission, die bald danach aufgelöst wurde, war es nicht, nämlich unbelehrbar. *Helmut Holtzhauer* war ein sozialdemokratischer Lehrer in Sachsen gewesen, der nach dem Händedruck vom April 1946 zur Einheitspartei gehörte. Ich bewahre ihm ein gutes Andenken. Auch Ernst Bloch war mit ihm befreundet. Als zeitweiliger Kultusminister in Dresden hatte Holtzhauer noch unsere Ernennungsurkunden als Professoren der Universität Leipzig unterschrieben.
Sein Unglücksposten bei der Kunstkommission hat ihn arg verstört. Darüber stöhnte er ganz unverblümt. Auch er freute sich, als er diesen Amtssessel räumen konnte. Man war nett zu ihm. Damals konnte Grotewohl sich wieder ein bißchen durchsetzen. Helmut Holtzhauer wurde als Direktor der neugegründeten »Nationalen Forschungs- und Gedenkstätten der Klassischen Deutschen Literatur« nach *Weimar* geschickt. Dort hat er bis zu seinem frühen Tod erfolgreich gewirkt. Er hat Verschleuderungen verhindert, den achtlosen Umgang seines Vorgängers mit dem »Plunder« am Weimarer Frauenplan, sprich: im *Goethe-Haus*, abgestellt. Die Dornburger Schlösser ließ er restaurieren. Einer Spaltung der Goethe-Gesellschaft hat er sich erfolgreich widersetzt. Sie hat es ihm gedankt.

Gewiß war die mit dem 18. Juni 1953 anhebende Fehlerdiskussion und die bald darauf ritualisierte Selbstkritik, auch wenn dadurch manches abgestellt und einiges, vor allem im Wirtschaftsleben, verbessert wurde, um einen Wiener Ausdruck zu gebrauchen, eine Augenwischerei. Trotzdem bleibt es auch heute noch fast unverstehbar, daß es dem Generalsekretär der SED und stellvertretenden Ministerpräsidenten Walter Ulbricht gelingen konnte, aus einem Besiegten sich zum Sieger zu wandeln. Man denkt an das überlieferte böse Wort über Robespierre, das bei Büchner in »Dantons Tod« zitiert wird: »Ein Blutmessias, der opfert, aber selbst nicht geopfert wird.« Walter Ulbricht opferte seine Gegner im Politbüro, als wären sie die Schuldigen an der Revolte gewesen.

Wilhelm Zaisser hatte als Mann der Staatssicherheit gewaltet. Das war damals noch weitgehend ein Amt, das Weisungen des sowjetischen Geheimdienstes exekutieren mußte. Zaisser selbst ließ vor allem irgendwelche neonazistischen Bewegungen »observieren« und die Aktionen westlicher Geheimdienste. Von einer Überwachung des Staatsvolks der DDR, wie es Ulbricht und seinem Erich Mielke vorbehalten blieb, war nicht die Rede. Nun fiel Zaisser, weil er – wie hätte er es auch anstellen können? – den 17. Juni nicht verhindert hatte. Er wurde abgesetzt.

Rudolf Herrnstadt war Chefredakteur des »Neuen Deutschland« gewesen. Ein scharfsinniger, oft schneidender Analytiker, der sich selbst nichts vormachte, auch wenn sein Blatt es anders hielt. Den Genossen Walter hatte er verachtet. Nun waren plötzlich, wie immer wieder nach gescheiterten Revolten und Revolutionen, vor allem die *»Medien« als eigentlich Schuldige* entdeckt worden. Ein bißchen nach dem Modell des gehörnten Ehemanns Menelaos aus Offenbachs »Schöner Helena«, der seine Helena mit Paris auf dem Sofa überrascht und zornig befiehlt, das Sofa fortzuschaffen. Herrnstadt wurde abgesetzt und nach Merseburg als Staatsarchivar verbannt. Dort hat man ihn versauern lassen. Keine Rehabilitierung. Kein Blümchen, auch nicht nach Jahrzehnten. Honecker hielt sich an Ulbrichts Fluch.

Dem ursprünglichen Kultursekretär der SED, *Anton Ackermann*, der mit Ulbricht im Frühjahr 1945 nach Berlin eingeflogen wurde, sollte sein öffentlich einbekannter Traum von einem »besonderen deutschen Weg zum Sozialismus« zum Verhängnis werden. Gemeint war bei Ackermann, nach den konkreten Erfahrungen auf deutschem Boden, eine größere Unabhängigkeit von den Moskauer Direktiven. Das war nicht zu dulden.

Sie alle konnte sich Ulbricht aus dem Wege schaffen. Noch mußte er mit Wilhelm Pieck rechnen, der bisweilen immer noch rüde umging mit dem Generalsekretär. Aber der Präsident der DDR war mittlerweile siebenundsiebzig geworden. Ulbricht gedachte ihn zu beerben.

Die Antwort auf ein sonst kaum lösbares Rätsel lag *in Moskauer Geheimarchiven*. Stalin war tot seit dem 5. März 1953. Er hatte eine Troika eingesetzt. Malenkow als Parteisekretär. Molotow als Regierungschef. Lawrenti Beria für die Staatssicherheit und die Geheim-

dienste. Diese Troika hat offenbar niemals funktioniert. Das berühmte Wort Lenins, als Frage formuliert: »Wer – Wen?« mußte auch hier beantwortet werden. Das brauchte Zeit. Am 18. Juni war sie noch nicht reif. Reif war hingegen bereits die Beseitigung des Geheimdienstchefs Beria innerhalb der Moskauer Troika. Vielleicht hatte der 17. Juni den Ablauf sogar beschleunigt. Berias Kritik an der DDR und der Westpolitik der Sowjetunion wurde nun mit dem tödlich wirkenden Vorwurf des »*Kapitulantentums*« niedergeknüppelt. Das ging von Chruschtschow aus und seiner These: der Weg zum Sozialismus dürfe nicht blockiert werden. Es war nach wie vor ein wirklichkeitsblinder Stalinismus, mit welchem innerhalb der SU eine Entstalinisierung eingeleitet werden sollte. An diesem Widerspruch ist Chruschtschow, wie bekannt, später gescheitert. Doch kam er mit dem Leben davon und konnte sogar Memoiren hinterlassen. Mit Beria hingegen machte man im Wortsinne einen kurzen Prozeß. Der gleichfalls fällige Prozeß aber gegen Malenkow und Molotow zog sich hin.
Noch im Oktober 1956 habe ich Molotow und Malenkow als Würdenträger beim Staatsfeiertag der DDR in deren Botschaft in Moskau gesehen. Beria war längst erschossen, die Asche verstreut. Malenkow erschien an jenem Abend des Jahres 1956 als Minister für Energiewirtschaft, Molotow sogar als stellvertretender Ministerpräsident. Auch Michail Suslow war anwesend: der hochmütige Chefideologe. Der gehörte noch zur wirklichen Macht und kümmerte sich nicht um jene Malenkow oder Molotow, die im Juni 1957 abgesetzt werden sollten. Malenkow wurde sogar

zum Parteifeind erklärt. Doch kamen sie nun, unter N. S. Chruschtschow, davon. Molotow sollte den nun auch seinerseits gestürzten Chruschtschow lange überleben.

Hier liegt die Antwort auf die Frage nach Ulbrichts Sieg unmittelbar nach der schweren Niederlage des 17. Juni. *Ulbrichts Sturz gehörte zu Berias Konzept.* Folglich mußte Ulbricht nicht bloß gehalten, sondern gelobt werden. Ulbrichts Pech schien es zu sein, daß er ausgerechnet am 30. Juni 1953 seinen sechzigsten Geburtstag feiern würde. Es war nicht Pech. Er bekam eine überaus herzliche Gratulation an besagtem 30. Juni vom Moskauer Zentralkomitee. Alles klar. In seinem späten Bericht über die damaligen Ereignisse hat Rudolf Herrnstadt mitgeteilt, das deutsche Politbüro habe, von Ulbrichts Getreuen Hermann Matern und Fred Oelßner abgesehen, dieses Glückwunschtelegramm für ein »Unglück« gehalten. Doch war dies reale deutsche Unglück zugleich Ulbrichts Glück. – Er hatte es abermals besser gewußt. Die beiden Moskauer Kommissare in Berlin-Karlshorst, *Semjonow und Judin*, standen zu ihm, weil sie zu Chruschtschow standen und gegen Beria.

Dann ging alles, gleich nach dem Geburtstag des Generalsekretärs, sehr rasch. Am 8. Juli 1953 wurden Ulbricht, sein Oelßner und der Parteivorsitzende Otto Grotewohl nach Moskau zitiert. Am 9. Juli gab man dort Berias Verhaftung bekannt.

Nun konnte auch Ulbricht in Berlin mit seiner Parallelaktion beginnen. Er verlor keine Zeit. Rudolf Herrnstadt hatte gleich nach dem 17. Juni in einer Sitzung des Politbüros, weil er mit breiter Zustimmung rech-

nete, zusammen mit Wilhelm Zaisser die *Absetzung Ulbrichts als Generalsekretär gefordert.* Mit dem kindlichen Argument: wenn er nicht mehr allmächtiger Sekretär sei, könne man ihn zu demokratischerem Umgang mit den Genossen erziehen.
Rudolf Herrnstadts Bericht, der heute vorliegt (Rowohlt Taschenbuch 1990) liest sich wie ein nachgeliefertes Kapitel aus *Arthur Koestlers* berühmtem Roman »Darkness at Noon« (Sonnenfinsternis). Koestler schildert das Verhalten eines Angeklagten, eines ehemals hohen Funktionärs der Bolschewiki, dem Stalin den Prozeß machen läßt. Der Tag für den Genickschuß steht bereits fest. Nur der Angeklagte, dem Absurdes zum Vorwurf gemacht wird, hat nichts begriffen. Alles ist doch ein Mißverständnis; Stalin wird es begreifen müssen.
So begreift es der kluge Herrnstadt nicht, daß natürlich auch die Ulbricht und Oelßner nicht an die Anklage des »Sozialdemokratismus« und des »Kapitulantentums« glauben. Sie brauchen nur irgendein Klischee, um Herrnstadt loszuwerden, der die Absetzung verlangt hatte.
Eine schreckliche Dialektik. Der Sozialdemokrat Otto Grotewohl muß sich an der Anklage gegen Sozialdemokratismus beteiligen. In Herrnstadts Bericht kann der Parteivorsitzende und Ministerpräsident der DDR nur stammeln: »Was wollt ihr von mir? Ich bitte mich in Ruhe zu lassen. Ich kann nichts tun!«
Bei der Abstimmung bald darauf vor dem gesamten Zentralkomitee stimmen Herrnstadt und Zaisser mit erhobener Hand für ihre eigene Ächtung.
Am Tag nach dem 17. Juni jedoch lag alles noch in der

Ferne. Ulbricht war ein Meister im Überleben. Den Beria hatte er gehaßt. Daraus machte er keinen Hehl nach dessen Hinrichtung. Noch Ende der fünfziger Jahre sah ich drei Leute im Rathaus von Leipzig nebeneinander sitzen am Abendbrottisch. *Chruschtschow, Gromyko, Ulbricht.* Wie Freunde benahmen sie sich nicht.

Am Tage *vor dem 17. Juni 1990* veröffentlichte die Amtliche Nachrichtenagentur der DDR (ADN) die Mitteilung über ein sowjetisches Geheimdokument vom Mai 1953, worin die unbefriedigende Lage in der DDR analysiert und eine neue sowjetische Deutschlandpolitik erwogen wurde.
Die sowjetischen Historiker des Jahres 1990 sprachen von einem *»Beria-Dokument«*. Fest steht, daß Grotewohl, Ulbricht und Oelßner auch wenige Tage vor dem 17. Juni in Moskau gewesen waren und offenbar dort Ratschläge für eine Kurskorrektur erhielten. Allein es war bereits zu spät.
Denkt man zurück, vom Jahre 1990 her, an die Konstellationen des Juni 1953, so scheint sich manches überraschend zu klären, was unverstehbar schien. Jener Stalin-Vorschlag etwa, der zu einem Gespräch mit Bonn über das Schicksal der beiden deutschen Staaten aufzufordern schien und den Adenauer kurzerhand als unernst abtat. Was zu der bis heute unentschieden gebliebenen Kontroverse führte, ob das wirklich so unernst gemeint sein konnte. Immer schon hatte man *Lawrenti Beria hinter diesem Vorschlag vermutet.* War der Vorschlag mithin, seit Kenntnis des neuent-

deckten »Beria-Dokuments«, damals doch ernsthaft gewesen?
Andererseits. Ulbricht kannte vermutlich sowohl bereits das Stalin-Dokument wie die Hintergründe des jetzigen »Beria-Dokuments«. Er wußte aber wohl ebenso auch bereits vor dem 17. Juni, daß Beria nicht siegen würde im Kampf um das »Wer – Wen?«. Der mächtige Schatten des *Nikita Sergejewitsch Chruschtschow* war schon sichtbar. Er würde die Troika ablösen und beerben. Mit Hilfe Suslows, der ihn später auch wieder stürzen sollte.
Chruschtschow hingegen war, sehr im Gegensatz zu dem »Beria-Papier«, durchaus nicht erpicht auf eine Neue Ökonomische Politik (NEP) im Sinne Lenins, sondern auf die »Vollendung« von Sozialismus und sogar Kommunismus. Er hat dies Banner immer wieder, auch in New York am Sitz der Vereinten Nationen, geschwenkt.
Entschied sich Moskau in dem Sinne, den das »Beria-Dokument« vorschlug, *so war Ulbricht erledigt.* Erst recht nach dem 17. Juni. Scheiterte aber die Linie des Lawrenti Beria, wie es geschehen ist, im wörtlichen Sinne »letal«, so konnte Ulbricht weitermachen. Dann lagen alle die Zaisser und Herrnstadt, wie er argumentieren konnte, auf der Linie des gescheiterten Geheimdienstchefs. Folglich durfte man sie in Ost-Berlin entmachten. Was auch geschah.
Bemerkenswert außerdem, daß es immer wieder nur die Geheimdienstchefs in Moskau waren, weil sie als einzige die Wahrheit des Staates kannten, welche das formulierten, was man seitdem als *Perestrojka* kennt. *Lawrenti Beria, Juri Andropow, Michail Gorba-*

tschow. Chruschtschow wollte offenbar beides: die Entstalinisierung *und* die Vollendung des Sozialismus in der Sowjetunion, nach der von Stalin ausgegebenen und von Trotzki verlachten Theorie des »Sozialismus in einem Lande«. Das konnte nicht glücken. So aber konnte Ulbricht wiederum überleben.

Fluchtbewegungen in den Westen hatte es in der DDR stets gegeben, seit der Staatsgründung. Zu schweigen von den Flüchtlingszügen nach Kriegsende, oder in Thüringen nach dem Abzug der amerikanischen Besatzungsmacht. Alles verlief in Wellengängen, mal mehr, mal weniger. Die Regierung konnte daran, wie auf der Erdbebenskala, die Wirkung ihrer Maßnahmen ablesen. Die Staatsgrenzen selbst konnte man befestigen und in Festungen verwandeln. *Es blieb die Wunde Berlin.* Die Berliner S-Bahn am Bahnhof Friedrichstraße wird zum permanenten Bewußtseinsmoment eines ganzen Volkes.
Der Schriftsteller *Uwe Johnson*, Jahrgang 1934, hat in drei Romanen, die insgeheim eine Einheit bilden, das Romangeschehen jeweils mit einer der drei großen Staatskrisen, die er selbst noch erleben konnte, verbunden. 17. Juni 1953. Ungarischer Aufstand im Oktober/November 1956. Tschechenkrise des Jahres 1967/68.
In Johnsons erstem Romanmanuskript, das er zu Lebzeiten nicht mehr gedruckt wissen wollte, dem Roman *»Ingrid Babendererde«*, bilden die Ereignisse des 17. Juni den Hintergrund. Widerspenstige Abiturienten irgendwo in Mecklenburg finden sich am Schluß

des Buches auf der Fahrt nach Berlin. Fluchtpunkt Friedrichstraße.
Dennoch läßt sich die Fluchtbewegung nach dem 17. Juni nicht vergleichen mit dem Exodus vor Errichtung der Mauer im August 1961 oder im Herbst 1989 nach Öffnung der ungarischen und österreichischen Grenze. Die russischen Panzer waren aufgefahren, dann konnte weitergelogen werden, oder beschönigt, oder dahergeredet in halben Andeutungen von Wahrheit. Ein Musterbeispiel war der Rundfunkkommentar *Karl Eduard von Schnitzlers am Morgen des 18. Juni.* Es war ein Geraune. Etwa so: Da ist etwas gewesen, aber das ist nun nicht mehr. Die von Ulbricht später so hart gescholtenen »Medien« ließen keine Wahrheit durchsickern. Wie sollte unter solchen Umständen, weil sich offenbar auch alle Gegner des Generalsekretärs in Partei und Regierung an das Schweigegebot hielten, ein wirklicher Dialog zustande kommen?
Er kam nicht zustande. Jener *Kuba* als Sekretär des Schriftstellerverbandes konnte einen Artikel drucken lassen, der berühmt geworden ist. Kuba beschuldigte das Staatsvolk der DDR, es habe das Vertrauen, das ihm die Regierung, also eine hochwohlweise Obrigkeit, entgegenbrachte, gröblich enttäuscht.
Niemand hat damals jenen Kurt Bartel ausgelacht und ihm sein Manuskript zurückgegeben. Es wurde gedruckt. Da war etwas gewesen, aber das ist nun vorbei.
Brecht, wie schon gesagt, hat den Vorfall auf die Nachwelt gebracht durch ein Gedicht mit dem schön satirischen Vorschlag: Man solle das undankbare Volk auflösen und sich ein anderes wählen.

Alle Erleichterungen und auch materiellen Verbesserungen, die zum Rückgang der Fluchtbewegung führten, sind folglich *nicht durch demokratischen Dialog und Protest bewirkt* worden, abgesehen von einigen Bereichen des »Geistigen Überbaus«, sondern von oben, gleichsam als Geschenk der Obrigkeit. Die Macht war nicht bedroht und hatte folglich noch viel Spielraum.

Das hängt mit dem sogenannten »*Tauwetter*« zusammen, das keines war. Mit Vorgängen wieder einmal in der Sowjetunion. Auch nach dem 17. Juni hatte sich daran nichts geändert. Gerade hier jedoch hätte sich manches ändern müssen, wenn dieser »Erste Deutsche Staat der Arbeiter und Bauern«, der Staat mit dem Emblem aus Hammer, Sichel und dem Zirkel des Technologen, mit einiger Aussicht auf Dauer hätte weiterwirken können.
Sogar die Terminologie hatte man aus Moskau importieren müssen, wie es sich für eine Kronkolonie der großen Sowjetunion geziemte. Tauwetter – das war »Ottepel'«: der Titel eines zweiteiligen Romans von *Ilja Ehrenburg*. Der erste Band erschien 1954, also bereits unter der unbestrittenen Herrschaft Chruschtschows; der zweite Band kam 1956 heraus. Ein schlechtes Erzählwerk. Der hochbegabte Schriftsteller Ehrenburg, der glänzend debütiert hatte, nach Frankreich auswanderte, dort befreundet war mit den großen Malern, denen sein Herz gehörte, nach Hause zurückgeholt wurde durch Stalins Sendboten, verlor immer mehr sein Talent durch hastige Soldschreiberei.

Für wechselnde Parteilinien und patriotisch sein sollende, angeblich der Erziehung zum Sozialismus dienende Romanfresken mit den obligaten positiven und negativen Helden. Im Krieg seit 1941 entstanden Bücher mit Titeln wie »Sturm« oder »Die neunte Woge«.

Der Antisemit Stalin hätte den klugen Juden Ehrenburg, der den Mächtigen allzusehr an Trotzki erinnern mochte, gern beseitigt. Doch Ehrenburg war in der westlichen Welt berühmter als die umgebrachten Juden Isaak Babel oder Ossip Mandelstam. Folglich mußte man sich mit ihm zieren.

Ich bin zweimal mit Ehrenburg zusammengewesen. Zuerst im August 1948 in Breslau bei jenem Intellektuellenkongreß, dem auch Ehrenburgs Freunde Picasso und Léger beiwohnten. Er benahm sich nicht gut als Redner auf der Tagung. Die Pose des Siegers in einem großen vaterländischen Krieg, dem man nicht die Redezeit verkürzen darf. Das versuchte der amtierende Engländer, der ihm das Wort zu entziehen suchte. Ehrenburg sprach weiter. Leider nichts, was eine solche Anmaßung gerechtfertigt hätte.

Zwei Jahre später (1950) traf ich wieder mit ihm zusammen. Man hatte ihn zum Pfingsttreffen der Deutschen Jugend nach Berlin eingeladen. Der russische Erzähler hat auf der Tagung nicht geredet. Mich hatte man gebeten, dem Gast Gesellschaft zu leisten, damit er französisch reden durfte. Ehrenburg konnte sich ganz gut deutsch verständigen, wollte es aber nicht sprechen. Auch sein vorzügliches Französisch hatte übrigens einen jiddischen Unterton.

Wir haben unter vier Augen viel geredet, doch

wünschte der Verfasser des bedeutenden Buches »Julio Jurenito« durchaus kein Gespräch über Autoren der DDR. Die schien er rückhaltlos zu verachten. Warum, und warum so ohne Unterschied? Ich meine: aus *Selbsthaß*. Etwa so zu verstehen: Was kann an ihnen dran sein, wenn sie mit uns gemeinsame Sache machen ... Der einzige deutsche Autor, nach welchem er sich interessiert erkundigte, war Ernst Jünger.
Übrigens erlebte ich wenige Wochen später in Leipzig beim Bach-Jubiläum fast die gleiche Attitüde von Selbsthaß: bei *Dmitri Schostakowitsch*. Die gleiche, nur mühsam durch Höflichkeit verdeckte Verachtung. Der Gesichtsausdruck des Überdrusses. Was habe ich mit denen zu schaffen. Wenn aber Musik aufklang, löste sich alles.
Ehrenburgs Roman »Tauwetter« ist als Konstruktion aus negativem und positivem Helden angelegt. Nur den stalinistischen Wälzern entgegengesetzt, wo der Negative westlich und dekadent, der Positive volksverbunden und begabt zu sein hat.
Für das Pfingsttreffen 1950 in Berlin wurde ein Theaterstück ganz nach jenem Rezept angefertigt. *»Du bist der Richtige«*. Text: Gustav von Wangenheim. Musik: Ernst Hermann Meyer, von dem das »Neue Deutschland« damals im Leitartikel eine Deutsche Nationaloper erwartete. Da versucht ein »Diversant« des dekadenten Westens in die Schar der Blauhemden einzudringen. Er wird rasch entlarvt. Im Grunde hätte man ihn, so sollte das Publikum spüren, sofort abführen müssen, nachdem er unüberbietbar verlogen und schleimig den Gruß »Freundschaft« artikuliert hatte.

Bei Ehrenburg ist – der Roman spielt unter sowjetischen Malern der Stalinzeit – der Negative, Maler Puchow, widerlich, unbegabt und hochdekoriert. Sein Gegenspieler Saburow ist begabt, verhöhnt, ein guter Sozialist. Auch ein guter Maler? Auch das Schema der Konfliktlösung zwischen 1953 und 1956 wird aus der Sowjetunion in die DDR importiert. Bereits im zweiten Band bei Ehrenburg findet sich die zaghafte Harmonisierung am Schluß vorgebildet. Im ersten Band von »Tauwetter« hatte Ehrenburg immerhin zum ersten Mal von Stalins Gulags gesprochen. Im Jahre 1956 wird das zurückgenommen.

Sehr komisch ist die Art der Konfliktlösung innerhalb der Tauwetter-Literatur. *Es ist der wohlbekannte Reitende Bote des Königs.* Auf der Kreis- und Bezirksebene darf es Schurken und Narren geben. Am Schluß aber kommt der Mann vom ZK und löst alle Konflikte.

Eines der wirklich schönen und witzigen Stücke der Tauwetter-Epoche schrieb *Heinar Kipphardt.* Damals Dramaturg bei Wolfgang Langhoff am Deutschen Theater. Sein Stück *»Shakespeare dringend gesucht«* entstand wohl 1952. Mit Schaudern lehnten alle ab, das zu spielen. Es spielt – vermutlich – im Deutschen Theater in der Berliner Schumannstraße. Dort sitzt ein kleiner Dramaturg, den die Parteidichter mit ihren Stücken, die er nicht spielen will, bedrängen. Ein mächtiger Autor stürmt herein, will den Beginn der Proben erfahren. Es wird keine Proben geben. Der Mächtige stürmt davon mit der Drohung: »Ich habe mein Stück dem Präsidenten der Republik gewidmet!«

Auch bei Kipphardt die Konfliktlösung »von oben«, doch märchenhaft ironisiert, voller Unglauben. Nach dem 17. Juni wollten alle das Stück spielen. Heinar Kipphardt wurde Nationalpreisträger des Jahres 1953. Drei Jahre später wäre er es nicht mehr geworden.

Dennoch war die Verleihung des Nationalpreises 1953 an Heinar Kipphardt ein Symptom: wenigstens im Bereich des »ideologischen Überbaus«. Die Zeit der Kubas und des Barlachbekämpfers Wilhelm Girnus war vorerst vorbei. Mit dem Physiker Gerhard Harig, der Buchenwald überlebt hatte, kam ein vorsichtiger und sachkundiger Forscher an die Spitze der Hochschulverwaltung. Harig wurde Staatssekretär, denn ein Ministerium wurde den Hochschulen der DDR noch nicht bewilligt.

Entscheidend aber war die Schaffung eines »*Ministeriums für Kultur*«. Becher war nun Minister. Um es zu wiederholen: das wurde zum Glücksfall. Seine Bemühungen um kollegiale oder auch nur formale Verbindungen mit westdeutschen Künstlern oder Gelehrten, mit einzelnen also, da an Kontakte mit westdeutschen Institutionen wegen der Bonner Verbote nicht zu denken war, mußten aufgegeben werden. Der Gegenwind war zu stark. Am 29. Oktober 1952 entgingen Becher und auch ich knapp einer Verhaftung durch die Bayreuther Polizei, die Anweisung aus München erhalten hatte. Wir waren, auf gemeinsame Einladung von Becher – damals noch kein Regierungsmann – und dem Münchener Ordinarius Karl Saller, einem Anthropologen, zu einem »Deutschen Kulturtag« eingeladen worden. Warum Bayreuth? Es lag günstig. Außerdem Jean Paul. Bei der Ankunft erfuhren wir von dem Verbot und machten uns sogleich auf den Weg nach München. Die Zurückbleibenden, darunter der Präsident der Akademie der Wissenschaften der DDR, ein allgemein angesehener Gelehrter, wurden eingesperrt und anschließend abgeschoben. »Deutsche an einen Tisch!«

Da war sie wieder: die *Hallstein-Doktrin*. Ich hatte ihn ganz gut kennengelernt, den Walter Hallstein, in den ersten Frankfurter Nachkriegsjahren. Damals war er Rektor der Universität. Ein einsamer, gnadenloser Jurist, der nicht Menschen sah, sondern bloß Rechtsfälle. Eine menschliche Abstraktion ohne viel Lebenserfahrung. Später wurden aus New York und Brüssel komische Episoden bekannt. Ich bewunderte den Juristen, als wir im Jahre 1948 von einem eingeladenen Kreis gewählt wurden, die Satzung für einen Deutsch-Amerikanischen Klub zu entwerfen. Hallstein war eifrig bei der Sache. Ich selbst weniger, denn die Währungsreform stand vor der Tür, und da würden die Deutschen sich ihr Essen selbst beschaffen können. Was auch geschah.

Die Hallstein-Doktrin stipulierte als Strafaktion in der Außenpolitik, was die fränkische Polizei in Bayreuth in der Innenpolitik praktiziert hatte. Versuchte ein Staat, irgendwelche formalen oder gar diplomatische Beziehungen zu dem Gebilde in Gänsefüßchen aufzunehmen, so war man in Bonn beleidigt und schloß die Türen zu vor dem ungezogenen Staatswesen. Natürlich litt Hallsteins Doktrin seit der Geburt an einer

»Krankheit zum Tode«. Der Exitus war auszurechnen. Doch an Deutsche Kulturtage war unter solchen Bewandtnissen nicht zu denken. Die Bundesrepublik, man schaue sich die Filme an aus den fünfziger Jahren, wurde dadurch zu einer Gesellschaft der Heuchler und eines gleichsam kollektiven Doppellebens.

Als Minister ging Johannes R. Becher sogleich daran, dem Ausland, wenn es sich um die »DDR« handelte, die Gänsefüßchen abzugewöhnen. Er war, dank der Unterstützung durch Thomas Mann, der Becher sehr respektierte, Gründungsmitglied eines deutschen PEN-Zentrums. So reiste er zusammen mit *Arnold Zweig* bald nach den Ereignissen des 17. Juni 1953 zum Internationalen PEN-Kongreß nach Nizza. Eisige Stimmung, doch Bechers Kunst der Verhandlung und seine antinazistische Vergangenheit halfen ihm. Er setzte es durch, daß Arnold Zweig als Redner auf die Liste kam. Zweig empfing herzlichen Applaus, den er sich sogleich durch seine Rede wieder verdarb. Er war fast blind und lebte nach wie vor in der Welt seiner – bedeutenden – Romane um den Ersten Weltkrieg. Davon nun sprach der Unglücksmann vor den Franzosen und in Nizza. Wieder die Eiszeit. Becher war wütend, später hat er gelacht, doch man konnte weiterarbeiten.
Ein Jahr später (1954) war auch ich dabei in Amsterdam beim Internationalen PEN-Kongreß. In der bundesdeutschen Presse konnte man lesen, die Gänsefüßchenleute seien zwar da, doch literarisch wenig bedeutsam. Wer die Bundesrepublik damals repräsen-

tierte, soll nicht verraten werden. Erich Kästner war nicht da. Zur Delegation der DDR gehörten Arnold Zweig, den die Königin zu sich lud, Brecht, den sie nicht einlud, Peter Huchel.

Im Jahre 1955 sorgte *Erich Kästner* in Wien für herzliche Kollegialität zwischen den deutschen Schriftstellern. Noch ein Jahr später (1956) wurde *Stephan Hermlin*, von Mutterseite her ein Engländer, zum Internationalen Vizepräsidenten des Klubs gewählt. Als solcher amtiert er seitdem.

Der künstlerische Austausch entwickelte sich in einem ähnlichen Rhythmus. Schon 1954 war Brecht in Holland umlagert worden. Von Amsterdam reiste er weiter zu Aufführungen seiner Stücke nach Paris und nach Mailand. Der junge Giorgio Strehler hatte eine Lehrzeit beim »Berliner Ensemble« durchgemacht. Er sollte bald darauf die italienischen Musteraufführungen der Texte des »Stückeschreibers« vorstellen. In Deutschland West stand Harry Buckwitz (Frankfurt) als Brecht-Aufführer fast allein in der Kälte. In Wien hatten Friedrich Torberg und Hans Weigel, wohlwollend gefördert durch amerikanische Connections, einen regelrechten *Brecht-Boykott* erzwungen. Wehe euch, wenn ihr ...

Auch die wissenschaftliche Enge ließ sich lockern. Im Sommer 1955 konnten wir mit einer stattlichen Delegation zum Ersten Internationalen Germanistenkongreß nach Rom reisen. Die begabtesten jungen Leute, durchaus nicht nur Mitglieder der SED, hatten Visen und Devisen erhalten. Wir gründeten oben auf dem Gianicolo den Internationalen Germanistenverband. Ich hatte ein Referat gehalten, die Kollegen waren freundlich und interessiert. Die westdeutschen Stargermanisten freilich hatten die Tagung verachtet. Germanistenkongresse haben in Germanien stattzufinden. Man hat es ihnen heimgezahlt. Der erste Internationale Germanistenkongreß in Deutschland fand 1985 in Göttingen statt.

Thomas Mann starb am 12. August 1955 in Zürich. Im Mai hatte er, wenige Tage nach seinem Auftritt im Stuttgarter Staatstheater und in der Gesellschaft des Bundespräsidenten Theodor Heuss, seine Rede zu Ehren Friedrich Schillers im Weimarer Nationaltheater wiederholt. Becher sprach die Begrüßungsworte. Diesmal war auch Erika Mann mitgekommen. Ernst Bloch war da, Arnold Zweig, Leonhard Frank, Georg Lukács, Brecht nicht, versteht sich. Bald darauf konnte der Aufbau-Verlag zum 80. Geburtstag des großen Erzählers eine zwölfbändige Ausgabe der Gesammelten Werke von Thomas Mann in Kilchberg am Zürichsee überreichen. Ich hatte sie in unmittelbarer Zusammenarbeit mit dem Autor vorbereitet. Unser Briefwechsel ging bis in die Einzelheiten der vielen überlieferten Druckfehler. Zu Beginn des Jahres 1954 hatte der Leiter des Aufbau-Verlages *Walter Janka*, den Thomas Mann gern leiden mochte, zusammen mit mir in Kilchberg noch einmal die Frage der Essaybände und den – vorläufigen – Verzicht auf die »Betrachtungen eines Unpolitischen« (aus Raumgründen und zugunsten der späteren politischen Schriften) besprochen. Drei Jahre später wurde Janka ein Hochverratsprozeß gemacht. Auch Thomas Mann war zur

Unzeit gestorben. Brecht starb am 14. August 1956, ein Jahr und zwei Tage nach dem Gegenspieler in der deutschen Literatur. Im Entscheidungsjahr 1956.

Schon gegen Ende des Jahres 1953 und sogleich nach der Amtsübernahme im Ministerium am Berliner Molkenmarkt ließ Becher ebenso intensiv wie unauffällig die Trümmer der staatlichen Kunstkommission, des Zensurzentrums und der sowjetisch inspirierten Ästhetikmodelle wegräumen. Er hatte sich plötzlich, nach meiner Lessingrede im Januar 1954, zu mir »bekannt«, ließ sich beraten, begann zu planen. Zu Bechers bösen Eigenschaften gehörten Jähzorn und Rachsucht, zu seinen guten und produktiven, daß er zuhören konnte und sich beraten ließ.

Im April 1955 verschickte der Kulturminister etwa hundert Einladungen zur Teilnahme an einer *Kritikerkonferenz*. Sie sollte, das war genau überlegt, in den Räumen der Akademie der Wissenschaften stattfinden. Ging es doch um die Möglichkeit sowohl freier, durch Kritik nachprüfbarer Kunst wie Forschung. *Die Kritikerkonferenz als Freiheitskonferenz*. Das hatten alle verstanden.

Vor dem 17. Juni 1953 hatte sich das Politbüro öffentlich Sorgen gemacht über das kritiklose Hinnehmen seiner Verdikte und Lobpreisungen. Darauf hatte niemand reagiert: es sei denn am 17. Juni. Nunmehr wurde gleichsam von den Beteiligten selbst, den Künstlern und Forschern, über die Misere der geistigen Unfreiheit gesprochen. So war es jedenfalls geplant. Das Ergebnis mußte enttäuschen.

Im Präsidium saßen neben Becher die Präsidenten der beiden Akademien der Künste und der Wissenschaften. Mich hatte Becher gebeten, das Hauptreferat zu halten. Neben mir saß Brecht. »Kritiker und Kritik – heute und hier«: so abstrakt hatte ich das Thema formuliert. Gerade dieses »heute und hier« kam zu kurz. Das war unvermeidbar. Was ich zu formulieren hatte, war *Emanzipation von Moskau*. Also von einer normativen Ästhetik des sogenannt sozialistischen Realismus. Ich ging historisch vor und versuchte, streng begrenzt auf *deutsche* Kulturgeschichte, die Entwicklung von Kritik seit Lessing mit Hilfe eines Begriffs aus der politischen Wissenschaft zu interpretieren: der *Gewaltenteilung*. Bereits das war heikel, denn innerhalb einer Parteidiktatur war von Gewaltenteilung nicht die Rede.

Bei Lessing, so versuchte ich zu zeigen, dominiert noch die richterliche Gewalt. Man hat den Aristoteles und wendet ihn nach wie vor an auf neue Werke. Die Franzosen sind für Lessing zu enge Ausleger, deshalb verkennen sie Shakespeare. Aber Lessings Ästhetik und Dramaturgie sind normativ. Die beiden Weimaraner etablieren sich als Gesetzgeber: das haben sie beim Sturm und Drang gelernt. Die Romantiker machen den Kritiker zum Künstler. Er regiert selbst, auch wenn er andere verreißt.

Und wir? Hier mußte gezeigt werden, daß die amtlichen Forderungen an Kritiker und Kritik nach wie vor auf das Richteramt hinausliefen. Die Gesetze lagen fest. Erlassen und verkündet in Moskau durch Stalin und seine Shdanows. Nun sollte gerichtet werden.

Ich führte mein Referat genau an diesen Punkt, brach

dann ab. Denn nun mußte über die Moskauer Gesetze gesprochen werden. Natürlich tat das keiner. Weder Brecht, der überhaupt nicht eingriff, noch Kipphardt, noch Becher. Aber man hatte verstanden. Die offiziellen Kritiker in der offiziellen Presse zeigten sich enttäuscht. Uns habe es an Mut gefehlt, was richtig war. Nur klang solcher Vorwurf komisch auf mancher Druckseite. Becher und Brecht waren zufrieden. Dies war ein erster Schritt. Mehr war nicht drin.

Im Mai kam Thomas Mann. Im Oktober bekam ich jenen Nationalpreis, den Becher fünf Jahre vorher verhindert hatte. Ein Jahr später, im Frühjahr 1956, konnte man deutlicher werden. Abermals bat mich Minister Becher um das Einleitungsreferat. Diesmal sollte es um *Literatur und Literaturwissenschaft* gehen. Mittlerweile hatte es einen Kongreß des Schriftstellerverbandes gegeben, woran ich teilnahm, mich aber nicht zu Wort meldete, auch früher abreiste. Mitglied dieses Verbandes war ich nicht. Als um 1960 der damals heftig abgelehnte *Heiner Müller* von einer Vereinigung, welche nach Moskauer Vorbild ihre Mitglieder nicht schützte, sondern denunzierte, mit Härte ausgeschlossen wurde, schickte ich ihm einen Brief und gratulierte, wie Müller später öffentlich bekanntgab, zum Ausschluß aus diesem »Idiotenverein«.

Auf jener Tagung hatte wieder einmal Lukács über Realismus referiert: immerhin mit der vorsichtigen Einschränkung, daß er den »kritischen« Realismus im Augenblick für wichtiger hielt als den »sozialistischen«. So kam man nicht weiter. Zumal auch Ulbricht auf jenem Kongreß gesprochen hatte. Wie gehabt.

Man mußte also diese ganze Realismusrederei auf der neuen Tagung in Frage stellen. Es wurden zwei Tagungen daraus. Mein Referat hatte soviel zur Literaturwissenschaft sagen müssen, sprich: Lukács, daß eine zweite Zusammenkunft eine Woche später vereinbart wurde.
Man tagte im Klub des Kulturbundes in der Jägerstraße, wo man neun Jahre vorher einen ersten deutschen Schriftstellerkongreß mit soviel Hoffnung eröffnet hatte. Ich wiederholte meine bekannten (oder berüchtigten) Gedanken über Kafka, Proust und Joyce, machte mich lustig über die »Dekadenz«, zeigte am Beispiel der sowjetischen Urteile über E. T. A. Hoffmann, wohin man mit dem Dekadenzgerede gelangt. Dann wurde es sehr heikel, überaus heikel. Ich legte mich mit dem toten Stalin an, der die Schriftsteller als »Ingenieure der menschlichen Seele« interpretiert hatte. Ich machte darauf aufmerksam, das sei reiner Mechanismus aus dem 17. Jahrhundert, und dazu unmenschlich. Schriftsteller haben die menschliche Seele nicht zu manipulieren.
Dann kam ich auf Ulbrichts Rede bei den Schriftstellern zu sprechen. Vorsichtig die Worte setzend (ich sprach frei), machte ich Gegenargumente geltend. Man schwieg, wie erstarrt. Das war schlimmer als die Sache mit Stalin. Stalin war tot.
In der Diskussion, deren Protokoll ich noch besitze, sprach jedoch nur ein einziger mit Entschiedenheit gegen mich und meine Thesen. Das war *Alfred Kurella*. Der Mann Moskaus unter den Deutschen. Alle anderen, Becher selbst, Klaus Gysi, sogar Abusch, auch Wolfgang Harich, gingen weitgehend mit bei

meinem Gedankengang. Da ich scharf zwischen schlechten und guten Schriftstellern unterschieden hatte, zum Kummer der schlechten, mußte sich Kurella ihrer annehmen. Er warf mir »Aristokratismus« vor. In meinem Schlußwort machte ich die Bemerkung, die Kulturgeschichte sei nun einmal aristokratisch und Leonardo sei nun einmal ein größerer Maler als – sogar – Tiepolo. Worauf sich Kurella erhob und erklärte: »Ich bin Demokrat!«

Brecht war nicht dabei. Seit April war er schwer krank. Im Sommer nahm er mit Ernst Busch die Proben zum »Galilei« wieder auf, brach zusammen, starb am 14. August. Bei der Trauerfeier am Schiffbauerdamm sprachen Ulbricht, Becher und Lukács. Brechts Sinn für Ironie und Komik wäre auf seine Rechnung gekommen.

Nach den Ferien geschäftige Bewegung bei den Intellektuellen. Ulbricht lädt den Genossen Wolfgang Harich zu einem Gespräch. Harich erklärt ihm ziemlich unverblümt, wie er selbst nach dem Gespräch überall wissen ließ: man plane seine, Ulbrichts, Absetzung. Er selbst, Harich, habe den Alten einfach ausgelacht, berichtete er seinem verehrten Ernst Bloch. Kein Zweifel, daß der Ausgelachte alles erfahren hat.

In *Polen* Unruhen bei der Posener Herbstmesse. Gomulka als Retter. In *Budapest* der Pétöfi-Klub mit Imre Nagy und Georg Lukács. Die Regierung Nagy. Der angekündigte Austritt Ungarns aus dem Warschauer Pakt. Die sowjetischen Panzer. Lukács, der Kulturminister bei Nagy, flüchtet in die jugoslawische Botschaft,

wird mit Versprechungen herausgelockt und nach Rumänien deportiert. Doch wird er nicht aufgehängt.
Abermals ist Ulbricht der Sieger. Das Volk war nicht auf die Straße gegangen. In Ungarn stand die ungarische Freiheit der Besatzungsmacht gegenüber. Symbol der Dichter Alexander Pétöfi (1823–1849). Die wirtschaftliche Lage in der DDR war zur Abwechslung nicht allzu schlecht. Wir sind keine Polen oder Ungarn. All das wußte Ulbricht. Er konnte handeln. Der Generalstaatsanwalt hieß Melsheimer. Er nahm sich jenen Wyschinski aus Stalins Schauprozessen zum Vorbild. Die ersten Verhaftungen am 16. Oktober 1956 hatten eine infame Auswahl getroffen. Harich natürlich, der den Generalsekretär ausgelacht hatte. Er war gut geeignet für den Prozeß: nicht besonders sympathisch, nicht besonders anerkannt. Dazu brauchte man nur noch einen Juden und einen Homosexuellen. Die fanden sich.
Gern hätte der Melsheimer auch den Ernst Bloch abgeholt. Aber Ulbricht kehrte aus Moskau zurück, winkte ab. Da genügte die Zwangsemeritierung mit Hausverbot für die Universität. Das wurde durch Kurier mitgeteilt. Gezeichnet: Walter Ulbricht. Ich habe den Brief gesehen.
Das Jahr 1956 lief ab. Becher war praktisch entmachtet, doch blieb er im Amt. Moskau hielt sich heraus. Das war kein Thema. War ein Entscheidungsjahr für die DDR zu Ende gegangen? Von heute her gesehen, ist sicher allein, daß es seitdem keine Möglichkeit mehr gegeben hat für die DDR, sich selbst am Leben zu erhalten und eine gesellschaftliche Alternative darzustellen: auf deutschem Boden.

VIII. Ulbricht und die Seinen

Denkspiel über eine versäumte Revolution

Abermals war er Sieger geblieben, Walter Ulbricht. Er verdankte es wiederum der sowjetischen Politik, die vielleicht im Sommer des Entscheidungsjahres 1956 auf die brüderliche Hilfe der Panzer verzichtet hätte, in Budapest hingegen einmarschieren und Blutgerichte ausrichten mußte. In Ungarn drohte die Absage an den Warschauer Pakt, was heißen soll: an die strategische Basis der Roten Armee.

Aber ist das Jahr 1956 in der Tat so entscheidungsvoll gewesen? Natürlich gibt es keine Antwort auf das berühmte Fragen nach dem »Was wäre, wenn...«. Immerhin können die Möglichkeiten eines Versuchs durchgespielt werden, damals im Sommer, also noch vor den polnischen Unruhen aus Anlaß der Messe in Posen, erst recht noch vor der ungarischen Revolution, den Bestand der DDR zu retten. Zu zeigen wäre, daß Ulbricht, wenn sich seine Widersacher im Politbüro und Zentralkomitee dazu entschlossen, von den Seinen gestürzt werden konnte. Zu vermuten stände auch, daß man im Kreml darüber keinen Weinkrampf bekommen hätte, denn auf persönliche Sympathien hatte der »trockene Schleicher« dort niemals rechnen können. Er hat es gewußt und in Rechnung gestellt.

Der Ruf vom 17. Juni 1953: »Der Spitzbart muß weg!« war niemals verstummt in der Bevölkerung der DDR. Alle ephemeren und im Grunde untauglichen

Reformen seit dem Frühjahr 1953, Reiseerleichterungen und Möglichkeiten zu Dialogen mit Leuten aus dem Westen, verbesserte Lebensverhältnisse und eine weniger langweilige Kunst- und Kulturpolitik, haben nicht verhindert, daß man in dem Spitzbart nach wie vor die Inkarnation alles dessen sah, was den Staat der Arbeiter und Bauern in seinem Alltag so schwer erträglich machte. Ulbrichts einstiger Komplize *Erich Mielke* aus den Weimarer Tagen – gegen beide lief nach wie vor ein Ermittlungsverfahren wegen Ermordung von zwei Polizeihauptleuten, hießen sie nicht Anlauf und Lenk? – hatte durchaus noch nicht die Erlaubnis erhalten, die DDR in ein total überwachtes Land einer als total angesehenen Feindesschar der Regierenden zu verwandeln. Man observierte natürlich die Kirchen, Studenten und Universitäten, die Schriftsteller. Viel weniger offenbar die darstellenden und bildenden Künstler. Die hielt man für ungefährlich. Allein die totale Observierung der Nation war noch kein Thema.
Draußen vor den Toren des Politbüros warteten Ulbrichts abgesetzte Gegner. Auch in der sakralen Sphäre selbst gab es entschiedene Widersacher. *Horst Sindermann* hat damals dazu gehört, das weiß ich. Er endete später, wie bekannt, als einer der einsichtslosen späten Ritter der Tafelrunde Erich Honeckers und als Präsident der Volkskammer. Entschiedener Gegner Walter Ulbrichts war immer *Franz Dahlem*. Er kannte den Genossen Walter wohl besser als alle anderen. Sie hatten immer zusammen gearbeitet seit den Tagen der Weimarer Republik. Aber Dahlem war in Spanien gewesen, was sich Ulbricht verkniffen hatte.

Ich erinnere mich noch genau an den Zorn der alten Spanienkämpfer, als man zu ihren Ehren eine Medaille verlieh, die dann auch dem »Spanienkämpfer« W. U. angesteckt werden mußte. Dahlem war zusammen mit *Heinrich Rau*, dem Wirtschaftsfachmann der Sozialistischen Einheitspartei Deutschlands, von der Vichy-Regierung des besiegten Frankreich ausgeliefert worden, doch hatten beide in Mauthausen überlebt. Es muß bei einer der kulturpolitischen Debatten im Juni oder Juli 1956 gewesen sein, daß mir Franz Dahlem strahlend sagte: »Jetzt muß alles gesagt und aufgeklärt werden. Jetzt kann nichts mehr geschehen.« Auch er hatte sich getäuscht. Also wäre der Befreiungsschlag des Sommers 1956 wohl eher ein Putsch gewesen innerhalb des Machtapparats von Partei und Staat und Geheimpolizei? Es wäre jedoch wohl mehr gewesen als ein Machtkampf an der Spitze. Die drei Jahre nach dem 17. Juni hatten eine Umwandlung im Bereich vor allem der *akademischen Jugend* bewirkt. Die Bildungspolitik der Arbeiter- und Bauernfakultäten hatte sich gelohnt. In den Hörsälen saßen die Kinder kleiner Leute, denen in der bürgerlichen Gesellschaft, wenn sie nicht gerade »hochbegabt« waren, wie der amtliche Ausdruck in der Weimarer Republik lautete, kein Zugang offenstand zu den Hochschulen. Das Prinzip der *polytechnischen Bildung* hatte gleichfalls neue Möglichkeiten eröffnet. Weder Fachidiot noch Technokrat. Menschen aus der Tiefe der Gesellschaft, die lernen wollten, und zwar in neuer Weise und auch mit neuen Voraussetzungen. Sie waren auch älter als der übliche Typ des bürgerlichen Studenten, der nach dem Abitur zur Hochschule hinüberwech-

selt. Diese Studierenden hatten Lebenserfahrung. Sie kannten sich aus, wie man zu sagen pflegte, sowohl an der Basis wie im Überbau.
Da der Werdegang dieser jungen Menschen mit »proletarischem Hintergrund« auch über mehr oder weniger freiwilligen Dienst bei der Nationalen Volksarmee zu führen hatte, darf angenommen werden, daß die menschlichen und gesellschaftlichen Wechselbeziehungen zwischen Freier Deutscher Jugend, Nationaler Volksarmee und Studentenschaft ein großes Potential geschaffen hatten für die Mitwirkung bei der »großen Veränderung«. Dann wurde abermals ein Signal von oben gesetzt, das unten – und zwar diesmal mit Freude und Anteilnahme – befolgt werden konnte.
Auf das Bürgertum der DDR war dabei nicht zu rechnen. Die sogenannten Blockparteien zählten nicht. Sie bestanden aus Funktionären, die gemeinsame Sache gemacht hatten mit dem Regime, und die mit Machtanteilen abgespeist werden konnten. Auf die Gerald Götting (CDU) und Manfred Gerlach (LDP) war nicht zu rechnen. Ihre Zeitungen »Neue Zeit« und »Der Morgen« maulten bisweilen ein bißchen in harmlosen Kulturfragen. Doch die Titelseiten glichen nur allzugenau dem »Neuen Deutschland«.
Im Gegensatz zu den späteren Ereignissen der ausgehenden achtziger Jahre war auch mit einer Beihilfe der *protestantischen Kirche* nicht zu rechnen. Da hatte Ulbricht vorsichtig taktiert und operiert. Es fehlte auch noch an einem Druck von unten, der die evangelische Klerisei zum Widerstand gedrängt hätte.
Aus meiner Kenntnis der bürgerlichen Hochschullehrer kann ich anmerken, daß auch dort ein prinzipien-

fester Quietismus betrieben wurde. Das waren ältere, in ihrem Fach verdienstvolle Leute, deren Kinder häufig in den Westen gegangen waren. Sie hatten ihren Frieden gemacht. Das Bürgertum in der DDR war alt und ruhebedürftig. Man schaute nach dem Westen, wo die Jüngeren ein neues Leben begonnen hatten. Man besuchte sie und kehrte dann wieder traurig, doch nicht verzweifelt, nach Jena oder Greifswald oder Freiberg zurück. Walter Ulbricht hatte auch hier seine Verbündeten gesucht und gefunden. Der bedeutende Sprachwissenschaftler und Altgermanist *Theodor Frings* an der Universität Leipzig war Präsident einer Sächsischen Akademie der Wissenschaften geblieben, obwohl es das Land Sachsen nicht mehr gab. Aber es gab die Sächsische Akademie, weil es den Präsidenten Frings gab. Den wollte Ulbricht nicht kränken. Wenn aufsässige Leipziger Studenten, wohl im Blauhemd und mit dem Parteiabzeichen, in einer Studiensache bei Theodor Frings vorstellig wurden, pflegte er nachlässig, fast träumerisch zu sagen: »Darüber muß ich dann eben mit Herrn Ulbricht sprechen.«

Hat man damals eine Revolution versäumt? Sie wäre vielleicht auf eine starke und auch wirkungsvolle Liberalisierung hinausgelaufen. Eine Stabilisierung der inneren Struktur war auf diese Weise möglich. Weniger Anlaß zur Verbitterung, weniger Spitzel und Lügen, vielleicht etwas bessere Lebensverhältnisse. Die kommunistische Terminologie hatte die zwanziger Jahre seit 1923 als »Epoche der relativen Stabilisierung des Kapitalismus« definiert. Im Falle eines Staatsstreichs vom Sommer 1956 wäre dadurch eine »relative Stabi-

lisierung« der Deutschen Demokratischen Republik möglich geworden.
Allein die Gegenargumente sind evident. Diese DDR, da gab es kein Herumreden, war nun einmal eine Kolonie und eine vorgeschobene strategische Bastion der sowjetischen Weltmachtpolitik. Im Falle besserer Lebensverhältnisse zwischen Ostsee und Thüringer Wald hätte eine neue Politik der Ausbeutung und Ausplünderung erwartet werden müssen. Da N. S. Chruschtschow zudem, wie gesagt, gleichzeitig *Trotzki und Stalin* nachstreben wollte, was er vermutlich geleugnet hätte: nämlich gleichzeitig »Sozialismus in einem Land« (Stalin) *und* »Permanente Revolution« (Trotzki), hätten die strategischen und ökonomischen Bedürfnisse des Weltreichs den Ausschlag gegeben. Der Ausschlag hieß dann abermals: Walter Ulbricht.

W. U. – Skizze zu einem Porträt

Auf die amtlichen Dokumente ist kein Verlaß. Dem Biographen Johannes R. Becher wurde das Material über W. U. von den amtlichen Parteiinstanzen übermittelt. Das sorgfältig gearbeitete Buch von Carola Stern schildert, worauf es der Verfasserin ankam, die Parteikarriere, die Machtspiele und Intrigen eines Mannes, der immer wieder am Abgrund stand und immer noch einmal Sieger wurde. Dem sogar der schmähliche Abgang und ein gewaltsames Ende erspart geblieben sind.
Wilhelm Pieck war nicht stellvertretend für diesen Staat, der sich als Deutsche Demokratische Republik

bezeichnet hatte. In den sechziger Jahren gab es, wie man heute rückblickend feststellen könnte, vorsichtige Ansätze, die der Generalsekretär und Vorsitzende des Staatsrates W. U. vermutlich angeregt hatte, den Namen des Staates in: Deutsche Sozialistische Republik umzuwandeln. Man ließ es aber bleiben. Der Verzicht auf das Wort demokratisch wäre hämisch kommentiert worden. Nicht minder trostlos mußte ein Blick auf die Wirklichkeit ausfallen, hätte man sie mit der hohen Vokabel des Sozialismus konfrontiert.

Auch Erich Honecker kann nicht gleichgesetzt werden mit diesem Staat, mit dem zusammen er unterging. *Die real existierende DDR war ein Staat Walter Ulbrichts.* Es ist fast unbegreiflich, daß sich eine nicht besonders geschichtsbewußte, nachträgliche und nachtragende Politik den kranken, schwachen, im tiefsten wohl auch ahnungslosen Machtträger Honecker zum Ziel genommen hat. *Nachdenken über die DDR ist Nachdenken über Walter Ulbricht.* Allein es ist nicht Waberlohe, die sein Andenken kreisförmig umschließt. Es ist der Nebel, der Dunst, das durchaus Ungenaue. Was weiß man von ihm? Die Leipziger haben mit Entrüstung geleugnet, daß das Geburtshaus ihres Großen Sohnes echt sei. Da hätten die Ulbrichts nicht gewohnt, da sei er nicht geboren worden. Hartnäckig hielt sich bei alten Leipzigern die Behauptung, der junge W. U. sei, wohl vor Ausbruch des Ersten Weltkrieges (U. war Jahrgang 1893), einfach »Rausschmeißer im Naundörfchen« gewesen. Das Naundörfchen wurde im Zweiten Weltkrieg zerstört; es galt als Bereich der roten Laternen.

Die Legende, oder war es Wirklichkeit?, hielt sich hartnäckig in Ulbrichts Vaterstadt während der ganzen Dauer seiner Macht und Herrlichkeit. Auf die Kränkung des Staatschefs stand der Tarif von zwei Jahren Gefängnis: abgesehen von besonders schweren Fällen. Immer wieder wurden in der ganzen DDR solche Strafen von zwei Jahren Freiheitsentzug ausgesprochen. Der gefühllose W. U. hat offenbar seine Vaterstadt geliebt; er hat ihr immer wieder durch Prunkbauten und Zuschüsse etwas zukommen lassen. Die Leipziger quittierten es mit neuem Haß und tiefer Verachtung.

In dem Roman »Der Tangospieler« von *Christoph Hein*, der in Leipzig spielt, wohl in den achtziger Jahren, ist die Erinnerung an W. U. immer noch virulent. Ein junger Assistent am Historischen Institut der Karl-Marx-Universität, guter Klavierspieler, muß einspringen bei einem Studentenkabarett, das Programm kennt er nicht. Er soll einfach begleiten. Vor allem mit einem Tango. Der Text zu dem Tango ist eine Parodie auf den Generalsekretär und Staatsratsvorsitzenden W. U. Dafür gibt es zwei Jahre für alle Beteiligten. Auch für den Tangospieler.

Ulbricht gehörte nicht zu den Mitgliedern des Spartakusbundes, er hatte sich nach dem Kriegsende von 1918 der Unabhängigen Sozialdemokratie (USPD) angeschlossen. Die spaltete sich dann auf einem Parteitag in Halle, nachdem Grigori Sinowjew, enger Mitarbeiter Lenins, von Stalin später umgebracht, als Redner sich für ein Zusammengehen der revolutionären Mitglieder der USPD mit der am 31. Dezember 1919 noch von Karl Liebknecht und Rosa Luxemburg gegründe-

ten KPD ausgesprochen hatte. Auch Ulbricht kam so zur KPD. In allen Kämpfen der Fraktionen dieser Partei in den zwanziger Jahren, zwischen Linken, Zentristen, Versöhnlern und Rechten, scheint Ulbricht offensichtlich die Linie der Stalinfraktion in der KPdSU verfolgt zu haben. Er wurde niemals auffällig wegen irgendwelcher Abweichungen. Sein Prinzip hieß: Rechtgläubigkeit. Woran jedoch jeweils zu glauben war, das wechselte rasch. Darüber wurde im Kreml entschieden. Schließlich durch ihn allein, durch Josef Wissarionowitsch. Ich möchte annehmen, daß Ulbricht sehr früh schon an den *sowjetischen Geheimdienst* gebunden wurde. Anders läßt sich der unerschütterliche Rückhalt, den er in allen Wandlungen der Tagesereignisse durch Moskau erhielt, nicht erklären.
Daß der Beria ihn nicht haben wollte, darf vermutet werden. Ulbrichts Freude über die Hinrichtung des Geheimdienstchefs war unverkennbar. Daß Chruschtschow den Generalsekretär nicht mochte, das spürte jeder bei jenem Abendessen im Leipziger Rathaus, der sie nebeneinander sah. Das Prinzip Leonid Breschnews, das unter Gorbatschow später als »Epoche der Stagnation« bezeichnet wurde, muß Ulbricht behagt haben. *Stagnation, das war seine Sache.* Es sollte sich nichts ändern in der DDR, die ihn zur Macht gebracht hatte. Veränderung hätte auf alle Fälle seinen Sturz bedeutet. Der vor allem mußte verhindert werden.
Hat er Überzeugungen gehabt? Das haben auch Mitarbeiter, die ihn gut kannten, stets geleugnet. Es ist bekanntgeworden, daß er im August 1939, nach Abschluß des Abkommens im Kreml zwischen Molotow

und Ribbentrop, von Schweden aus bereits einen richtungweisenden Artikel zu verbreiten gedachte, worin verkündet wurde: Der Nazismus in Deutschland sei der geringere Feind. Die Erzfeinde der Sowjetunion und damit des Sozialismus säßen in den Kapitalistenzentralen Paris und London. Es dürfte Georgi Dimitroff gewesen sein, der die Verbreitung dieses Pamphlets zu verhindern wußte.
Ein Spartakist war er nicht. Ein Spanienkämpfer auch nicht, der Kopf und Kragen für seine Weltanschauung riskierte. Auch kein Antifaschist, wie sich gezeigt hat. Welche Weltanschauung also? Die jeweils wechselnde der östlichen Machthaber. Stalin selbst muß eine tiefsitzende, durch das Erlebnis mit Lenin bestimmte Verehrung für marxistisches Denken besessen haben. Er war ein nachdenklicher Verbrecher, der wahrscheinlich gewußt hat, was er tat und wie er log. Es dürfte mit seinen Ursprüngen zusammenhängen. Walter Ulbricht war als Bekenner des »Marxismus-Leninismus« zu Macht und Erfolg gekommen, also war er für den Marxismus-Leninismus. Seine Feinde waren dann Gegner des Marxismus-Leninismus. Folglich mußte man sie vernichten.
Andererseits war dieser gefühllose Bürokrat ohne Gesinnungen und Überzeugungen, von dem nicht eine wirklich anständige Haltung bekanntgeworden ist, der alle immer kalt zu beseitigen pflegte, die ihn störten, wie man stellvertretend an *Rudolf Herrnstadts* Bericht über seine letzte Begegnung mit Ulbricht im Politbüro erkennen mag, ein schrecklich pedantischer Lehrer. Sehr deutsch darin, daß er unbedingt alle über etwas belehren und aufklären wollte, das ihm inner-

lich überhaupt nichts bedeutete. Ulbrichts Redeweise verriet ebensowohl bürokratische Pedanterie wie innere Unsicherheit. Den Singsang der sowjetischen Parteiredner hatte er sich angewöhnt. Er gab ihn weiter an zahllose, gleichfalls unerträgliche deutsche Nachredner. Musikalisch war das eine absteigende Terz. Der Sänger und Schauspieler *Ernst Busch* sprach spöttisch von der »russischen Terz«. Bezeichnend aber war bei Ulbrichts freien Reden immer wieder, daß er markante Sätze gleichsam mit einem Fragezeichen zu beenden pflegte. Dann folgte unablässig ein heiser ausgestoßenes Ja!? Da sprach einer, der durch dieses permanente Fragen sowohl den Pedanten in sich befriedigen wollte, der wissen möchte, ob die Klasse auch alles verstanden hat. Befriedigen aber auch den Unsicheren, der besorgt nachfragt, ob sich ein Widerspruch meldet.

Sonderbar genug. Auch in Ulbrichts dürrer Seele muß es irgendeine »Sehnsucht nach dem Höheren« gegeben haben. Wer brachte ihn nur auf den Gedanken, als neuer Moses herab vom Sinai der norddeutschen Tiefebene ganz unerbeten seine *»Gebote der sozialistischen Ethik und Moral«* verkünden zu lassen? Eine absurde Terminologie. Vergleichbar etwa einem Patienten, der sich beim Arzt vorstellt mit der Diagnose: »Ich habe eine Gastritis und Bauchschmerzen.«

Nicht minder schön und auf Anderes Höheres gerichtet war Ulbrichts Erkenntnis: *Faust III als DDR*. Der Sterbemonolog des blinden Faust im Zweiten Teil der Tragödie wurde von Ulbricht dahin gedeutet, daß das von Faust visionär von innen erschaute »freie Volk auf freiem Grund« zur Wirklichkeit geworden sei in der Deutschen Demokratischen Republik. Auch diese absurde Verkündung Ulbrichts wurde immer wieder nachgesungen von den Nachsängern. Wie wenig frei dieses Volk war, wie wenig frei der Grund und Boden, darüber muß nicht eigens gesprochen werden. Die Absurdität lag im völligen Mißverstehen der dramatischen Konstellation, die Goethe entworfen hat. Was Faust vorschwebt, dem rücksichtslosen Manager und Großunternehmer, den die Sorge zwar blind macht, im übrigen jedoch nicht verändert hat, das ist Sklavenarbeit der bürgerlichen Arbeitswelt. Der späte Goethe war fasziniert von den Gedanken der *Saint-Simonisten* über das Bündnis von Technokraten und Industriellen, der »industriels« und »savants«. Die Zeitschrift der Saint-Simonisten, also »Le Globe«, las man genau am Weimarer Frauenplan. Da war mehr rücksichtsloser Frühkapitalismus als Solidarität mit den Verdammten dieser Erde. Sehr scharfsinnig hat *Heinrich Heine*, der sich auch zu den Saint-Simonisten bekannt hatte in den dreißiger Jahren, von den späteren Saint-Simonisten gesagt: Sie trügen zwar nach wie vor »das Kreuz«, aber als Kreuz der Ehrenlegion.

Dies alles hat Ulbricht nicht gewußt und auch nicht wissen wollen. Er hätte aber wissen müssen, daß diese Vision des blinden Faust ein im Wortsinn *vom Teufel arrangiertes Trugbild* betraf. Da arbeiteten keine freien Arbeiter an einem Werk des gemeinen Nutzens. Es waren Lemuren, die auf Mephistos Geheiß das Grab ausschaufelten. Das Grab für den blinden Doktor Faustus.

Es ist schwer, die bittere Ironie zu verdrängen, wenn man die sinnlose und auch ruchlose These von Faust III als einer real existierenden DDR mit der Geschichte und dem Untergang dieses Gemeinwesens konfrontiert. Lemuren, die ein Grab schaufeln. Turmbauer von Babel, die wissen, daß das Gebäude nicht halten wird.

Einer namens Paul Fröhlich

Ulbricht und die Seinen: auch dies gehört zum »Phänotyp«, mit Gottfried Benn zu sprechen, den dieser Machthaber inkarniert hat. Mit wem hat er sich umgeben, wen hielt er bei sich, wen hat er vernichtet oder abgeschoben? Hier wiederholte sich das Prinzip Stalins und des Stalinismus. Stalin hatte alle engeren Mitarbeiter Lenins, auch dessen Witwe, weggeschoben, schließlich vernichtet, wo es noch möglich war. Er brauchte jämmerliche Kreaturen um sich, die keinerlei Gesinnung kannten, nur Gewissenlosigkeit und Servilität. Leute wie den Juristen Wyschinski, den Ankläger und gleichzeitig Richter in den Schauprozessen gegen Bucharin und die anderen redlichen Kommunisten und Leninisten. Oder den Kulturschwätzer Shdanow, der die Dichterin Anna Achmatowa als Hure beschimpfte. Den einzigen Altbolschewiken Molotow, der eigentlich Skrjabin hieß und ein Verwandter des großen Komponisten Alexander Skrjabin war, machte er sich gefügig, wie man heute weiß, indem er Frau Molotow für eine Weile nach Sibirien schickte. Sonst bloß Kreaturen.

Ulbricht hat es ähnlich gehalten mit den Seinen. Seine

Freundschaft, wenn es eine war, mit Johannes R. Becher bedeutete für den anfälligen und gefährdeten Dichter einfach Sicherheit, damit auch Anlaß zum Dank. Ulbricht seinerseits hielt gerade die schlechten klassizistischen Sonette, woran Becher selbst nicht mehr glaubte, für große Poesie. Die innige Verbindung zwischen *epigonalem Klassizismus und repressiver Diktatur* bestätigte sich abermals auch in der Kulturpolitik. Ulbricht glaubte, ganz wie Stalin, an die architektonische Schönheit der Stalin-Bauten, also auch der Stalin-Allee zu Berlin. Als ihr Architekt Henselmann jedoch den Bertolt Brecht mit dem Auto durch diese neue Straße fuhr, äußerte Brecht, wie Henselmann selbst erzählt hat, bloß nachdenklich: »Wenn man bedenkt, daß man das alles nun wieder abreißen muß.«

Unter den Seinen hatte Ulbricht in der Tat vor allem deutsche Ableger der Wyschinski und der Shdanow. Wie war es möglich, daß ein Mann namens *Paul Fröhlich* nicht nur allmächtiger Bezirksleiter der SED in einer Stadt wie Leipzig werden konnte, sondern auch ordentliches Mitglied in Ulbrichts Politbüro? Dieser Fröhlich war kein Sozialist oder Kommunist. Feldwebel in Hitlers Wehrmacht, wie verlautete. Das war er geblieben. Intellektuelle hat er gehaßt, alle und alles, was er nicht kommandieren konnte. Da bewies er Instinkt. Den namenlosen Exstudenten *Uwe Johnson* hat er verfolgt und eine Anstellung verhindert, die ein Einkommen gesichert hätte. Den muß er einmal kennengelernt haben, um zu dem Ergebnis aller Cäsaren zu kommen: »Er denkt zuviel. Solche Leute sind gefährlich.«

Ich habe jenen Fröhlich nur ein einziges Mal gesprochen. Das war im Jahre 1955, als ich scheinbar noch nicht verdächtig war. Ich sprach in der überfüllten Kongreßhalle, es hatte schulfrei gegeben, zum 150. Todestag Friedrich Schillers. Es gab großen Beifall. Plötzlich stand ich auch vor Paul Fröhlich. Er sagte bloß: »Es war nichts dagegen einzuwenden.«
Einzuwenden hatte er bald darauf jedoch vieles gegen mich. Nach 1956 wurden meine Lehrmeinungen auch im ZK scharf kritisiert. Das Protokoll einer Sitzung hat sich erhalten, wo auch über unsereinen gesprochen wurde. Im »Neuen Deutschland« war alles nachzulesen. Johannes R. Becher hat mich damals verteidigt und gesagt: »Ihr seid im Begriff, unseren bedeutendsten Literaturkenner wegzuekeln.« Zwischenruf Paul Fröhlichs, Mitglied des Politbüros: »Bedeutend für wen?«
Überliefert wurde auch neuerdings, an der Authentizität des Vorgangs ist nicht zu zweifeln, ein Ausspruch jenes Paul Fröhlich, als sich Ulbricht durchgesetzt hatte mit seinem Todesurteil gegen das noch guterhaltene Gebäude der alten Leipziger Universität und die benachbarte Pauliner-Kirche. Es sollte das neue Gebäude der neuen faustischen Universität entstehen: der Weisheitszahn. Damals wurde im Rektorat der Karl-Marx-Universität vom Architekten der Grundriß der neuen Universität vorgelegt. Paul Fröhlich war natürlich anwesend. Seine einzige Frage war: »Wie können die Panzer in den Innenhof fahren?« Der Architekt machte sich ans Erläutern der Skizzen. Fröhlich unterbrach ungeduldig: »Die Panzer ... die Panzer ...«

Die Politik des offiziellen Leninismus oder Stalinismus war von jeher frauenlose Welt. Das ist unvermeidlich bei allen Systemen der Diktatur und der totalen Repression. Die Kultusministerin Furzewa unter Chruschtschow war eine Ausnahme. Sie gehörte aber bloß zur Regierung, nicht eigentlich zur Parteispitze. Auch Ulbricht oder Honecker haben Ritterinnen nicht zugelassen an der Tafelrunde. Zwei gegensätzliche Frauen gehörten trotzdem zur politischen und gesellschaftlichen Geschichte einer Deutschen Demokratischen Republik.

Hilde Benjamin wird mit sehr schlechten Zensuren auf die Nachwelt kommen. Nicht unverdient, das soll sogleich bestätigt werden. Sie stand für eine gnadenlose politisch-repressive Strafgesetzgebung und Prozeßführung. Die schlimmen Generalstaatsanwälte der DDR, von Melsheimer bis Wendland, hatte sie motiviert und instruiert. Auch der auf Zerstörung von Menschentum abgerichtete Strafvollzug muß durch Hilde Benjamin, die Juristin und Justizministerin, verantwortet werden.

Die »rote Hilde« mit dem dichten dunklen Haarkranz und den harten Augen wurde natürlich auch als Jüdin gehaßt und beschimpft. Sie war keine Jüdin. Sie war wohl die Tochter eines Rechtsanwalts aus Bernburg. Benjamin war der Name ihres ermordeten Ehemanns, eines kommunistischen Arztes, der in Buchenwald zugrunde ging. Er stammte aus Berlin, war ein Bruder von *Walter Benjamin*. Ich habe ein paar Gespräche geführt mit Hilde Benjamin bei offiziellen Anlässen.

Sie wußte, daß ich Benjamin in der Pariser Emigration gekannt hatte, sprach mit Anteilnahme von dem großen Denker, der gleich seinem Bruder am Dritten Reich zugrunde ging.
Dies alles gehört zu ihrem Bild. So viel Leid, das man erlebt und erlitten hatte wegen der Abstammung und der eigenen Meinung. Der Antifaschismus der DDR als einer »antifaschistisch-demokratischen Ordnung« war für Hilde Benjamin ein seelisches Postulat. Man mußte fertig werden mit dem, was man damals unter dem Signum Faschismus erlebt hatte. Härte gegen Härte. Auch so kann man seelisch zugrunde gehen; auch so verwandelt man Recht in Unrecht.
Greta Kuckhoff war ein vollkommen anderer Typ. Auch sie hätte in Gefahr kommen können, erlittenes Unrecht in getanes neues Unrecht zu verwandeln. Eine erfolgreiche und kenntnisreiche Analytikerin der Wirtschaftsgesetze. Sie war in Amerika gewesen und hatte dort an den großen Schulen vor allem die Finanzwirtschaft studiert. Verheiratet war sie mit dem Germanisten und Dramaturgen *Dr. Adam Kuckhoff*, der zu einer Widerstandsgruppe gehört hatte und hingerichtet worden war. Greta wurde ins Zuchthaus geworfen, überlebte aber. Sie hatten einen Sohn, der in der DDR heranwuchs. Walter Ulbricht holte sich Greta Kuckhoff als *Präsidentin der Notenbank der DDR*. Hier hat sie jahrelang die unvermeidliche Devisenbewirtschaftung geleitet und dafür gesorgt, daß die Währung der Ostmark, bedroht von jeher durch die Nachbarschaft der Westmark, nicht ins Bodenlose abfiel. Irgendwann wurde sie dann von ihrem Posten abgelöst, zog sich zurück. Zum Machtbereich hatte sie

niemals gehört, doch hat sie vieles verhindert. Die Mißwirtschaft eines Günter Mittag hätte sie vielleicht bremsen können. Vielleicht auch nicht.

Im Hintergrund: Otto Gotsche

Auch Ulbrichts Mitarbeiter im Sekretariat, der Schriftsteller Otto Gotsche, fiel unter das Selektionsprinzip, das Stalin für seinen Bedarf entwickelt und das Ulbricht fast unwissentlich, doch instinktvoll übernommen hatte. Siehe Wyschinski und Shdanow. Ein kommunistischer Schriftsteller, der ein Parteikommunist gewesen war mit Erfahrung in den Arbeiteraufständen der zwanziger Jahre, und der auch in den Jahren des Staatswesens DDR das Bedürfnis hatte, die Erlebnisse von damals aufzuschreiben. Leider nicht in der Form des einfachen Erlebnisberichts mit Dokumentarcharakter, sondern literarisch hoffähig und damit unecht gemacht durch eine leidige Romanform. Die so entstandenen Bücher Otto Gotsches behielten immer noch Erlebnischarakter, sie wirkten authentisch und waren lesbar. Leider besaß dieser Mann aus der gesellschaftlichen Tiefe, der gelitten hatte als Kommunist, keinerlei Verständnis für Literatur und ihre Voraussetzungen. Er hatte Romane geschrieben, die wurden selbstverständlich gedruckt, denn er war enger Mitarbeiter des Generalsekretärs, der Nationalpreis war fällig, die Akademie der Künste, damals noch als Deutsche Akademie der Künste firmierend, wählte auch das Mitglied Otto Gotsche. Doch nun begann Gotsche einen eifervollen Kampf gegen alles, was nicht so dachte und schrieb und handelte, wie er selbst. Der Fall des Schriftstellers Hans Marchwitza wiederholte sich bei ihm in geradezu typischer Weise. Allein Marchwitza hatte niemals zum Kreis der Machthaber gehört, er konnte also wenig Schaden anrichten mit seinen Beschimpfungen anderer Schriftsteller.

Otto Gotsche wurde zum Eiferer. Mich hat er von Anfang an, wenngleich er mich überhaupt nicht kannte, bekämpft und beim Chef denunziert. Um 1960, als sich der Weg zur Einmauerung bereits abzeichnete, baten mich einige Assistenten unseres Instituts, auch Otto Gotsche einmal zu einer Lesung in den Hörsaal 40 einzuladen. Ich sprach die Einladung aus, er nahm an, saß mir gegenüber und muß wohl gespürt haben, daß dieser real existierende Professor seinem vermuteten Zerrbild nicht entsprach. Ich habe den Gast höflich vorgestellt und eingeführt, Gotsches Lesung kam recht gut an. Er hat dann dem Chef, wie man erfuhr, verhältnismäßig günstig in Berlin berichtet.

Dann gab ich den Leipziger Lehrstuhl auf, blieb im Westen. Nun hatte es Gotsche, wie er freudig verkündete, schon immer gesagt. Er stand später hinter allen Aktionen der Repression von Schriftstellern. Die literarische Existenz eines *Stephan Hermlin* war ihm ein Graus, was nicht verwundern kann. Er hat immer, zunächst noch in Ulbrichts Nähe, dann im Schriftstellerverband und in der Akademie den Scharfmacher und Denunzianten gespielt. Das war gesetzmäßig, gehörte zum Thema: Walter Ulbricht und die Seinen.

Im Vordergrund: Kurt Hager

Hier müßte im Grunde, nach Otto Gotsche als einem Mann des Hintergrunds, von *Alfred Kurella* als einem Mann der literarischen Repräsentanz gesprochen werden. Allein Kurella gehört nicht zum Phänotyp des Gehilfen und Vollstreckers in einem kulturellen Machtapparat. Er war kein frustrierter Nichtschriftsteller wie Gotsche. Auch kein gesinnungsloser Karrierist wie Paul Fröhlich, sondern eine Figur, die in ganz anderer Weise, auch in negativer, stellvertretend war für die deutsche Literatur in unserem 20. Jahrhundert. Von Kurella muß also gesprochen werden im Zusammenhang mit anderen Schriftstellern, die im Turm von Babel genistet haben. Kurella war ein gebildeter Literat und Kommunist. Er hatte noch mit Lenin diskutiert. Zum Politbüro gehörte er niemals. Einige Jahre zuvor, vor allem nach dem Entscheidungsjahr 1956, wirkte er auf Wunsch Walter Ulbrichts (und Moskaus) als Sekretär für kulturelle Angelegenheiten im Parteiapparat.

Mitglied des Politbüros jedoch bis zum bitteren Ende war und blieb *Kurt Hager*. Ich habe ihn nur ein paarmal erlebt. Wir mochten einander nicht, das war ersichtlich. Hingegen hat er Ernst Bloch auf seine Art verehrt, in ihm sah er einen irregeleiteten Geist und Denker, der vielleicht doch »in seinem dunklen Drange« auf dem rechten Wege mitging. Auch von Kurt Hager weiß man kaum etwas: das gehörte zum Parteiritual. In manchen Fällen, etwa beim Mitglied des Politbüros Albert Norden, handelte es sich um zugelegte Namen, die verbergen sollten.

Kurt Hager stammte, wie mir Käte Harig berichtet hat, aus dem Schwäbischen. Er muß in seiner Jugend dem Christlichen Verein Junger Männer angehört haben. Warum auch nicht? Bleibt zu fragen, ob die muffige, sauertöpfische Kulturpolitik, worin sich Hager bis zum Schluß als ideologischer Besserwisser vom Dienst betätigt hat, ein pietistisches Erbteil aus Kindertagen sein konnte.

Hager hat allen kühnen und ungewöhnlichen Schöpfern einer zeitgenössischen Kunst und Literatur ohne Verständnis und voller Mißtrauen gegenübergestanden. Brecht, Hanns Eisler, das Berliner Ensemble, Wolf Biermann, Heiner Müller, Peter Huchels Zeitschrift »Sinn und Form«: in allen Fällen war der Ideologe Kurt Hager dagegen und betätigte sich als Behinderer. Zum Ausgang des Jahres 1962 wurde Peter Huchel abgesetzt als Herausgeber der Zeitschrift »Sinn und Form«, Becher war tot, der konnte ihn nicht mehr schützen. Hager hatte sich im Gespräch schon Jahre vorher über die Vornehmheit der Zeitschrift aufgeregt. Sie beschäftigte sich wirklich mit dem Denken und Schaffen unserer Welt. Das war unzulässig und unerwünscht.

Man möchte annehmen, daß die infame Entscheidung des Politbüros, den unbequemen Dichter *Wolf Biermann* in den Westen laufen zu lassen, damit man ihm die Rückkehr verwehren konnte, auf Anregung Hagers erfolgt ist. Dafür war er zuständig im Machtapparat. Auch die Maßregelungen, Ausschlüsse, Verbote, die man über die Protestierer in Sachen Biermann verhängte, wurden von Hager begründet und verteidigt.

Meine eigenen »Lehrmeinungen« als Leipziger Professor in Sachen Kafka, Joyce oder Proust, vor allem auch in Ablehnung nichtliterarischer, aber rot angestrichener Gartenlauben, sind von Hager vor dem ZK »entlarvt« worden. Man kann das nachlesen.
Noch ein Jahr vor dem Einsturz des Turms von Babel äußerte Hager, wie glaubwürdig berichtet wurde, tiefe Zweifel darüber, ob man Werke von *Friedrich Nietzsche* wirklich den Lesern der DDR zumuten dürfe. Nietzsche sei im Grunde doch ein Apologet des Imperialismus. Er hatte seinen Lukács gelesen, aber gleichzeitig auch gründlich mißverstanden. Beides war haftengeblieben, bis zum Schluß.
Der blasse und langweilige Besserwisser, im Grunde weder sensibel noch denkscharf, ist gegen das Ende hin doch noch in die »Weltgeschichte« gekommen. Mit einem besonders törichten Ausspruch. Er hatte nicht begriffen, daß *Gorbatschow* seit langem die Ablösung dieser Regierungsmannschaft in der DDR für unabweisbar hielt. Daß man ihn und die anderen Ritter aus der Tafelrunde des Politbüros von Moskau aus weiterhin gewähren ließ, bedeutete, was Hager nicht verstanden hatte: Man gedachte ihnen nicht zu helfen. So konnte er fröhlich verkünden, ohne von Moskau zur Ordnung gerufen zu werden: Ein *Tapetenwechsel* sei für die DDR unnötig, wenn ein Nachbar sich andere Tapeten anschaffe, müsse man das nicht imitieren.
Er hatte nichts verstanden. Es ging nicht um einen Tapetenwechsel, sondern um Kopf und Kragen. Das hat er zum Schluß erfahren müssen. Wie sich herausstellte, hat er verhältnismäßig bescheiden gelebt, we-

nig »Prämien auf den Machtbesitz« angehäuft. Vielleicht gehörte das zu den schwäbisch-pietistischen Ursprüngen. Er hat auch eine Selbstkritik geliefert, die nichts besagte, nur erneut bewies, daß er nichts verstanden hatte.

Mir will scheinen, das aber wird vermutlich genau untersucht und nachgeprüft werden, daß dieser blasse Mithelfer, den Ulbricht ohne Übergang seinem Nachfolger Erich Honecker hinterließ, mehr Schuld angehäuft hat als andere. Die Deutsche Demokratische Republik ist im Grunde nicht nur an der Mißwirtschaft erstickt, auch an der Lüge. Dafür aber ist Kurt Hager mit anderen zuständig gewesen.

IX. Exkurs. Hanna und Kurt

Eine Erzählung

I

Natürlich hießen sie nicht Hanna und Kurt, als sie lebten, denn sie haben gelebt. Nun sind sie Gestalten einer Erzählung und heißen Hanna und Kurt. Schonung freilich spielte nicht mit. Die beiden haben sich und andere nicht geschont, und sie wurden nicht geschont. Der Mann aber und diese Frau, kein Ehepaar übrigens und vielleicht auch kein Liebespaar, bekamen es in einem Lebensaugenblick mit der Weltgeschichte zu tun: nicht als Opfer, sondern durch ihr Tun. Da ist Vorsicht geboten. Neben den Erzähler stellt sich in solchen Konstellationen der Spezialist für Zeitgeschichte. Das soll er nicht, denn er weiß nichts von ihnen, was ich weiß. Er braucht es auch nicht. Es bedeutet ihm nichts. Eben dies Nichtbedeutende aber macht sie, Hanna und Kurt, zu Figuren einer Geschichte, doch nicht der Geschichte.

Was aber weiß ich von ihnen? Ich habe sie gekannt. Bei aller Vorsicht hatten sie Vertrauen zu mir: sonst nicht zu vielen. Doch lernte ich sie erst spät kennen, in ihrem und meinem Leben. Man fand sich zusammen und kam bald wieder auseinander. Die Frau, also Hanna, habe ich nach jener ersten Trennung niemals wiedergesehen. Kurt traf ich wieder: unter veränderten Umständen und Erfahrungen. So erfuhr ich, was er über Hannas weiteres Leben wußte. Vor allem

auch, was er nicht mehr wußte und so dringend hätte wissen mögen.
Das klingt abstrakt und verrätselt, hängt aber mit den Besonderheiten ihrer Geschichte zusammen. Menschen mit einem Doppelleben können es anders nicht halten. Sie sind gleichzeitig Biederleute und Monstren, wobei das Monstrum die doppelte Lebensführung erzwingt. Selbst wurden sie abstrakt durch die Aufgabe, die sie zu lösen hatten. Dabei wird nicht geholfen. Die Aufgabe verhindert das unmittelbare Leben. Man lebt fortan mittelbar: auf diese Aufgabe hin. Bis schließlich die Aufgabe das Leben nicht bloß reguliert, sondern zerstört. Davon handelt die Geschichte dieser beiden: Hanna und Kurt.

Genf in den dreißiger Jahren unseres zwanzigsten Jahrhunderts. Die Stadt eines Völkerbundes, den es bald nicht mehr geben wird, was alle wissen, doch nicht sagen. Das alte Gebäude der Weltorganisation kommt nur selten noch ins Gerede: wenn der Kaiser von Äthiopien, klein und würdevoll, dort vor der Generalversammlung den Überfall durch die Truppen der neu-antiken Römer anklagt. Zielbewußte Journalisten ihres Führers stören seine Rede. Sonst aber: das waren noch Zeiten, so berichten die Genfer, als Stresemann sein Bier in jener Gaststube trank und Aristide Briand seinen Hofstaat in einem der großen Hotels drüben, am anderen Ende des Sees, ausschwärmen ließ. Man schaut hinüber zum Montblanc, es ist das feine und neue Stadtviertel. Dort entstand mittlerweile das riesige und auf Dauer angelegte Palais der miteinander verbundenen Völker. Es gibt auch Villen und Kleinpaläste der übernationalen Körperschaften. Zu ihnen gehört das BIT, das Bureau International du Travail. Das Internationale Arbeitsamt. Dort arbeitet Hanna. Auch die Sowjetunion ist Mitglied des Völkerbundes und des BIT.

Hanna und Kurt aber wohnen im ursprünglichen Stadtgebiet. In einem neueren, immer rascher sich ausbreitenden Viertel der mittleren Geschäftsleute und Beamten. Dort wohnen – im Quartier »Les Pâquis« – viele Deutschschweizer, die es ins Welsche Land verschlug. Dort, wo Kurt, der ein holpriges Französisch gelernt hat, das für die Genfer nicht viel anders klingt als das in eidgenössischen Schulen gelehrte Französischsprechen, am Nachmittag seine drei Dezis des geliebten Waastländer Weißweins trinkt. Kurt gilt in der Nachbarschaft als alemannischer Eidgenosse. Seine Frau, das weiß man, arbeitet drüben: beim BIT.

Was aber weiß ich von Hanna? Hieß sie wirklich Hanna? Daß sie nunmehr Madame Riniker ist oder sein muß, steht fest: auch für die Behörden oben in der Patrizierstadt, im Renaissancebau des Rathauses. Herr Riniker dürfte irgendwo im Aargau leben, man spricht nicht von ihm. Hanna hat ihn geheiratet, als sie Deutschland verlassen mußte. Geheiratet und vermutlich abgefunden. Warum er dazu bereit war? Darüber spricht man nicht.

Nun ist sie Eidgenossin und darf arbeiten, beim Internationalen Arbeitsamt. Ihr Chef, darüber kann gesprochen werden, ist immer noch Reichsdeutscher, doch ganz gewiß kein Feind oder Verräter.

Hanna ist Jüdin. Auch das ist unstreitig: juristisch wie im Gespräch. Sie will aus Danzig sein. Vielleicht stimmt es. Deutsch-polnisch-jüdische Leute von einigem Vermögen. Was nützlich war beim Herrn Riniker. Es gibt eine Tochter aus Hannas Ehe, die geschieden wurde vor vielen Jahren. Der Vater war ein deutscher Jude, offenbar Bankprokurist. Sonja ist seine Tochter und trägt seinen Namen, den ich vergessen habe. An ihren Vater kann sich Sonja nicht erinnern. Sie kennt nur das Leben mit der Mutter und mit Kurt, den sie Kurt nennt. Hanna heißt Mutter.

Eine große Wohnung, unvermutet groß für diese drei Menschen. Sonja geht zur Schule in einem guten Genfer Lycée. Ihre Schulfreunde kommen aus den alteingesessenen Familien der Oberstadt. Sonja ist recht hübsch, gescheit und erfolgreich in der Schule, sie spricht mühelos mit dem Genfer Akzent. Sie wird eingeladen. Hanna und Kurt werden nicht eingeladen, was ihnen lieb ist. Doch werden sie als Eltern respektiert. Geschiedene Ehe der Mutter, neue Ehe mit diesem Herrn Riniker aus einem Kanton der östlichen Schweiz. Mehr braucht man nicht zu wissen.

Kurt hütet sich, irgendwann als Herr Riniker aufzutreten. Das wird ihm leicht gemacht, denn die Genfer Arbeiter der Vorstädte um Carouge, wo ehemals Lenin gewirkt hatte, wählten in jenen dreißiger Jahren eine sozialistische Regierung. Auf diese Weise verhinderte man einen Putsch der reichen Oberstädter und ihrer Jeunesse. Einer der ihren, eifriger Kopist des Duce im Süden, wäre gern auch ein Herrscher geworden in Republik und Kanton Genf. Daraus wurde nichts. Ein sozialistischer Genosse an der Spitze der

Fremdenpolizei wußte wahrscheinlich, wie es sich verhielt mit jenem Monsieur Riniker. Er behielt sein Wissen für sich. Herr Riniker also.
Kurt war ein förmlich durch die Berner Behörden ausgewiesener deutscher Emigrant. Faßte man ihn, in Kenntnis seiner Umstände, so kam er zuerst ins Gefängnis und wurde dann an die Grenze gestellt. Schlimmstenfalls an die deutsche. Das aber verhinderte der Mann im Rathaus.
Über Kurt weiß ich mehr als über Hanna. Auch ich war ein deutscher Emigrant und wurde durch gemeinsame Freunde an Kurts Adresse gewiesen, als feststand, daß ich in Paris nicht bleiben konnte, wohl aber in Genf – vielleicht – eine Erlaubnis zum Aufenthalt und Studium bekommen würde. Unsere Freunde waren ehemalige deutsche Kommunisten, die man auf Stalins Geheiß ausgeschlossen und geächtet hatte. Sie standen nach wie vor in Verbindung mit dem noch nicht vollends geächteten Bucharin. Das war sehr schlimm.
Ich wurde gut aufgenommen seit dem ersten Besuch. Eine jüdische Frau wird immer, auch wenn ihr die Herkunft nichts bedeutet, einen Juden anders behandeln als andere Besucher. Daß man jedoch mit jenen ausgeschlossenen Exilkommunisten nichts mehr zu tun haben wolle, wurde mir sogleich, übrigens freundlich und fest, mitgeteilt. Daran hielt ich mich von nun an. Ich kam oft und gern zu ihnen. Sie schienen es zuzulassen. Merkwürdig aber, in der Erinnerung fehlen mir alle Spuren irgendeiner Auseinandersetzung über die Sowjetunion oder Komintern, über Stalin, Bucharin oder Trotzki, wie sie in Paris, bei den ge-

meinsamen Freunden, alles andere überschattet hatten. Man sprach über die deutschen Ereignisse. Tagespolitik. Da waren wir uns einig, allein das bedeutete nicht viel, wie sich herausstellen sollte.
Über Kurt – den Kurt von einst – wußte ich Bescheid. Wie er hieß, woher es ihn nach Genf verschlagen hatte, daß er als Illegaler hier untergekommen war. Sie wußten, Hanna und Kurt, daß ich es wußte.
Er muß gut ausgesehen haben in seiner Jugend: vor dem Ersten Weltkrieg. Groß und stattlich. Die blauen Augen waren jetzt wäßrig, sie sollten keinen Ausdruck haben. Das war zu erkennen. Man konnte sich aber vorstellen, daß der junge Spartakist, der Rosa und Liebknecht gekannt hatte, seine politische Leidenschaft auf andere zu übertragen verstand. Von seiner einstigen Rednergabe wurde gesprochen in Genf. Hanna wußte davon zu berichten. Er wischte das fort mit einem Scherz. Geboren war er, das ließ sich errechnen, im vergangenen Jahrhundert. Er stammte aus Sachsen. Das wußte und hörte man. Dort gab es irgendwo auch eine Ehefrau und eine Tochter. Das kam zur Sprache. Warum sie dort geblieben waren, darüber sprach man nicht. Auch nicht darüber, daß beide, Hanna und Kurt, aus einer Ehe mit anderen zueinander gefunden hatten.
Monsieur und Madame Riniker, das war eine Lebensgemeinschaft. Wie aber hatten sie sich gefunden? Wieder das Schweigen, das nicht abwehrend war, denn von mir wurde nichts gefragt. Alles war denkbar zwischen ihnen, das spürte man, nur eines nicht: Leidenschaft. Sogar irgendein Parteiauftrag ließ sich denken, der sie zueinander geführt hatte. Wer konnte oder

wollte das herausfinden. Eine tiefe Freundschaft aber bestand. Vertrauen und Sorge und Zärtlichkeit. Auch zwischen Sonja und Kurt. Auch Angst?

Das Haus, wo sie wohnten, entstand kurz nach der Jahrhundertwende. Gebaut für wohlhabendes Bürgertum, nicht so reich wie in den Patrizierpalästen der Oberstadt, wo man außerdem die schönen Landhäuser an der Grenze von Savoyen für den Sommer besaß. Dennoch große Wohnungen. Unvermutet groß für Hanna und Kurt und Sonja.
Eine ruhige Nebenstraße. Sie führte hinunter zum Seeufer. Hausbewohner mit guten Manieren. »Man bot sich die Tageszeit«, so nannte man das einstmals in Deutschland. Ferne Zeiten und Sitten, doch hier galten sie noch. Auch für Hanna und Sonja und Kurt, wenn sie mit den Leuten sprachen. Herr Riniker konnte nicht mithalten beim französischen Gespräch, das wußte man und fand es in der Ordnung. Daß er auch unfähig gewesen wäre zu einer Unterhaltung auf Schweizerdeutsch, ahnte niemand. Kurt sorgte dafür, daß es keiner erfuhr.
Zwei Wohnzimmer, eine große und schöne Küche, zwei Schlafzimmer, Badezimmer und noch ein Zimmer.
»Das ist für die Gäste, die wir nicht haben werden«, erklärte mir Kurt, doch er ließ mich nicht eintreten. Die Erläuterung klang weder spöttisch noch traurig. Einfach eine Feststellung.
Meistens blieben wir auf dem breiten und hellen Flur, den Hanna als Diele ausgestattet hatte. Gehörten

ihnen die Möbel, die nicht kostbar waren, aber solide? Angemessen. Auch in den Augen zufälliger und unvermeidbarer Besucher.
Man ist nicht neugierig, wenn man Freunde besucht, alle Räume ihrer Wohnung zu sehen. Irgendein geheimer Widerstand verhindert, daß man das Schlafzimmer betritt. Auch das Badezimmer ist ein sakraler Ort.
In ihrem Schlafzimmer bin ich gewesen, auch im Badezimmer. Bis zum Jahre 1938 war ich oft bei ihnen zu Besuch. Ich hatte ein Stipendium erhalten, das mir erlaubte, in Genf zu leben und wissenschaftlich zu arbeiten. Kurz vor dem Wiener Heldenplatz und der Ausrufung von Großdeutschland verließ ich Genf. Meine Arbeit hier war zu Ende. Das Stipendium auch. In Paris gab es neue Pläne und Möglichkeiten.
Habe ich mich von ihnen verabschiedet, von Hanna und Kurt? Ich weiß es nicht, möchte es aber annehmen. Wir waren einander fremd geworden im Lauf der Exiljahre. Ich lebte mehr und mehr in französischer Welt, begann auch, wie ich merkte, in der fremden und erlernten Sprache zu denken. Dadurch schienen alle Beziehungen mit deutschen Emigranten zu ermatten. Zu den einstigen politischen Freunden in Paris, die mich abgeschrieben hatten. Zur Exilpolitik und Exilliteratur. Auch zu Hanna und Kurt. Kein Konflikt. Bloß ein Aufhören.
Hanna habe ich dann nicht wiedergesehen. Daß sie befreundet war mit sowjetischen Delegierten beim Internationalen Arbeitsamt, hatte ich immer gewußt. Bei ihnen vor allem stand sie in Arbeit. Als Polin

konnte sie ganz gut Russisch. Sie sprach ausgezeichnet französisch. Ich vermute, daß Deutsch und Polnisch ihre Grundsprachen gewesen sind. »Perfekt in Stenographie und Schreibmaschine.« Deutsch sprach sie ohne irgendeinen Akzent.

Nicht mehr jung, doch jünger als Kurt. Ein bißchen korpulent bereits. Lustig und hart zugleich. Ich mochte sie gern. Da war etwas wie Freundschaft. Mit Kurt konnte es keine Freundschaft geben, das merkte ich bald. Hannas Lachen höre ich immer noch. Es kam aus der Tiefe. Sonja wurde ihr ähnlich, aber sie lachte nicht.

Hat Sonja gewußt, was in der Wohnung vorging? Sie muß es gesehen und gehört haben. Sie kannte sich aus in diesem Gastzimmer ohne Gäste. Wahrscheinlich hätte ich dort im Jahre 1938 nichts Besonderes entdecken können.

Das wurde anders, als der Krieg bevorstand, dann ausbrach: voraussehen ließ sich für jeden, der in Genf erfahren durfte, was vorging, der deutsche Überfall auf die Sowjetunion. Allein davon kann ich nichts berichten. Ich lebte zwar seit Kriegsbeginn wieder in Genf, kam aber nicht auf den Gedanken, die Freunde von damals wieder aufzusuchen. Auch sie dürften gewußt haben, daß ich zurückgekehrt war, meldeten sich aber nicht. Unsere gemeinsame kleine Geschichte, die keine war, hörte auf.

Was ich nicht bezeugen kann, habe ich trotzdem später erfahren. Zuerst durch Gerüchte, beiläufige Gespräche, neugierige Anfragen. Viel später beim Lesen von Dokumenten der Weltkriegsspezialisten unter den Historikern.

Seitdem denke ich, bei der Erinnerungsarbeit, immer und zuerst nicht an Hanna und Kurt, sondern an das Haus und die Wohnung. Auch nicht an die Wohnung schlechthin, sondern an das unbekannt gebliebene hintere Zimmer.
Dort stand während des Krieges der Geheimsender.

2

Dies ist eine Geschichte mit vielen Unbekannten. Manches wurde inzwischen gedeutet, vieles andere nicht. Für mich bleibt alles fast unlösbar. Wie auch könnte ich deuten, gar verstehen, was ich erfuhr. Ich war einfach hinzugekommen, für eine Weile. Dann stand ich abermals draußen. Kein Zeuge, denn ich habe nichts gesehen. Erst recht kein Beobachter, denn ich ahnte nichts. Trotzdem war ich dabei. Und ich habe sie gekannt, Hanna und Kurt. Es schmerzt immer noch, wenn ich an sie denke.
Als ich in Genf blieb, nicht zurückkehrte nach Paris, weil Krieg war, dachte ich kaum daran, man könne sie einmal aufsuchen. Sie schienen das auch nicht gewünscht zu haben, denn sie wußten, daß ich da war. Damals stand der Sender wohl bereits im hinteren Zimmer. Besucher waren nicht mehr willkommen. Monsieur und Madame Riniker waren anderweitig beschäftigt.
Vermutlich ging es so zu, will man den Historikern glauben, daß Verbindungen bestanden zu Spezialisten des schweizerischen Geheimdienstes in Bern und anderswo in der Eidgenossenschaft. Die hatten Bezie-

hungen zu Geheimdienstleuten des Dritten Reiches in Berlin und anderswo. Wie das möglich sein konnte? Wer weiß das? In solchen Fällen müßten die Ankläger zugleich den Richter spielen und umgekehrt. Wenn sie nicht zugleich auch – mögliche – Angeklagte sein könnten.

Es gibt viele Deutungen: von der Bestechung bis zu den sogenannt ehrenhaften Motiven. Die Schweizer wünschten sich eine Niederlage der deutschen Wehrmacht, das war ersichtlich. Dann entfiel für das kleine Land die Bedrohung. Der bei Kriegsausbruch gewählte General sprach französisch von Hause aus: das hatte eine Rolle gespielt. Im Jahre 1914 hatte man einen General, dem das Deutsche Kaiserreich allzu großen Eindruck machte. So etwas sollte sich nicht wiederholen. Auf der deutschen Seite gab es gleichfalls die Alternative der Bestechung, eines vorsorglichen Alibis für den Fall einer deutschen Niederlage, den Haß gegen Führer und Nebenführer.

Das war so lange ohne Bedeutung für das Kriegsgeschehen, wie es eine Sache blieb des Geheimwissens von Schweizern. Nützlich für ihr Land, immerhin.

Hier nun haben sie sich eingeschaltet, Hanna und Kurt. Oder wohl eher: hier wurden sie eingeschaltet. Von wem? Das blieb kein Geheimnis. Hannas Arbeit für die sowjetische Delegation beim Internationalen Arbeitsamt in Genf war ausgeweitet worden, seit dem Überfall vom 21. Juni 1941 auf die Sowjetunion. Nun gab es eine Dreierbeziehung: Berlin–Bern–irgendwo in der großen Sowjetunion. Schaltstelle Genf, Quartier Les Pâquis. Hanna und Kurt und das Weltgeschehen. Aber so ist es doch wohl gewesen.

Die schnellen deutschen Siege in Polen und im Westen, in Griechenland und auf dem Balkan hatten die Bedrohung der Schweiz vergrößert. Man steckte uns deutsche Emigranten in Arbeitslager, möglichst weit entfernt von den Städten. Um einem Schweizervolk, das gar nicht besonders stark darauf bestand, unseren fremdartigen Anblick zu ersparen. Waren wir ein Gastgeschenk für künftige Eroberer? Wer kann das heute noch klären. Die französische Besiegtenregierung in Vichy hatte solche Gastgeschenke bereitgehalten. Wehrlose Opfer unter Bruch des Gastrechts ausgeliefert.
In den Lagern gab es, weil Bern sinnigerweise keine Unterschiede machte, sowohl deutsche Emigranten, Juden und Nichtjuden, wie Deserteure der Wehrmacht. Kaum Schlägereien. Bei allen ging es um den Kopf und den Kragen. Aber Gespräche und Nachrichten. Einer war abgehauen aus dem russischen Krieg, nach einem Urlaub in der Heimat. Er berichtete, ohne Abscheu oder Mitleid, von den Vernichtungslagern im besetzten Polen. In den Lagern gab es viele Juden. Wir haben es nicht geglaubt, wurden böse, beschimpften den Deserteur.
Seit den deutschen Niederlagen in Afrika und an der Wolga wurde die schweizerische Fremdenpolizei zusehends gnädiger. Man durfte wieder regelmäßig in die Städte fahren am Wochenende. Bald waren wir ein mögliches Gastgeschenk für die künftigen Besieger des Großdeutschen Reiches. Die Presse durfte vieles ausplaudern, auch wenn es in Berlin mißfiel, was so lange beschwiegen worden war. Da hatte es, so erfuhr man von Freunden beim Urlaubsgespräch, einen Ge-

heimsender gegeben, irgendwo in der Schweiz. Von dort wurden Pläne der deutschen Wehrmacht rechtzeitig an die Russen weitergeleitet. Die Deutschen hätten die Funksprüche aufgefangen, aber den Ursprung nicht orten können. Irgendwo in der westlichen Schweiz.

Dann erzwangen sie die Kollaboration mit den schweizerischen Geheimdiensten. Ein hoher Fachmann kam in die Schweiz, man begann zu sondieren. War es Kaltenbrunner, der da gekommen war? Mir sagte der Name damals nichts. Doch behielt ich ihn in meinem Kopf. Kaltenbrunner stellte die Sache ab. Die Schweizer mußten zu Diensten sein. Sie leisteten bloß ein Minimum. Der Sender war entdeckt. Madame Riniker, eine Schweizerin, wie sich zeigte, wußte von nichts, hatte nicht gegen Gesetze verstoßen.

Herr Riniker, also Kurt, wurde enttarnt. Er war nicht Riniker. Man nahm ihn fest, ließ ihn bald frei, schickte ihn ins hinterste Emmental, wo man ihn gut überwachen konnte. Wohl auch beschützen.

Ich sah ihn wieder, den Kurt, im Herbst 1944, als der Kriegsausgang feststand. Es muß ziemlich spät gewesen sein im Jahr, denn Paris war befreit. Davon sprachen wir. Ein sonniger Tag irgendwo im hinteren Emmental, das weiß ich noch.

Wir dachten damals nach, wir Emigranten, über die Rückkehr nach Deutschland oder an eine denkbare Fortdauer des Exils. Es war eine Minderheit, meistens Nichtjuden, die sich in der Bewegung Freies Deutschland zusammenfand. Man wollte ins befreite und be-

siegte Deutschland zurückkehren. Darin waren sich Kommunisten mit protestantischen Theologen um den Professor Karl Barth in Basel einig. Alle anderen Emigranten aus Deutschland lehnten uns ab. Ich hatte mich auch für diese Freien Deutschen entschieden. Ihre Wortführer oder Lenker, halblegal sozusagen, denn die schweizerische Polizei wußte Bescheid, besaßen mancherlei Kenntnis. Sie kannten auch Kurt und wußten, wo er sich aufhielt. Hatten auch Verbindung zu ihm. Außerdem wußten sie, daß wir uns kannten, der Kurt und ich.

Folglich trug man mir an, ins Emmental zu fahren und mit ihm zu reden. Er hatte mich nicht vergessen, schien sich auf den Besuch zu freuen. Mein Auftrag lautete: Kurt für die Freien Deutschen zu gewinnen.

Bei der umständlichen Fahrt mit Lokalbahnen ins Bernische wußte ich im voraus, daß er ablehnen würde. Bei der Leitung war Kurt offenbar hochangesehen. Ein Held, der auf seine Belohnung warten konnte. Wartestand im Emmental. Er hatte beigetragen zum bevorstehenden Sieg der Sowjetunion. Auch die deutschen Antifaschisten wollten ihn ehren.

Daraus wurde nichts. Ich hatte es geahnt. Er schien mir unverändert, als ich ihn wiedersah, nach etwa sieben Jahren. Kurt stand auf dem Bahnsteig, als der Zug in den kleinen Bahnhof einfuhr. Stattlich immer noch. Ein Fünfziger, das konnte ich mir ausrechnen nach allem, was ich von ihm wußte. Das genaue Geburtsdatum kannte ich nicht. Wozu auch.

Die Haare nach wie vor dicht, immer noch mehr

blond als grau. Sorgenvoll sah er nicht aus. Er freute sich. Das gewohnte Lachen, still und dauerhaft. Verschmitzt, das ist das richtige Wort.
Auch bei den Bernern gab es, neben gutem Essen, den weißen Wein, den Kurt so liebte. Darüber wurde zuerst beim Mittagessen geredet. So war es immer zwischen uns gewesen.
Über meinen Auftrag mußte nicht lange verhandelt werden. Kurt wußte Bescheid und hatte die Absage vorbereitet.
»Man will nicht, daß ich Verbindung aufnehme zu den Deutschen. Ich bin auch nicht mehr lange hier.«
Wer hatte das beschlossen? Das fragt man nicht.
Und Hanna? »Sie ist bereits in Paris. Ich folge bald nach.«
Wie würde das geschehen? Auch danach fragt man nicht.
Wieder der kleine Bahnhof und das Bähnlein. Am Abend war ich wieder in Zürich und hatte zu berichten. Man schien erwartet zu haben, daß er ablehnte.
Kurt hatte mich an die Bahn gebracht. Ein herzlicher Abschied unter Freunden. Beide mögen wir gedacht haben: zum letzten Mal. Alles sprach dafür. Jetzt wußte ich, was im hinteren Zimmer vorgegangen war. In Paris wartet Hanna, warten die dankbaren Freunde. Dann muß man nur das Kriegsende abwarten. Anschließend der Dank der Sieger. So haben sie es wahrscheinlich erwartet, Hanna und Kurt.
Das Kriegsende kam. Ich kehrte nach Deutschland zurück. Vorher muß, vermutlich im Sommer 1945, noch einmal kurz an die beiden erinnert worden sein. Man hatte sie, das war bekanntgeworden, von Paris

nach Moskau geholt. Leninorden und so. Dann wurde von anderem gesprochen. Ich würde die beiden nicht wiedersehen. Freute mich für sie.

3

Ich habe Hanna nicht wiedergesehen, wie gesagt. Aber Kurt. Mehr als ein Jahrzehnt später, und in Leipzig.
»Herr Professor, draußen ist ein Mann, der möchte Sie sprechen.« Frau Klein, die den Haushalt führte, kam ins Arbeitszimmer. Sie hatte Mann gesagt, nicht Herr. Nannte einen Namen. Ich glaubte mich verhört zu haben, eilte hinaus. Es war Kurt.
War er verändert? Das waren wir alle, und Kurt stammte noch aus dem vorigen Jahrhundert. Trotzdem: er wirkte weder gebrechlich noch elend. Volles weißes Haar, etwas gebeugter als damals, im Emmental. Aber es war Kurt.
Eine Frage verbot sich von selbst. Wo kommst du her? Das glaubte ich inzwischen zu wissen. Stalin war jetzt tot, und es wurde vom Kreml aus ein bißchen versucht, den Geschichtslügen vom Vater der Völker, weisen Weltenlenker, großen Denker zu steuern. Verhaftung alter Kommunisten, die plötzlich als Agenten des Imperialismus entlarvt werden konnten, gab es auch bei den »Sowjetdeutschen«, wie das Ausland uns zu nennen pflegte, doch wurden keine Galgen errichtet, wie in Budapest und Prag. Der ungarische Emigrant Tibor Szöny war aufgehängt worden auf Geheiß des Vaters der Völker. Ich kannte Szöny aus dem Züricher Exil. Der und ein Agent des Imperialismus ...

Auch Gerüchte über Hanna und Kurt waren bekanntgeworden. Nicht allein bei uns, auch im Westen. Der Sender im hinteren Zimmer der Genfer Vorstadt gehörte zur Zeitgeschichte, Historiker begannen mit der »Aufarbeit«. Hanna und Kurt. Figuren der Zeitgeschichte.
Vom Leninorden oder so wurde abermals berichtet. Dank an die beiden Helden. Dann freilich habe man sie feierlich vom Flughafen in die Stadt Moskau gefahren. Ins Hauptquartier der Geheimpolizei. Verhaftet und voneinander getrennt. Das Weitere mußte man ahnen.
Hier stand er nun, der Kurt. Da gab es keine Fragen nach dem: »Wo kommst du her?« Noch weniger die Erkundigung: »Wie geht es Hanna?«
Er war nicht hungrig, trank aber den Moselwein. Es war heute nur eine erste Begrüßung. Ich mußte Vorlesung halten. Kurt hatte in der Stadt zu tun, konnte er doch nicht wissen, ob er mich antreffen würde. Telefonieren? Welche Idee.
»Brauchst du Geld?« – »Nein.« – »Wurde dir geholfen?« – »Ja.« – »Von wem?«
»Von Walter Ulbricht.«
Es war so. Die beiden kannten sich seit den zwanziger Jahren. Kurt gehörte zur »rechten Abweichung«: ein Parteigänger von Bucharin. Also Ausschluß und Abschaum. Dann freilich hatten die Russen in Genf den einstigen Häretiker und Mitagenten des hingerichteten Bucharin – vorerst – als zuverlässig anerkannt. Das war Hannas Werk. Sie war nie für Bucharin eingetreten.
Später jedoch galten sie beide plötzlich – Hanna wie

Kurt – als Agenten des Westens, die Strafe verdient hatten. Wie sich zeigte.
Walter Ulbricht, Generalsekretär und Vorsitzender des Staatsrates, wußte dies alles. Galgengerichte in Berlin hatte er verhindert: aus Taktik. Das war schlecht, so nahe am Westen.
Nun kam ein ehemals Namhafter zurück. Aus Sibirien doch wohl. Aus Workuta? Danach habe ich nicht gefragt. Der hatte sich nicht für den Westen entschieden, trotz allem. Ihm mußte geholfen werden. Auch wußte man natürlich, daß Kurts Frau immer noch irgendwo bei Dresden lebte. Die Tochter war erwachsen und irgendwo verheiratet. Alle im Machtbereich des Generalsekretärs.
So erging Anweisung von höchster Stelle: man solle für Kurt sorgen.
Eine Geste der Freundschaft? Sicher nicht. Schlechtes Gewissen? Was ist das? Eine administrative Entscheidung im positiven Sinne.
Eine erfreuliche Entscheidung immerhin. Daß sie gleichzeitig auch wieder Tarnung und Lüge bedeutete, wußte Kurt damals noch nicht, als er mir beim ersten Besuch davon berichtete. Wir trennten uns dann, ich lud ihn zum Abendessen ein, zwei Tage später. Da wird man weiterreden.

Was sich dann, zwei Tage später, bei unserer nächsten Begegnung zugetragen hat, ist unerklärbar geblieben. Zufall? Sympathetische Wellen über große Entfernung hin? Jegliche Metaphysik scheint hier zupacken zu können.

Wir hatten zu Abend gegessen. Frau Klein schien den Kurt akzeptiert zu haben. Gutes Essen und weißer Wein. Er wurde nahezu gesprächig. Plötzlich wurde von Hanna geredet. Bis dahin hatte er nichts gesagt, und ich hatte nicht gefragt.
Nun kam es heraus: Er wußte nicht, wo sich Hanna befand, nicht einmal, ob sie noch lebte. Getrennt im Haus der sowjetischen Geheimpolizei, getrennte Agentenprozesse. Nicht einmal Aussagen Hannas waren ihm vorgehalten worden. Auch Ulbricht und die Seinen wußten nichts.
Ich fragte nach Sonja. Kurt wußte nichts von ihr, doch sie lebte in Paris, das wußte er. Dort war sie geblieben, als die Mutter und der enttarnte Herr Riniker abgeholt worden waren nach Moskau. Sonja war erwachsen und verheiratet mit einem Schulkameraden aus der Genfer Oberstadt: dem Sohn eines französischen Diplomaten. Übrigens einem Parteikommunisten. Doch wie konnte man Sonjas Adresse erfahren.
Ich hatte Verbindung zu Professoren und Verlegern in Paris. Sonja und ihr Mann waren bekannte Leute im intellektuellen Frankreich der späten fünfziger Jahre. Die müßte man finden können.
Darüber sprachen wir nach dem Abendessen. Namen von Bekannten dort, denen ich schreiben würde. Sonja mußte sich finden lassen. Dann meldete sich das Telefon. Eine ferne Stimme, die französisch sprach, nach meinem Namen fragte. Ich gab Antwort, war gesprächsbereit. Ein Gespräch aus Paris in Leipzig. Das war sensationell. Seit Jahren hatte ich das nicht erlebt.
Das Gespräch wurde vermittelt. Es war Sonja. Fast

ohne Überleitung und irgendwelche Freundlichkeiten rief sie mich an:
»Kannst du herausbekommen, wo Kurt ist?«
»Er steht neben mir.« Dann gab ich ihm den Hörer, verließ das Zimmer.
Ein Knacken, der Hörer war aufgelegt worden. Ich ging wieder ins Zimmer zurück.
Kurt saß da. Ein leeres Gesicht.
»Hast du einen Kognak?«
Den tranken wir, schwiegen lange, sahen uns nicht an.
Dann berichtete er zögernd. Sonja wußte den Aufenthalt ihrer Mutter. Hanna war in Berlin, in Ost-Berlin. Ulbricht und die Seinen hatten gelogen. Sie wußten Bescheid, hatten aber nach Paris mitgeteilt, man wisse nichts über Kurt.
Nun brauchte ich nicht mehr die Verbindung nach Paris zu vermitteln. Kurt und Sonja konnten gemeinsam handeln. Wie es Hanna gehe, fragte ich. Das habe auch er gefragt. Sonja sei ausgewichen, habe herumgeredet.
»Ich fahre jetzt nach Berlin und will wissen, was los ist.« Kein Wort des Zornes. Auch keine Erleichterung. Die Wahrheit, endlich die Wahrheit.

Die hat er in Berlin erfahren. Im Zentralkomitee hielt sich keiner mit Entschuldigungen auf. Das war nicht anders zu machen. Vielleicht gab es auch eine Anweisung. Das wurde nicht klar.
Übrigens gab es Gründe dafür, wie sich herausstellte. Ein Parteimann, der sich auskannte, hatte Kurt behut-

sam vorbereitet. Es gehe Hanna nicht gut. Sie sei in der Klinik. In welcher? In der Nervenabteilung des Parteikrankenhauses.

Zehn Tage etwa nach jenem Vorfall mit dem unerklärbaren »Anruf« aus Paris kam Kurt wieder am Abend zu mir. Nun wußte er alles. Man hatte ihn vorsichtig im Krankenhaus zu Hanna gebracht. Sie war sonst, wie man ihm sagte, fast teilnahmslos. Nun schrie sie auf, als er ins Zimmer trat.

»Schafft ihn weg! Schafft ihn weg! Ich soll ihm verraten helfen! Aber ich verrate sie nicht, die Sowjetunion!«

Er mußte das Zimmer verlassen, und hat sie wohl nicht wiedergesehen.

Hanna muß bald darauf gestorben sein. Das erfuhr ich viel später von Sonja in Paris. Verwirrten Geistes und verstockt bis zum Ende. Ein Wahn vielleicht, der alles ertragen machte. Flucht in die sinnlose Treue, um die Gesamtlüge nicht ertragen zu müssen. So blieb der Götze immer noch ein Gott.

Kurt ist alt geworden. Er gehörte wieder zur Partei, wurde geehrt. Er wohnte vermutlich bei seiner Frau oder Tochter, arbeitete aber in Leipzig als Redakteur der Parteizeitung. Gleichsam als Nachfolger des von ihm einst verehrten Franz Mehring. Von dem hatten wir in Genf oft gesprochen. Auch von der Rosa Luxemburg.

Jetzt unterstand sein Arbeiten einem rüden Parteisekretär, der alles haßte, was nicht seinesgleichen war. Weder Arbeiter noch Kommunist, der leiden mußte.

Ein Feldwebel der Wehrmacht von einst, jetzt ein Machthaber von Gnaden Walter Ulbrichts. Sehr hoch gestiegen, früh gestorben. Dem mußte Kurt nun zuarbeiten. Mich haßte der Feldwebel; ließ mich immer wieder in seinem Blatt entlarven. Kurt mußte das lesen, machte aber natürlich nicht mit. Doch kam er seltener zu Besuch. Es gab nichts mehr zu bereden. Zu vieles gehörte der Zone des Schweigens. Ich war nicht enttäuscht über ihn. Was er tat, war auch nichts anderes, als was sich die verstockte Hanna zum Selbstschutz ausgedacht hatte.

Kurze Zeit bevor ich beschlossen hatte, hier alles zurückzulassen und wegzugehen, rief Kurt an, wollte mich besuchen. Sein Blatt hatte mir abermals Drohungen angekündigt. Aber darüber wollte er nicht mit mir sprechen. Ich wollte es ebensowenig. Wozu auch. Allein der jämmerliche politische Hintergrund erbitterte mich. Kurt rechtfertigte die Lage wie die Lüge. Schließlich sagte ich und wußte, daß ich ihm weh tat: »Kurt, du bist doch wahrhaftig ein Stalinist ...«

Er sah mich an, richtig an, was selten geschah. Dann sagte er: »Nein, ich bin kein Stalinist.«

Wir redeten ein bißchen von anderem, er stand auf, verabschiedete sich, gab mir die Hand. Wir haben uns nicht wiedergesehen.

X. Schriftsteller im Turm von Babel

Schon vor ihrer Proklamierung, noch im Zustand einer sowjetischen Besatzungszone, war die DDR ein Staat der Schriftsteller. Die Bundesrepublik Deutschland war es keineswegs. Im Gegenteil: alle geheimen oder auch eingestandenen Phobien gegen Intelligenzbestien, Querdenker, Außenseiter blieben virulent, wurden im ersten Jahrzehnt dieses Staates gefördert. Das böse Wort aus den Goebbelstagen, die »Meckerer und Kritikaster« betreffend, galt nach wie vor. Kein geachteter deutscher Schriftsteller in einem Regierungsamt oder auch nur im Parlament. Abgesehen natürlich von Carlo Schmid. Wilhelm Hausenstein und Erwin Wickert als Ausnahmen beim Aufbau einer neuen (?) deutschen Diplomatie. Kein deutsches Gegenstück zum Minister André Malraux, zu Jorge Semprun im Spanien nach Franco, kein Paul Claudel oder Pablo Neruda oder Alberto Moravia im Bereich des staatlich-gesellschaftlichen Lebens. Freilich gab es einen Bundespräsidenten Theodor Heuss. Er hat sich, wie man heute weiß, immer wieder bemüht, den mißachteten Schriftstellern zu helfen. Doch was konnte er tun.

Daß sich diese junge Bundesrepublik, aus welchen Rücksichten immer auf Wählerstimmen, nicht dazu entschließen konnte, die verjagten Emigranten, soweit sie noch lebten, zur Rückkehr aufzufordern, gehört, wie ich heute deutlicher spüre als noch vor Jahren, zu den Erbsünden dieses großen deutschen Teilstaates. Ein einziger Rufer stellte sich, gleich nach seiner Amts-

einführung im Jahre 1946, der moralischen Herausforderung. Der sozialdemokratische Oberbürgermeister *Dr. Walter Kolb in Frankfurt am Main.* Er forderte die verjagten Bürger der Stadt am Main zur Rückkehr auf. Die Einladung wurde kaum angenommen, doch das ist ein anderes Thema.
Schriftstellernamen aus der Zeit der Weimarer Republik mögen den Gegensatz zwischen Bundesrepublik und DDR unterstreichen. Thomas Mann kehrte nach Europa zurück, doch an den Zürichsee. Der zurückgekehrte Alfred Neumann starb in Lugano. Er hatte in den USA einen Roman geschrieben über die Geschwister Scholl, der rasch auch in Deutschland gedruckt wurde. Hermann Kesten blieb in New York oder in Rom. Lion Feuchtwanger in Kalifornien, streng »observiert« wegen unamerikanischer Umtriebe, bekam nicht die begehrten Bürgerpapiere, doch er blieb im Exilland. Alfred Döblin kehrte nach Ablauf seiner Dienste als französischer Kulturoffizier in Baden-Baden nach Paris zurück. Seine Krankheit suchte er im Schwarzwald zu kurieren. Er wurde auch Präsident einer neuen Akademie für Wissenschaften und Literatur in Mainz, kehrte als Sterbender nach Deutschland zurück, starb in Emmendingen bei Freiburg am 26. Juni 1957; doch sein Grab liegt in Frankreich. Leonhard Frank kam, kaum beachtet, nach München zurück, wo er gestorben ist. Die materielle Ehrung durch einen Großen Nationalpreis der DDR erhielt er 1955 aus der Hand Wilhelm Piecks. Ehrendoktor wurde der Autor der »Räuberbande« und der Meisternovelle »Karl und Anna« an der Berliner Universität der Brüder Humboldt Unter den Linden.

War es so undenkbar, beim evidenten Mangel an wirklich »unbelasteten« Fachleuten des kulturellen Lebens, solche Autoren als Intendanten, Dramaturgen, Kulturdezernenten großer Städte, gar als Kulturminister einzusetzen? Heinrich Mann starb während der Reisevorbereitungen zur Rückkehr nach Ost-Berlin. Er hatte die Berufung als Präsident der Akademie der Künste, aus welcher er im Frühjahr 1933 vertrieben worden war, angenommen. Man sprach im Westen mit einer Wortschöpfung, die ebenso rüde war wie die These selbst, von einer »Vereinnahmung« Heinrich Manns durch die im Osten. Doch der Westen hatte sich gehütet, dem älteren Bruder Thomas Manns irgendein Angebot zu machen. Emigranten im öffentlichen Leben waren unliebsame Erinnerung. Das Warenhaus Hertie wollte nicht an den Juden Hermann Tietz erinnert werden.

Auch die Vortragsreisen *Thomas Manns* im Jahre 1949 und 1955 waren in der Bundesrepublik nicht mehr als ein kulturelles Ereignis von mittlerer Bedeutung. Im Jahre 1949 hat er selbst uns darüber in Weimar leicht melancholisch berichtet. Im Mai 1955 war auch ich in Stuttgart dabei, als er die große Schiller-Rede vortrug, seinen letzten »Essay«. Publikum? Professoren der Germanistik. Der Opernsaal war mäßig besetzt. Bei der Fahrt des Redners im offenen Wagen zum Bankett in Bad Cannstatt galten die Winke und Grußworte der Umstehenden vor allem dem schwäbischen Landsmann in Bonn – Theodor Heuss. Diesen selbst hat die Achtlosigkeit im Umgang mit den exilierten Autoren offenbar geschmerzt. Er half in der Stille dort, wo der Staat für sich keine Verpflichtung zu sehen gedachte. Der Bundespräsident versandte Briefe mit einem großen Geldschein. Davon haben mir Alfred Döblin und Hans Henny Jahnn berichtet. Klaus Mann war mittellos im Augenblick des Freitodes. Das war in Cannes am 21. Mai 1949, also wenige Monate vor Entstehung der Bundesrepublik Deutschland. Die Geldüberweisung durch die Mutter hatte sich verspätet. Vom Schriftsteller Klaus Mann aber verlangte man in den Westzonen damals weder Beiträge, noch gar Bücher. So wie man in München am Rundfunk den Karl Valentin kalt abgefertigt hatte. Keine Verwendung.

Ein Staat der Schriftsteller konnte so nicht entstehen. Ihn hat auch keiner gewollt. Abermals das »Unglückliche Bewußtsein« der Deutschen: als Auseinanderstreben, wenn nicht als Konfrontation, von Geist und Macht. Geist? Wohl eher: von deutscher Literatur und deutscher Politik.

Später, seit Anfang der sechziger Jahre, nahm man die »*Gruppe 47*« von Staats wegen erst zur Kenntnis, als sie notorisch geworden war. Dann aber, als sie auch noch historisch wurde, nach ihrem Aufhören, wurde sie ein Exportgut. Im Spätsommer 1964 jedoch verspürte die bundesdeutsche Botschaft in Stockholm arge Skrupel, ob man diese Literaten zu einem Stehempfang einladen könne. Man tat es, nachdem ein Empfang des schwedischen Außenministers und ein Abendessen der Oberbürgermeisterin von Stockholm für mildernde Umstände sprachen. Man lud gleichfalls ein, aber da waren die meisten von uns bereits abgereist.

Brecht, im Bundestag mit Horst Wessel verglichen.

Günter Grass, der gerichtsnotorische Pornograph. Nobelpreisträger Heinrich Böll im Rechtsstreit mit einem Peter Boenisch. Kein Staat der Schriftsteller.

Die DDR als ein Staat der Schriftsteller. Damit wird kein Schmuckblatt aufgeschlagen. Eine Geschichte in Widersprüchen, die von Mut und Feigheit handelt, von Soldschreiberei für eine unwürdige Macht, von Raubbau am eigenen Talent, vom Schaden an Körper und Geist.

Sicher ist soviel, daß Schriftsteller und ihr Geschriebenes in den vierzig Lebensjahren der DDR immer wieder Anlaß wurden für das öffentliche, das halböffentliche, das häuslich-leise, das durchaus staatsfeindliche Tun und Reden. Der Kulturminister Becher pflegte in solchen Fällen der Aburteilung durch die Parteimacht darauf hinzuweisen: hier werde die Literatur ernst genommen. Freilich, weil man sie zu fürchten hatte. Der Schriftsteller, der wirkliche nämlich, sprach aus, was er sah, fühlte, haßte, auch liebte. Auf der Bühne oder auch im verschlüsselten Gedicht, als Geschichtsroman oder als Tagebuchaufzeichnung. Draußen las man es anders, im Wortsinne. Draußen hatte man das »Neue Deutschland« zu lesen. Auf den Zeilen und zwischen ihnen.

Es kam hinzu, daß die Schriftsteller der DDR in einer *sowjetischen Kolonie* zu schreiben hatten. In Moskau war zu erfahren, wie man schreiben ... nicht solle, sondern müsse. Dann winkten Feste und Spenden. Andernfalls.

Normative Ästhetik nennt man das. Bloße Terminolo-

gie auch hier. Die Normen waren schlampig und ungenau. Ästhetik als eine philosophische Disziplin war zur bloßen Vokabel verkommen. Wichtig blieb allein, daß gelogen wurde. Recht freundlich bitte im Staate Faust III. Die russischen Autoren hatten dafür die Vokabel »lackiert« erfunden.
Seit 1948 wurde zwischen Elbe und Oder gewütet von karrierebewußten Provinzfunktionären. Da konnte jeder mitreden. Gegen Ende der vierziger Jahre spielte man in Leipzig *»Die Ratten« von Gerhart Hauptmann.* Die Leipziger Parteileitung verlangte die Absetzung des ideologisch so bedenklichen Stücks aus einer ersten Vorkriegszeit. Man setzte das Stück ab. Ich trat öffentlich für Hauptmann auf, man spielte weiter. Die Leipziger holten sich Verstärkung in Berlin. Man spielte nicht mehr. Dann bat ich Becher um Hilfe. Er ging zu Ulbricht. Das »Neue Deutschland«, unter Herrnstadt, war auf unserer Seite. Auch die Russen übrigens. Lenin hatte mitgearbeitet an einer russischen Übersetzung der »Weber« von Hauptmann. Man spielte weiter. Eine groteske Episode. An zahllosen solcher Episoden im Lauf der Jahrzehnte ist die DDR zugrunde gegangen. Mal Barlach, mal Kafka, mal der »Faustus« von Hanns Eisler, den der Komponist als Libretto drucken ließ, worauf Wilhelm Girnus und andere so laut brüllten, daß der Schüler Arnold Schönbergs auf das Schreiben der Partitur verzichtete. Mal »Die Sorgen und die Macht« von Peter Hacks. Mal ein verbrecherisches Theaterstück »Die Umsiedlerin« von Heiner Müller. Heute Wolfgang Harich und Robert Havemann, morgen das »Prinzip Hoffnung« und Ernst Bloch. Mal Hans Mayers Unver-

ständnis für eine lackierte »proletarisch-revolutionäre« Literatur bei gleichzeitigem Lob für Franz Kafka. Mal Wolf Biermann und mal seine Parteigänger.
Ulbricht hatte öffentlich gestöhnt, wer die Macht habe, der habe auch die Sorgen. Daher der Titel bei Hacks. Hatte die Macht keine anderen Sorgen zwischen Ostsee und Rennsteig, als die Autoren und ihre Bücher? Sie hatte Grund zum Sorgen. Literatur war Freiheit und Wahrheit zugleich. Beides war sehr zu fürchten.

Dem Anteil literarischer Sorgen an den Sorgen der Macht entsprach eine erstaunliche Zusammenballung schriftstellerischer Potenz bereits in der sowjetischen Besatzungszone. Im Westen waren die zurückgekehrten Literaten kaum von Belang, zumal man sie nicht ernst nahm. In der DDR war die nunmehr beginnende *Literatur der DDR* bis etwa zum Jahre 1957 im wesentlichen eine Literatur der zurückgekehrten Emigranten. Sie war eine *importierte und oktroyierte Literatur.*
Namhafte Schriftsteller der sogenannten inneren Emigration lebten bei Kriegsende fast alle in einer der Westzonen. Wilhelm Lehmann war seit den zwanziger Jahren als Studienrat in Eckernförde. Erich Kästner und Wolfgang Koeppen in München, wo die amerikanische Militärregierung die für alle Medienarbeit der ausgehenden vierziger Jahre maßgebende »Neue Zeitung« entstehen ließ. Nach dem Zwischenspiel mit einem Manne, der sich Hans Habe nannte, amerikani-

scher Kontrolloffizier, der streng mitteilte, für Autoren wie Hermann Hesse sei von nun an kein Platz mehr, und nach der Rückkehr des Eiferers – vorerst – in die USA, übernahm *Erich Kästner* die Kulturredaktion der »Neuen Zeitung«. Sie war wirklich eine.

Ernst Wiechert, bei Kriegsende auf einem Gut in Bayern lebend, wo ihn Johannes R. Becher im Jahre 1946 besuchte, verwandelte die innere Emigration, die ihn nach Buchenwald geführt hatte, in eine äußere. Er verließ Deutschland, tief enttäuscht über das Weiterbestehen so vieler schlimmer deutscher Lebensformen. Wiechert starb 1950 am Zürichsee. Ricarda Huch, in Jena einstmals bespitzelt durch die braune Geheimpolizei, eröffnete und schloß den Ersten Deutschen Schriftstellerkongreß, der im Herbst 1947, akzeptiert durch die vier Besatzungsmächte, in Berlin getagt hatte; sie übersiedelte zu ihrer Tochter nach Frankfurt und starb bald darauf im Taunus, unweit von Frankfurt.

Auf jenem Kongreß der Autoren in Berlin, der nur »gesamtdeutsch« tat, denn es dominierten die Autoren und Kulturpolitiker um Becher und um die sowjetischen Offiziere, war trotzdem noch Gemeinsamkeit spürbar. Ich selbst war aus Frankfurt am Main gekommen und hielt ein Referat. Neben mir saß der Referent *Friedrich Wolf*. Das Wort aber erteilte uns *Edwin Redslob*, bald darauf Rektor der in Dahlem errichteten Freien Universität Berlin (FU).

Bei jener Oktobertagung 1947, die im Hebbel-Theater unweit vom Potsdamer Platz durch Günther Weisenborn und Ricarda Huch eröffnet worden war, aber zumeist in Max Reinhardts einstigen Kammerspielen in der Ostberliner Schumannstraße debattierte, erschien die künftige Mannschaft einer »Literatur der DDR« bereits in voller Truppenstärke. Mittelpunkt war Becher. Seine Rede über die Literatur und den Frieden, wichtig angesichts aller Vorbereitungen zu einem kalten Krieg, der eskalieren konnte, wurde mit großer Einmütigkeit angehört. Es gab darüber keine Debatte. Das sahen alle genauso wie der Redner, also Johannes R. Becher. Immer von neuem zeigte es sich, daß Becher unersetzbar blieb in seiner Aufgabenstellung. Er war als Dichter anerkannt, die Sammlungsbewegung seines »Kulturbundes« leuchtete ein, wenn man nicht gerade als Kontrolloffizier und Emigrant, was in einigen Fällen zutraf, der englischen oder amerikanischen Besatzungsmacht angehörte. Übrigens war wohl auch Friedrich Wolf an seine – sowjetische – Besatzungsmacht nicht bloß politisch, sondern auch funktionell gebunden.

Auf der Rednerliste des Kongresses findet man Stephan Hermlin, der einen interessanten Vortrag über die Lyrik der deutschen Innerlichkeit hielt. Anna Seghers, versteht sich. Alfred Kantorowicz sprach zur Exilliteratur: als Koreferent zu *Elisabeth Langgässers* Analyse der »Inneren Emigration«. *Rudolf Leonhard* war aus Paris gekommen. Bald darauf übersiedelte er nach Ost-Berlin, wo er im Dezember 1953 gestorben ist. Leonhard war einer der Wortführer des Expressionismus in den zwanziger Jahren gewesen. Den Emigranten in Frankreich hatten die Bauern versteckt. So kam er davon. Sein Referat über die Sprachverdrekkung durch die heroische Jubelsprache der braunen Propaganda hat uns damals großen Eindruck gemacht. Hier wurde nicht, wie bei den meisten von uns, auch bei mir, politisch dekretiert: Der Schriftsteller soll. Die Literatur muß. Rudolf Leonhard berichtete von den Schwierigkeiten des Handwerks mit einer verdorbenen Sprache.

Bechers Mannschaft stand fest zueinander. Bei den Westlern gab es breite Divergenzen. W. E. Süskind von der »Süddeutschen Zeitung«, einstmals Freund von Klaus und Erika Mann, sprach eindringlich am Schluß der Tagung und warnte vor einem neuen Ersatzkrieg deutscher Autoren im Dienste der Weltmächte. Der Amerikaner Melvin J. Lasky hingegen hatte mitten in Ost-Berlin die Grundlage gefunden für seine künftige Tätigkeit im Dienst einer Weltorganisation, die sich »Kongreß für kulturelle Freiheit« nannte.

Ganz so einheitlich und einmütig war sie jedoch nicht, die Mannschaft Bechers, die nun importiert und oktroyiert werden sollte im Bereich der SBZ. Sie waren, diese Autoren, in der Mehrzahl heimgekehrte Emigranten, die sich in Berlin wiedertrafen. Aber was lag hinter ihnen, die zumeist schon in den letzten Jahren der Weimarer Ära miteinander geschrieben, organisiert, postuliert hatten? Man kannte einander seit langen Jahren. Geburtsjahre zwischen 1889 und 1900. Peter Huchel war einer der Jüngsten. Er gehörte um 1932 in Berlin zu einem linken Künstlerkreis: mit Brecht und Walter Benjamin, Ernst Bloch, Kantorowicz und den Leuten von Wieland Herzfeldes Malik-Verlag.

Auf der Berliner Tagung von 1947 verteilte *Peter Huchel* den Prospekt einer von ihm als Chefredakteur und von Becher und dem Literaturwissenschaftler

Paul Wiegler (der bald darauf starb) als Herausgeber zu verantwortenden Zeitschrift *»Sinn und Form. Beiträge zur Literatur«*. Die wichtigsten künftigen Mitarbeiter wurden aufgeführt. Huchel hatte sich gut vorbereitet. Auch mein Name stand da. Becher schuf sich damit – sehr bewußt – ein Gegenorgan zum »Aufbau«, also zur Zeitschrift seines eigenen Kulturbundes. Der Name »Sinn und Form«, wie gesagt, ließ sich, nicht weniger bewußt, inspirieren durch Thomas Manns in Zürich bis 1940 edierte Zeitschrift »Maß und Wert«. Was aber damals im faschistoiden Europa altmodisch geklungen hatte, wurde in der scheinbar nur abgewandelten Wortprägung »Sinn und Form« ganz anders interpretiert. Die sowjetische Theologie-Ästhetik verlangte von den Büchern und Autoren, daß sie politische Erziehungswissenschaft zu betreiben hätten. Dienst an der Erziehung zum Sozialismus. Was sich jeder so deutete, wie es gemeint war. »Sinn und Form« hingegen wies zurück auf die Sprache, die literarische Struktur: ganz wie Rudolf Leonhards Kongreßrede.

Peter Huchel, denn *er* war es, der die Zeitschrift zu einem Ereignis gemacht hat, bis zu seinem Ausscheiden zum Jahresende 1962, ließ alles drucken, was sonst in der SBZ und DDR als westlich-dekadent verpönt war. Alles aber auch, wenn es Sinn und Form aufwies, was man im Westen als »kommunistisch verseucht« verwarf. *Bertolt Brecht* war der geheime Mittelpunkt seit den Anfängen. Schon vor dem ersten Heft der eigentlichen Zeitschrift war ein »Sonderheft Bertolt Brecht« erschienen. Heute eine große Rarität. Die aus Moskau zurückgekehrte Schriftstellermann-

schaft, abgesehen von Becher, mußte alles in diesem Heft als hochgradig häretisch empfinden. So war es, und man sagte es auch. Das galt vor allem für die drei kritischen Essays des Heftes, neben den Texten von Brecht: Herbert Ihering und Ernst Niekisch hatten sie verfaßt. Von mir stammte der Text über Brechts »plebejische Tradition«. Plebejisch, nicht proletarisch.
Becher wußte, was er hier entstehen ließ: *eine Gegenschöpfung zur sowjetischen Kulturpolitik*. Damit stellte er sich auch hier gegen seine Kollegen aus dem sowjetischen Exil: gegen Friedrich Wolf und Erich Weinert, gegen Fritz Erpenbeck, den mächtigen Theaterkritiker des »Neuen Deutschland«, und gegen Erpenbecks streitbare Gefährtin Hedda Zinner.
Westexil gegen Ostexil: Diese Losung hatte Stalin ausgegeben. Für relativ zuverlässig hielt er nur jene, die bei ihm überlebt hatten, weil er sie nicht umbringen ließ. Ernst Ottwalt und Herwarth Walden waren nicht mehr darunter. Die Westemigranten, wozu Seghers und Renn, Bodo Uhse oder Egon Erwin Kisch gehörten, Herzfelde und Ernst Bloch, waren von nun an virtuell verdächtig. Zumal Ulbricht sich genau an diese Moskauer Kriterien hielt. Die Westemigranten hatte er nicht im Exil beobachten und abrichten können. Ein Kurt Hager verzehrte sich jahrelang vor Gram, daß er »nur« im englischen Exil überdauern durfte, statt in – zeitweiliger – sibirischer Verbannung wie Erich Wendt, der Gründer des Aufbau-Verlags.
Trotzdem: Sie alle haben seit der Staatsgründung vom Oktober 1949 jene Literatur der DDR dargestellt, die bis zur Zäsur des Jahres 1956 durch Bücher und Vorträge, Sekundärliteratur und Preisverleihungen dem

Volk der DDR verordnet wurde. Es gab keinen westlichen Schund der Groschenheftchen, aber auch nicht Proust und Kafka und Joyce, nicht Sartre oder Camus, noch nicht Frisch oder gar Dürrenmatt. Dafür Feuchtwanger und Leonhard Frank und Arnold Zweig natürlich, die damals im Westen kaum beachtet wurden.

Diese oktroyierte war eine *privilegierte* Literatur. Nicht der Erfolg beim Leser war entscheidend, sondern das höhere ideologisch-politische Interesse der Macht. So konnten bedeutende Bücher große Verbreitung finden, ebensooft aber auch gesinnungstreue Schreibereien in Romanform (nicht allein von Otto Gotsche), die sich an das böse Wort hielten: »Der sozialistische Realist schreibt, was er hört!«

Der Name *Hermann Kant* steht ein für vieles, was sich vollzog, als die *erste* Generation der importierten und oktroyierten und privilegierten Literatur durch eine *zweite* offiziell willfährige ersetzt wurde. Der Schriftstellerverband der DDR imitierte mehr und mehr den Verband der sowjetischen Kollegen, denen *Heinrich Böll* als Internationaler Präsident des PEN-Clubs vorwarf, sie denunzierten ihre Mitglieder, statt sie zu schützen. Allein eben dadurch wurde es möglich, daß sich die offiziellen Autoren und Organisationen einer Deutschen Demokratischen Republik *ihre eigenen Widersacher und Nachfolger* heranziehen mußten. Mit der Dialektik war nicht zu spaßen.

Eben diese dialektische Einheit der Widersprüche bewirkte, daß immer stärkere Intoleranz und Unterdrückung zugleich eine immer stärkere Gegnerschaft entstehen machte. Wahrhaftige Literatur bedeutet Freiheit. Sie demonstriert die »Kraft der Schwachen«, ein von Anna Seghers stammender Ausdruck: das geheime Leitmotiv all ihres Erzählens. Sie wußte auch, daß der Schriftsteller nur dann diese Kraft der Schwachen mittragen kann, wenn er sich zu den Schwachen gesellt. Dann ist auch er selbst stark. Als sie im Jahre 1934, nach Erscheinen ihres Buches »Der Weg durch den Februar«, von den Partei-Ideologen der exilierten KPD gerüffelt wurde (in Paris), weil die österreichischen Sozialdemokraten in ihrer Erzählung zu gut wegkamen, antwortete sie, breit mainzerisch ausgesprochen, mit dem Götz von Berlichingen. Der damalige Inquisitor hat es mir selbst erzählt. Es machte ihm Eindruck. Eine große Schriftstellerin ist selbst stark. Auch sie ist Macht.

Anna Seghers. Hat sie diese Kraft eingebüßt, als sie für die Macht schrieb, die nunmehr nur noch im eigenen Namen agierte, nicht mehr im Namen der Schwachen? Das wurde oft behauptet. Gekoppelt bisweilen mit der souverän und ohne alle Kenntnis der literarischen Texte vorgebrachten These: Alle Rückkehrer in die DDR hätten als Autoren ihr Talent eingebüßt.

Soll man wirklich dagegenhalten, daß Brechts späte »Buckower Elegien« ebenbürtig stehen neben der »Hauspostille« und den »Svendborger Gedichten«? Daß Brechts späte »Theaterarbeit« den Höhepunkt seines Wirkens für das Theater bedeutet hat, und daß sie allein unter den Bedingungen in Ost-Berlin möglich war. Die späten Gedichte Johannes R. Bechers bedeuten Rückkehr zum einstigen Können. Die »karibischen« Novellen von Anna Seghers sind Meisterwerke. Die letzten Bände aus Arnold Zweigs Zyklus »Der Große Krieg der weißen Männer«, über den Ersten Weltkrieg also, sind nicht schwächer als die »Erziehung vor Verdun«, sondern anders. Auch natürlich beeinträchtigt durch die Erblindung des Autors. Der gleichfalls langsam erblindende Ernst Bloch schrieb erst in den Leipziger Jahren die bis dahin nur skizzierten Teile des dreibändigen »Prinzip Hoffnung«.

Wer über Anna Seghers urteilen möchte, muß sie als Ganzheit nehmen, oder als Ganzheit verwerfen. Sie hat sich niemals geändert. Die spätere Präsidentin des Schriftstellerverbandes, die vieles geschehen ließ, in vielen anderen Fällen in ihrer unauffälligen, sehr privaten Art das Schlimme zu verhindern suchte, benahm sich nicht anders als in ihren Anfängen gegen Ende der zwanziger Jahre. Was mir *Hans Jenny Jahnn* erzählte, der ihr im Jahre 1928 den wichtigen Kleistpreis zuerkannte, erinnerte mich genau an alle eigenen Begegnungen mit der Erzählerin des großen Exilromans »Transit«.

Auch die von Jahnn damals (1928) sogleich erkannten Lebenselemente ihres Schreibens haben sich nie verändert: »Bei großer Klarheit und Einfachheit der Satz- und Wortprägung findet sich ... ein mitschwingender Unterton der Vieldeutigkeit, der den Ablauf des Geschehens zu einer spannenden Handlung macht.« Man kann es nicht besser sagen.

Vieldeutig, undeutlich, flimmernd: sie ist niemals ganz da, es bleibt die Ungewißheit, ob sie einem nicht plötzlich davonfliegen wird, gleich der Göttin Artemis, von der Anna Seghers in den Artemislegenden so zutraulich berichtet hat. Da sitzt sie mir gegenüber auf einer Bank in Breslau am Ufer der Oder. Drinnen in der Technischen Hochschule tagt der Intellektuellenkongreß. Sie aber will von mir, der aus Frankfurt kam, genaue Einzelheiten wissen über Lebenshaltungskosten. Frankfurt ist ihrer eigenen Heimat benachbart, allein das ist es wohl nicht. Sie schreibt sich alles auf in einem winzigen Buch. Warum sie es wissen will, erfährt man nicht. Geheimnis war stets dabei.

Die Achtzigjährige liebt diese Undeutlichkeit. Sie hat wohl erkannt, daß es immer wieder ein Irrtum war, wenn der Lehrer Georg Lukács von ihr den realistisch-totalen Roman verlangte. Der lag ihr nicht. Gelungen ist er nur zum Teil in dem zu Unrecht verkannten Buch »Die Toten bleiben jung«. »Das siebte Kreuz« ist – glücklicherweise – nicht als Romanfresko angelegt worden. Es blieb undeutlich trotz allem, vieldeutig. Legendenhaft, doch nicht theologisiert.

Was hätte sie tun oder sagen sollen als kommandierte Statistin in dem infamen Prozeß ihres Freundes und Verlegers *Walter Janka*? Sie hatte sich, zusammen mit Becher und Janka, staatsfeindlich verhalten, als man plante, das vom sowjetischen Geheimdienst bedrohte Leben des Freundes Lukács zu retten. Jede Aussage war Mittäterschaft. Walter Janka, mein Reisegefährte im Jahre 1954 zu Thomas Mann und Charlie Chaplin, auch mein Verleger, wird mir nicht vorwerfen, ich hätte ihn und die Seinen verleugnet, als man ihn abholte. Was er geschrieben hat über Becher und Seghers, ist seine Wahrheit. Sie zu bestreiten, kann nur einer wagen, der nicht weiß, wieviel Leid hinter jener Aussage stand.

Aber es gibt auch die Wahrheit der Anna Seghers. Es ist die Lebensleistung der *größten deutschen Erzählerin in unserem Jahrhundert.* Das ist sie: trotz Ricarda Huch und Marie Luise Kaschnitz und Ingeborg Bachmann. Und trotz ihrer Schülerin Christa Wolf.
Ihr Leben war immer bedroht. Sie befand sich noch in Paris, als Wehrmacht und Geheimpolizei dort eingezogen waren. Das Exil in Mexiko, wo sie vom »Ausflug der toten Mädchen« berichtet hat, war hart. Hat sie es bemerkt?

Zu sprechen wäre von *Friedrich Wolf* und von *Ludwig Renn* und von *Willi Bredel.* Bei allen gibt es sehr schwache Texte und wichtige. Willi Bredel, aus dem Konzentrationslager entlassen, schrieb den Roman »Die Prüfung« (1935), der in siebzehn Sprachen übersetzt wurde. Er steht neben den »Moorsoldaten« von Wolfgang Langhoff und dem schrecklichen Bericht »Nackt unter Wölfen« von Bruno Apitz. Aber dies alles kommt im Oberseminar nicht vor. Bewältigte Vergangenheit? Mit der Dialektik läßt sich nicht spaßen. Auch der Romantitel bei Anna Seghers ist dialektisch zu verstehen: »Die Toten bleiben jung«.

Über *Alfred Kurella* muß noch gesprochen werden. Er inkarniert, kaum durch seine Bücher, die nicht schlecht waren, doch ohne besondere Bedeutung, wohl aber durch seinen Lebenslauf den Weg eines deutschen Autors, der dem eigenen Selbstempfinden niemals getraut hat, stets sich durch Fremdes bestim-

men ließ. So mußte er schädlich wirken und schuldig werden.
Alfred Kurella und sein weitaus begabterer jüngerer Bruder Heinrich (den Stalin umbrachte) waren Bürgersöhne zu Beginn unseres Jahrhunderts. Was hieß: Kampf gegen die Welt der Väter, für die Freideutsche Jugend, die Freien Schulgemeinden, den Rousseauismus des »Wandervogel«. Diese Anfänge Kurellas zu Beginn des Jahrhunderts haben eine erstaunliche Ähnlichkeit mit den Berliner Anfängen von *Walter Benjamin.* Auch hier Gustav Wyneken, der Hausherr im thüringischen Wickersdorf (wo Heinrich Kurella erzogen wurde), der Schwur der Jugend auf dem Hohen Meißner (1913), von nun ein Leben in eigener Verantwortung führen zu wollen: Alfred Kurella war dabei. Spöttisch habe ich ihm einmal vorgeworfen: er sitze immer noch dort oben.
Gemeint war der philosophische Idealismus, der sich in der expressionistischen Literatur vor allem nach 1914 in Manifesten zur »Geburt des Neuen Menschen« entäußern sollte. Alfred Kurellas gesteilte expressionistische Manifeste finden sich in vielen Anthologien.
Expressionist konnte man nicht bleiben. Die Verhältnisse, sie waren nicht so. Der Expressionist Hanns Johst ging einen Weg, den man kennt. Kurella wurde früh Kommunist. Er hat noch in Moskau mit Lenin diskutiert. Sein Buch »Mussolini ohne Maske« aus den zwanziger Jahren habe ich in guter Erinnerung.
Doch seit 1933 war Kurella, nun in der Sowjetunion und wohl ein wichtiges Mitglied des Geheimdienstes, völlig verändert. Kurella kam, im Gegensatz zu Becher

oder Bredel und Wolf, erst nach Jahren aus dem sowjetischen Exil, das er hauptsächlich im Kaukasus verbrachte, nach Deutschland zurück. Man merkte bloß an, wenn danach gefragt wurde: das sei üblich in solchen Fällen ...

Nun praktizierte er die totale Zurücknahme seiner literarischen Jugendsünde. Wo er bei den Neueren so etwas wie Idealismus und Expressionismus zu spüren glaubte, wurde er inquisitorisch. Der Genosse Aragon in Paris war ihm ein Greuel, der Genosse Ernst Fischer in Wien nicht minder. Er dürfte auch Becher gehaßt haben. Der ließ ihn gewähren. Er mußte es wohl auch.

Bei den Reinigungsprozessen nach der ungarischen Revolte, also seit 1957, wurde Kurella zum Großinquisitor. Sonderbarerweise hat er immer wieder um mein Vertrauen geworben. Ich bewahre sie noch, diese Briefe: ebenso wie seine pfäffischen Angriffe gegen mich im »Sonntag«. Er war vermutlich ein Zerrissener. Kurella war ein Stotterer. Bei einer feierlichen Rede vor den Studenten der von ihm in Leipzig geleiteten Schriftstellerschule kam er über den Namen »Walter Ulbricht« nicht hinweg. Alle freuten sich. Da brauchte man keinen Psychoanalytiker. Kurella lenkte aufgeregt seine Rede jetzt so, daß er den ominösen Namen ein paarmal zu wiederholen hatte. Die Hürde wurde jedesmal genommen.

Sie alle lebten miteinander in einem Turm und wußten, daß er bereits gefährlich hoch in den Wolken stand. Glaubten sie an den Turmbau? Ich wüßte nicht einen, bei welchem ich mit dem Ja! antworten könnte. »Nach mir der Einsturz ...« Den meisten, von Becher bis zur achtzigjährigen Seghers und zum neunzigjährigen Ludwig Renn, blieb die Katastrophe erspart. Übrigens gab es inzwischen eine neue Generation von Schriftstellern auf dem Boden der Deutschen Demokratischen Republik, die es längst vorgezogen hatte, dem Turm fernzubleiben und draußen in Zelten zu kampieren.

XI. Uwe Johnson erzählt die DDR

Uwe Johnson, Jahrestage
Aus dem Leben von Gesine Cresspahl (1970–1983)

Später nahm sie mir ein Versprechen ab. Aber das müssen Sie alles erfinden, was Sie schreiben! sagte sie. Es ist erfunden.

Uwe Johnson, Zwei Ansichten

Begleitumstände

Der Satz findet sich auf der letzten Seite des Erzählwerks »Zwei Ansichten« vom Jahre 1965. Eine Gattungsbezeichnung gab es nicht. Die Konstellation war klar: Hier nahm eine der beiden Kunstfiguren der Geschichte, die Krankenschwester D., nunmehr im Westen angelangt, jemandem ein Versprechen ab, das bewilligt wurde. Ein Gespräch offensichtlich zwischen der Kunstfigur, die eine von zwei Ansichten zu vertreten hatte, mit einer anderen Kunstfigur, die man wohl oder übel als »Erzähler« bezeichnen muß. Der Erzähler verspricht, und hält das auch, bei Niederschrift des Geschehens: alle Wirklichkeit oder Scheinwirklichkeit in Fiktion zu verwandeln.
Zu diesem dritten, als »Roman« zu bezeichnenden Buch Uwe Johnsons (dem vierten seiner größeren Erzählbücher, wenn man das zu Lebzeiten des Autors ungedruckt gebliebene Manuskript »Ingrid Babendererde« mitrechnet) gibt es eine spätere, wichtige Stelle im vierten Band der »Jahrestage«, der 1983 heraus-

kam. »Aus dem Leben von Gesine Cresspahl« lautet jedesmal der Untertitel. Keine Tetralogie, sondern ein einziges Erzählwerk von insgesamt 1891 Seiten. Uwe Johnson wiederholte immer wieder in der Öffentlichkeit und auch im Gespräch, die »Jahrestage« seien als fortlaufende Erzählung zu verstehen: als private Chronik der Romanfigur wie als Chronik des Weltgeschehens zwischen dem 21. August 1967, einem Montag, und dem 19. August 1968, einem Montag.

Die Stelle findet sich auf den Seiten 1821/22 der »Jahrestage«, im vierten Band also. Hier wird vom Erzähler vieles ineinandergeschoben. Wichtige Elemente aus »Ingrid Babendererde«, diesem Schülerroman aus den frühen fünfziger Jahren, sind übernommen, nunmehr als Erinnerungsarbeit, als Bericht der jetzt fünfunddreißigjährigen Gesine Cresspahl, die vor einer Entscheidung steht zwischen Leben und Tod. Sie berichtet der elfjährigen Tochter Marie während eines Fluges nahezu über die ganzen Vereinigten Staaten: New York, Chicago, San Francisco, New Orleans, zurück nach New York. Erinnerung an ein Damals: als die Schülerin Cresspahl in Güstrow, wie es diesmal ausdrücklich genannt wird, mithin nicht in dem »Gneez« der Erzählung, mit anderen Abiturienten das Barlach-Museum besuchte. Die gesellschaftskritischen Bemerkungen der Lehrerin-Denunziantin ließen sie abrieseln. Sie wollten das Abitur bestehen. Schnöde heißt es: »Wir logen wie gedruckt; wir arbeiteten für das Abitur.«

Dann heißt es weiter: »Seit dem Besuch in Barlachs Haus am Inselsee von Güstrow hatten die Schülerin-

nen Gantlik und Cresspahl eine Verabredung miteinander, eine Heimlichkeit. Beide waren beiseite getreten von der kunstkritischen Unterweisung durch die Fachkraft Selbich, fanden einander auf dem Kamm des Heidberges, wo ein Abhang sich öffnet. Güstrower Kindern wohlbekannt als Schlittenbahn, auch dem Auge freien Weg öffnend über die Insel im See und das hinter dem Wasser sanft ansteigende Land, besetzt mit sparsamen Kulissen aus Bäumen und Dächern, leuchtend, da die Sonne gerade düstere Regenwolken hat verdrängen können: welch Anblick mir möge gegenwärtig sein in der Stunde meines.«
Da fehlt ein Wort: in der Stunde meines Todes oder Sterbens wird es wohl heißen müssen. So heißt es aber im Augenblick noch nicht. Vier zornige und *kursiv* gesetzte Zeilen stellen sich dem üblich gedruckten Text entgegen. »Es ist uns schnuppe, ob dir das zu deftig beladen ist, Genosse Schriftsteller! Du schreibst das hin! Wir können auch heute noch aufhören mit deinem Buch. Dir sollte erfindlich sein, wie wir uns etwas vorgenommen haben für den Tod.«
Dann erst sind die ruhigen Drucktypen der eigentlichen Erzählung wieder zugelassen. Nun kommt das Wort, das gefehlt hatte: »Sterbens«. Der Satz heißt nunmehr: »welch Anblick mir möge gegenwärtig sein in der Stunde meines Sterbens«.
Abermals ein Gespräch zwischen Gesine Cresspahl und ihrem Aufschreiber, den sie durchaus nicht boshaft, sondern eher liebevoll meistens als »Genosse Schriftsteller« anzureden pflegt. Aber dieser Genosse Schriftsteller ist *gleichfalls eine von Uwe Johnson erschaffene Kunstfigur*. Die Rollen, die ihm zugedacht

sind, wechseln blitzschnell und unaufhörlich. Mal rekonstruiert er wortgetreu die Gespräche zwischen Mutter und Tochter. Gelegentlich läßt Gesine erkennen, daß man sich unterhält, während ein Tonband abläuft, das alles aufzunehmen hat. Manchmal erklärt Gesine selbst, ersichtlich aus der Rolle fallend, sie habe Stimmen der Toten gehört, müsse und könne nun mitteilen, was man ihr sagte. Das sind Augenblicke, wo Gesine selbst nicht mehr aus eigener Erinnerung berichten kann, was sie als Kind erlebt oder was ihr Vater Heinrich Cresspahl erzählt haben mochte. Sondern: Vergangenes, das vielleicht Cresspahl selbst einmal von Älteren erfuhr. Aber vielleicht waren es in der Tat auch Stimmen der Toten, die im Traum einer Mecklenburgerin sprachen, die in New York lebt, an der Oberen Westseite, im Anblick des Flusses Hudson, was keine wirklich erstklassige Gegend bedeutet.
An dieser Stelle aber, vielleicht einzig an dieser Stelle, da es gleichsam pathetisch wird und vom lektorierenden Erzähler sogleich heruntergespielt werden soll, ist plötzlich mehr zu spüren als an anderen Stellen, wo sich die Kunstfigur Gesine Cresspahl unterhält mit der Kunstfigur des Genossen Schriftsteller. Hier spricht, schamhaft und undeutlich, sich gleichsam wehrend gegen irgendein Bekenntnis, das man »dem Autor« zuschreiben könnte, der Mecklenburger Uwe Johnson. *Es sind Abschiedsgedanken und Todesgedanken.* Das ist anders als bei einer eher lustigen früheren Episode der »Jahrestage«, wo Gesine Cresspahl, literarisch interessiert seit ihrer Kindheit, eine Dichterlesung besucht. Dort ist eine Lesung des deutschen Schriftstellers Uwe Johnson angekündigt. Man

kommt ins Gespräch miteinander: Mrs. Cresspahl und Uwe Johnson. Man scheint sich (und einander) zu kennen. Wieder gibt es einen blitzschnellen Dialog zwischen dem Erzähler, der hier mit Namen genannt wird, und der erzählten Figur, um deren Leben es sich immerhin handelt. Gesine will wissen, *wer hier eigentlich erzähle*. Der Schriftsteller antwortet begütigend: »Wir beide, Gesine.«

Abermals: hier auf der Seite 1822 ist es anders. Es wird ein Bekenntnis abgelegt: zu den Ursprüngen, zur Landschaft, zur Erinnerung. Es ist ein Glaubensbekenntnis. Sechs Seiten später, auf der Seite 1828, folgt noch einmal ein Bekenntnis, abgegeben von Gesine, doch schmerzlich zu verstehen als Credo des Schriftstellers Uwe Johnson. Die Tochter möchte wissen, ob sie später die Universität besuchen sollte. Gesine antwortet: »Wenn du lernen möchtest, eine Sache anzusehen auf alle ihre Ecken und Kanten, und wie sie mit anderen zusammenhängt, oder auch nur einen Gedanken, damit du gleichzeitig und auswendig verknoten und sortieren kannst in deinem Kopf. Wenn du dein Gedächtnis erziehen willst, bis es die Gewalt an sich nimmt über was du denkst und erinnerst und vergessen wünschtest. Wenn dir gelegen ist, eine Empfindlichkeit gegen Schmerz zu vermehren. Wenn du arbeiten möchtest mit dem Kopf.«

Auch dies ist ein Bekenntnis: nicht der Erzählerfigur, sondern des Autors Uwe Johnson. »Wenn dir gelegen ist, eine Empfindlichkeit gegen Schmerz zu vermehren.« Immer wieder mischt sich der Autor ein, tritt vor den vorgeschobenen epischen Berichterstatter: etwa wenn sich Gesine darüber freut, daß die wißbegierige

Marie alle brav chronologisch fortschreitende Erzählung mißbilligt. Die elfjährige Marie wünscht die Brechung, die Brüche, die Widersprüche: im Geschehen wie in den Menschen.

Seinen Frankfurter Vorlesungen zur Poetik gab Johnson die Überschrift »Begleitumstände«. Er berichtete von seinem Leben und versuchte den studentischen Hörern mitzuteilen, wodurch die einzelnen Arbeiten des Schriftstellers Uwe Johnson entstanden sein könnten. Geographisches, Politisches, Erfahrungen mit Menschen und Zuständen. Alle »Begleitumstände« aber sollte man gleichfalls verstehen im Sinne jener Schlußbemerkung aus den »Zwei Ansichten«: »Aber das müssen Sie alles erfinden, was Sie schreiben! sagte sie.«
Uwe Johnson hat von jeher die Mystifikation geliebt und die List, bisweilen auch in boshafter Weise. Auch dem möglichen und künftigen Leser gegenüber ist er listig und boshaft. Er verschweigt ebensogut, wie er berichtet. Dennoch: *eine Handvoll Gestalten* muß sein kurzes Leben beherrscht haben. Auch hier stimmt die schnöde Diagnose des Autors *Jean-Paul Sartre*, der immer wieder einmal in den »Jahrestagen« genannt und auch reflektiert wird. Sartre hatte in seinem Kindheitsbericht »Die Wörter« bündig erklärt: mit den toten Autoren sei gut fertig zu werden. Man kenne schließlich ihre Werke, wisse auch Bescheid über die Art, wie der Autor ums Leben kam.
Uwe Johnson hat, eingerechnet die »Ingrid Babendererde«, fünf große Erzählwerke hinterlassen. Daneben kleine Erzählungen, Kalendergeschichten nach

Brecht, Dokumentarisches, Features, Nachrufe. Auch »Charakteristiken und Kritiken«, wie das die Brüder Schlegel zu nennen pflegten. Kein schwacher Text ist darunter, wie es scheint.
Dennoch gibt es – unverkennbar – eine *Zweiteilung* bei den romanhaft angelegten Werken. Die »Mutmassungen über Jakob« werden noch als Roman bezeichnet. »Ingrid Babendererde« bekam den Untertitel »Reifeprüfung 1953«. Warum lehnte Uwe Johnson, als er bereits ein namhafter Autor war, es ausdrücklich ab, jenes erste Erzählwerk, diese Schülergeschichte aus Windisch Burg, mit den beiden Figuren der Ingrid Babendererde und des Klaus Niebuhr, nachträglich drucken zu lassen? Wer die »Jahrestage« liest, den vierten Band vor allem, wird den Grund verstehen. Die wesentlichen und nach wie vor vom Autor akzeptierten Episoden wurden eingebaut in die Geschichte vom Leben der Gesine Cresspahl, ihrer Eltern und Großeltern und ihres brüderlichen Freundes und späteren Geliebten Jakob Abs, des Vaters der nunmehr zehn-, dann elfjährigen Marie Cresspahl.
Seinen zweiten gedruckten Roman, »Das dritte Buch über Achim«, hielt Johnson selbst, als Autor der ungedruckten »Ingrid Babendererde« für sein eigenes *drittes* Buch. Der »Achim« bleibt fern vom mecklenburgischen Umkreis und von Jugenderfahrungen des Autors. Im Grunde gehört nur die Figur des westdeutschen Journalisten *Karsch*, der in Leipzig sein Buch schreiben möchte über den berühmten Radrennfahrer Achim, zu jenem Personenkreis, der stets bei Johnson vorhanden ist. Einer Sammlung kleiner Prosa gab Johnson im Jahre 1964, also gleich nach Erscheinen

des Achim-Buches, die Überschrift »Karsch und andere Prosa«. Im Jahre 1964 war Johnson in West-Berlin eine Zeitlang Fernsehkritiker des »Tagesspiegel«. Er schrieb ausschließlich über Sendungen des DDR-Fernsehens. Einer der Lizenzträger des »Tagesspiegel« war übrigens Walter Karsch.

Auch die »Zwei Ansichten« (1965) gehören nicht eigentlich zum Lebensthema. Die Liebesgeschichte, die schließlich gar keine war, zwischen dem jungen westdeutschen Herrn B. und der Krankenschwester D. verarbeitete Lebensmaterial des Autors. Einige Episoden aus den »Zwei Ansichten« werden gelegentlich zitiert in den »Jahrestagen«. Dennoch wirkt der Bericht über Achim, den Johnson, kurz nach Vollendung des Buches, als »Bericht eines Berichtes« charakterisierte, ebenso wie die »uneigentliche« Liebesgeschichte zwischen B. und D. gleichsam zufällig, überschaut man das Gesamtwerk.

Notwendig hingegen sind die Geschichten, die mit Ingrid Babendererde zu tun haben und ihrem gescheiterten Schulabschluß; sind die Mutmaßungen über den Tod des Jakob Abs; sind alle Reflexionen und Erinnerungen aus den Jahren 1967 und 1968, als es den Krieg in Vietnam gab, den sogenannten Prager Frühling und schließlich die gemeinsame brüderliche Anstrengung der Panzerfahrer aus Ost-Berlin und Moskau, Budapest und Sofia und Warschau: den Sozialismus zu retten und die Breschnew-Doktrin.

Die Geschichte der Ingrid Babendererde läuft ab am Vorabend des 17. Juni 1953. Als Teil von Gesines Lebensgeschichte wird die Konstellation im letzten Band der »Jahrestage« erneut berichtet. Alle Mutmaßungen über den Tod Jakobs, ob es ein Unfall war, wer daran schuld sein könnte, oder ein Todesentschluß des Jakob oder ein Mord, von wem auch immer, sind undenkbar ohne das Umfeld des ungarischen Aufstandes vom Oktober/November 1956. Die »Jahrestage« schließlich setzen als Begleitumstände alle Ereignisse von 1967/68 voraus.

Alle Begleitumstände? Es fällt auf, daß der Erzähler der »Jahrestage« keinerlei Material verwendet, das mit den Jugend- und Studentenbewegungen dieses Jahres 1968 zu tun hätte. Auch bei allen übrigens genau ausgewählten Berichten über das amerikanische Leben zwischen dem August 1967 und dem August 1968 bleiben die Aktionen amerikanischer »Studenten für eine Demokratische Gesellschaft« (SDS) nahezu pedantisch ausgespart.

Uwe Johnson begann mit der Planung und ersten Niederschrift seines Buches im Jahre 1968. Fünfzehn Jahre Arbeit, denn der vierte Band konnte erst im Jahre 1983 erscheinen, ein paar Monate vor Johnsons Tod. Aber waren es wirklich fünfzehn Jahre Arbeit? Dazwischen lagen, fast zehn Jahre lang, jene »Begleitumstände« des Nichtschreibens, die Johnson in den Frankfurter Vorlesungen andeutete, als er noch nicht sicher war, nach Abschluß von drei Bänden, den vierten Band, die Zeit zwischen dem Juli und August 1968, wirklich niederschreiben zu können.

Die »Jahrestage« gehören also, hält man sich an die Jahre der Publikation, in den Kontext der siebziger und der frühen achtziger Jahre. *Sie sind aber ein Buch vom Jahre 1968.* Nicht allein durch das Zeitgeschehen jener Jahre: vom Sommer der Hoffnung zum Sommer des Abschieds und der Trauer. Dies große Buch, unvergleichbar mit allen anderen Erzählbüchern deutscher Sprache seit dem Jahre 1945, weist eine erstaunliche Ähnlichkeit auf, vermutlich ohne Wissen des Autors Uwe Johnson, mit einigen anderen bedeutenden Romanen unseres Jahrhunderts: mit *Proust*, mit *Musil*, mit *James Joyce*. Es ist durchaus nicht verfehlt, ein Buch wie »Mutmaßungen über Jakob«, dessen Ereignisse in jedem Augenblick vom Erzähler der »Jahrestage« beim Leser vorausgesetzt werden, zu vergleichen mit Robert Musils frühen »Verwirrungen des Zöglings Törless«: als Vorstufe zum späteren »Mann ohne Eigenschaften«. Beim Wiederlesen des »Törless« fällt auf, daß Robert Musil hier bereits auf ein Weitererzählen anspielt. Es ist der Weg von Törless zu Ulrich, dem Mann ohne Eigenschaften.

Die Erzähler- und Romanfigur Marcel in Marcel Prousts großem Erinnerungswerk von der verlorenen Zeit setzt die frühe Geschichte eines »Jean Santeuil« voraus. Der »Ulysses« von Joyce setzt nicht allein für den Erzähler selbst voraus, daß es bereits die Geschichte des »Heros« Stephen Dädalus gegeben hat.

Auch für Uwe Johnson hat sich vermutlich die Lebenserfahrung großer Epiker wiederholt, *daß es die Figuren sind, die am Schluß entscheiden, was zu berichten sei und was nicht*. Auf die Frage, ob der Autor des »Mann ohne Eigenschaften« ursprünglich daran gedacht habe, die enge seelisch-geistige Verbindung zwischen den Geschwistern Ulrich und Agathe bis zum Inzest zu führen, hatte Musil geantwortet: »Die Gestalten wollen es nicht.«

Auch alle Dispute zwischen Gesine Cresspahl und

dem Genossen Schriftsteller wird man in ähnlicher Weise deuten müssen.

Exkurs: Bei Erscheinen des ersten Bandes der »Jahrestage« (1970)

Auf nahezu 500 Seiten wird »Aus dem Leben von Gesine Cresspahl« berichtet. Vor die erste Textseite stellt der Autor die Mitteilung: »Jahrestage August 1967 – Dezember 1967«. Dem entspricht, am Schluß des Buches, abermals ein Hinweis: »Der nächste Teil dieses Buches beginnt mit dem Kapitel für den 29. Dezember 1967.«

Was soviel besagen will wie: Fortsetzung folgt. Ein Doppelroman kündigt sich an, vielleicht gar eine Trilogie. Aber Gesine Cresspahl ist kein biblischer Joseph, dessen Geschichte ausführlich berichtet werden mußte, weil der Sohn des Jakob und der Rahel ungewöhnlich genannt werden durfte: hübsch und schön und klug. Es wäre bei Uwe Johnsons umfangreichem Erzählbuch – einer ungewöhnlichen literarischen Leistung, die es zuläßt, daß Vergleiche bemüht werden aus hoher Sphäre der Schriftstellerei – eher an ein Gegenstück zu den »Buddenbrooks« zu denken als zu Thomas Manns biblischer Tetralogie.

Man hat es zu tun mit »Jahrestagen« aus einer Familiengeschichte. Gesine Cresspahl, Tochter des Kunsttischlers Heinrich Cresspahl, geboren 1933 im mecklenburgischen Jerichow, kam 1961 mit ihrer kleinen Tochter Marie, geboren 1957, nach New York. Sie hatte vorher in Düsseldorf gelebt, aber den Entschluß

gefaßt, Deutschland und Europa zu verlassen. Vermutlich hing dieser Entschluß mit dem jähen und ungeklärten Tod von Jakob Abs zusammen, dem Vater der kleinen Marie. Jakob war auf den Eisenbahngleisen im Jahr 1956 ums Leben gekommen. Das erfährt man freilich nicht aus dem Buch »Jahrestage«, wo die Existenz von Jakob ohne weitere Erklärung als bekannt vorausgesetzt wird. Leser von Uwe Johnsons Buch »Mutmassungen über Jakob« sind bei der Lektüre im Vorteil. Ihnen sind Heinrich und Gesine Cresspahl bereits vertraut. Auch wissen sie, daß ungeklärt blieb, ob Jakob damals aus Fahrlässigkeit zu Tode kam oder als Opfer eines politischen Attentats oder als Selbstmörder.
Wie immer: Gesine Cresspahl übernahm drei Jahre nach der Einwanderung (1964) einen Posten bei einer großen Bank, den sie – vermutlich – erfolgreich und mit Aussichten auf weiteren Aufstieg ausfüllt. Was sie dort zu tun hat, wird vom Erzähler nur unscharf berichtet. Die kleine Marie konnte nicht Englisch bei der Ankunft, sperrte sich gegen Land, Stadt und Sprache. Inzwischen fühlt sie sich als Kind der Oberen Westseite von Manhattan, beherrscht den Akzent aus der Gegend des Riverside Drive, hat bisweilen ein wenig gerührte Verachtung für das bemühte und fleißige Schulenglisch ihrer Mutter.
Gesine Cresspahl aber, Tochter des Heinrich und Mutter der Marie, ist vorerst nicht viel mehr als bloßer Zuordnungspunkt der Geschichte, die weitgehend Familiengeschichte ist, so daß das »Leben von Gesine Cresspahl«, im Untertitel des Buches deutlich herausgestellt, für den epischen Bericht kaum eigene Rele-

vanz zu besitzen scheint. Bei allen Aussagen des Autors, die scheinbare Hauptheldin betreffend, waltet abermals eine Unschärferelation. Klar hervor treten in dieser Familiengeschichte hingegen Großvater und Enkelin. Auf sie hin, nicht auf Gesine Cresspahl, wurde das Buch von seinem Erzähler angelegt. Es sind – vorerst – Jahrestage aus dem Leben des Heinrich Cresspahl und der fast zehnjährigen Marie.
Dem entspricht die geographische Situierung des Buches: Jerichow in Mecklenburg und die Oberstadt von New York. Die Zeitstruktur hält sich gleichfalls an diesen Grundriß. Die Berichte aus Heinrich Cresspahls Welt umfassen den Zeitraum August 1931 bis Weihnachten 1935. Wie der Tischler Cresspahl, der in Richmond bei London ein gutes Auskommen gefunden hatte, bei einem Besuch in der Heimat die Tochter Lisbeth vom reichen Papenbrock kennenlernt, auch heiratet, obwohl ihm nicht bloß der künftige Schwager und SA-Mann Horst mißfällt; wie er seine Frau nach England mitnimmt, dann aber mit ihr zurückkehrt, weil das Kind in Deutschland zur Welt kommen soll, schließlich nicht verhindern kann, daß man mit dem Kind, der kleinen Gesine, in Jerichow bleiben muß. Inzwischen berief der deutsche Reichspräsident Paul von Hindenburg einen Reichskanzler mit Namen Adolf Hitler. Gesines Leben beginnt mit dem Anbruch des Dritten Reiches.
Die zweite Ebene eines Zeitablaufs schaffen die Jahrestage August bis Dezember 1967. Sie bedeuten gleichzeitig Lebenszeit und Berichtszeit. Gesine und Marie leben irgendwo oben in einem New Yorker Hochhaus, der »gefärbte« (so übersetzt Johnson iro-

nischerweise das Wort coloured) Mister Robinson bedient den Fahrstuhl. Bei Abschluß des ersten Bandes hat man bloß noch wenige Tage bis Weihnachten. Im Büro herrscht Ferienstimmung, auch im Hause.
In diesen Herbstmonaten des Jahres 1967 erleben Mutter und Tochter den Alltag von New York und endlose Erzählungen über Heinrich Cresspahl zwischen 1931 und 1935. Die Erzählsituation erwartet vom Leser das Einverständnis damit, daß die Mutter der Tochter ausführlich eine alltägliche Geschichte erzählt: »Wie der Großvater die Großmutter nahm.« Allein der Leser merkt bald, daß mehr erzählt wird als mecklenburgischer Alltag von damals. Aus diesem Alltag und seinen Alltäglichkeiten mit Tierärzten und Fleischern, Tischlern und Innungsleuten, adeligen Gutsherrn und klobigen Frühnazis, von Kommunisten und Sozialdemokraten und – sogar – Halbjuden *entsteht die Welt, die den Reichskanzler Hitler möglich machte.* Das Leben der Gesine Cresspahl, auch wenn daraus vorerst nicht allzu viele bemerkenswerte Ereignisse mitgeteilt werden, die »buchenswert« genannt werden könnten, ist die Geschichte einer deutschen Frau, deren Lebenslauf zusammenfiel mit Hitlerherrschaft, Krieg und Nachkrieg. Bedeutsam also, trotz aller Unschärfe der Einzelheiten, eben hierdurch.
Um so mehr, als jener Alltag von Jerichow und Deutschland und Europa »in jenen Jahren« höchst kunstvoll kontrastiert wird mit Berichten aus dem New Yorker und vom amerikanischen Alltag des Jahres 1967. Johnson macht nicht den leisesten Versuch, Analogien zu bemühen zwischen Drittem Reich und Vietnamkrieg; freilich verhindert er nicht, daß der

Leser, wobei ihm die Raum- und Zeitanordnung des Buches helfen kann, die beiden epischen Komplexe inhaltlich zueinander in Beziehung setzt. Dabei hilft ihm eine erstaunliche Romanfigur. Scharf konturiert sind, wie gesagt, nur Heinrich und Marie: Objekt und Adressat der Erzählung. Interessante Nebenfiguren im Leben der Gesine Cresspahl: ein Mann namens D. E., der Journalist Karsch, den Lesern Uwe Johnsons gleichfalls gut bekannt, die Leute vom Riverside Drive, Boss und Büro, dazu die Mecklenburger. Zu ihnen gesellt sich, von Gesine und Marie als würdige ältere Dame aus den Vereinigten Staaten imaginiert, als zusätzliche und wichtige Kunstfigur *die mächtige »New York Times«*. Nicht die geringste Originalität dieses Romans liegt darin, daß hier ein Kind und eine »Juristische Person« wesentliche epische Aufgaben übernommen haben. Beide mit einer besonderen Diktion, die Bestandteil eines dichten Sprachkunstwerks werden muß: die kindlich-raffinierte Denk- und Sprechweise der kleinen Marie und – nun eben – die unverwechselbare Stilistik der »alten Dame« vom Times Square.

Deren Art der Berichterstattung und Maries aufgeweckte Beobachtungen der amerikanischen Realität sind nicht bloß als kontrastierende Interpretationen verstanden, sondern als Versuch eines Erzählers, das moderne New York und Amerika zu deuten. An einer Stelle des Buches, wo der Autor Johnson die Beziehungen zwischen Gedächtnis, Erinnerung und Vergegenwärtigung durch Geschriebenes untersucht, mithin über das Erzählen meditiert, glaubt er festzustellen: »Daß das Gedächtnis das Vergangene doch fassen könnte in die Formen, mit denen wir die Wirklichkeit einteilen! Aber der vielbödige Raster aus Erdzeit und Kausalität und Chronologie und Logik, zum Denken benutzt, wird nicht bedient vom Hirn, wo es des Gewesenen gedenkt.« Er folgert daraus, für seine Arbeit: »Das Stück Vergangenheit, Eigentum durch Anwesenheit, bleibt versteckt in einem Geheimnis, verschlossen gegen Ali Babas Parole, abweisend, unnahbar, stumm und verlockend wie eine mächtige graue Katze hinter Fensterscheiben, sehr tief von unten gesehen wie mit Kinderaugen.«

Tief von unten gesehen wie mit Kinderaugen. Bei Günter Grass war es gleichfalls der Blick von unten: ein zwergartiges Monstrum beschaute seine Umwelt. Johnson wählt den Kontrast zwischen Marie und der Tante Zeitung. Erzähler Johnson und Kind Marie übertragen sich die berichteten Alltagsvorgänge in ihre Vorstellungswelt. Das ergibt immer wieder erstaunliche Pointen, etwa am Jahrestag des 11. Dezember 1967: »Aus der ›New York Times‹ von heute hat Marie drei Bilder geschnitten und wird sie aufbewahren: das eine, von der Titelseite, bringt uns ins Haus die heitere Witwe des Präsidenten Kennedy, weil sie im Hotel Plaza für die Partei der Demokraten essen ging.«

Durch solche Kunstgriffe wird noch etwas anderes bewirkt. Johnson arbeitet auch diesmal mit äußerster Sorgfalt an den Einzelheiten des Alltags, die er berichtet. Es gibt kaum ein anderes Buch eines Nichtamerikaners, das dies Manhattan zwischen Hudson und East River so genau mitteilte. Jene Seiten über die nächtlichen Telefonierer in New York, über die Unter-

grundbahn, das Fährboot zur Freiheitsstatue, über New Yorker Briefkästen oder die Untaten des »gefärbten« Kindes Edmondo im Kindergarten wirken evident. Trotzdem fiele einer auf diesen Erzähler herein, der nach der Lektüre der »Jahrestage« eine Fortsetzung des realistischen Erzählens von einst konstatieren möchte. Im Gegenteil bewirkt Johnson mit äußerster Genauigkeit, daß die amerikanische Wirklichkeit dem Leser immer unwirklicher vorkommt. Sprachlich jonglierend, gleich der kleinen Marie, zwischen Plattdeutsch, Hochdeutsch und Amerikanisch, erreicht er, daß die amerikanischen Menschen und ihre Geschichte, ihres sprachlichen Kontextes beraubt, ganz unvertraut erscheinen müssen. Die Übertragung amerikanischer Zustände in deutsche erzählende Prosa bewirkt nicht Nähe, sondern Entfernung.
Nicht anders geht es zu im Verhältnis zwischen dem Autor und dem Städtchen Jerichow. Die Barden des Dritten Reiches verstanden Blut als Rasse, Boden als Scholle, beides zusammen als plakative Verwurzelung. Johnsons Figuren jedoch sind allesamt, nicht erst in diesem Buch, *insgeheim Entwurzelte.* Heinrich Cresspahl lebt als Entwurzelter in Jerichow, Gesine nicht minder in New York. Entwurzelt, ohne daß damit irgend etwas Abwertendes gesagt würde, sind auch die Nebenfiguren. Daß sämtliche Amerikaner, die gelegentlich auftauchen, in ihrem eigenen Land gleichfalls im Widerstreit leben zwischen Individualität und Umwelt, macht dies Buch, das bei Hitler ansetzt und bis Vietnam kam, zu einer paradigmatischen Schöpfung.
Wer erzählt? Im Herbst 1967 geht Gesine Cresspahl in

New York zu einem Vortrag des deutschen Schriftstellers Uwe Johnson. Der Autor spricht auf Einladung einer jüdischen Organisation. Der Abend wird für ihn zu einem Mißerfolg. Man versteht nicht und will ihn auch nicht verstehen. Gesine lernt damit »ihren« Autor kennen. Sie kennt ihre Geschichte, aber Johnson kennt das Leben der Gesine Cresspahl auch als seine eigene Geschichte. Wer da erzählt? Der Autor sagt es zu seiner Kunstfigur: »Wir beide, Gesine.«

In dem Buch »Mutmassungen über Jakob« bezogen sich die letzten Sätze auf Gesine Cresspahl. Das letzte Wort dieses ersten Bandes der »Jahrestage« heißt »Jakob«.

Fast 500 Seiten, und doch nur ein erster Band. Wer endgültig urteilen möchte, muß warten können. Uwe Johnson arbeitet langsam, doch unbeirrt. In Robert Schumanns »Carnaval« stürzen sich die avantgardistischen jungen Musiker auf die ästhetischen Philister, die aufziehen mit dem schönen Lied »und als der Großvater die Großmutter nahm...«. Musikalisch zerstört man ihnen die Spießbürgerhymne, stampft sie in den Boden. Die literarischen Avantgardisten mögen gleichfalls höhnen: hier werde von Großvätern und Enkelinnen erzählt, vom bloß privaten, vom kleinen Leid und Alltag. Nicht einmal ein Schriftsteller ist Held dieses Romans, der einen Roman schreiben möchte, um festzustellen: es geht nicht mehr. Diese Technik ist Uwe Johnson nicht unbekannt. Das »Dritte Buch über Achim«, das Journalist Karsch schreiben wollte, blieb ungeschrieben.

Wenn es bei Bewertung von bedeutender Literatur

auf Sprachkraft ankommt und Sorgfalt der Konstruktion, auf Kenntnis von Dingen und Menschen, literarische Bildung, Humor und Empfindungskraft: dann sind die »Jahrestage« von Uwe Johnson, soweit dieser erste Band gemeint ist, ein bedeutendes Buch. Die wenigen Sätze etwa, wie Mutter und Tochter spielerisch ihre Kindheitsgeschichten miteinander vergleichen, bis Gesine plötzlich erinnert, daß Marie niemals an der Hand und mit dem Rat ihres Vaters die Welt entdecken wird, denn Jakob ist tot, sind nur vergleichbar einigen großen Augenblicken bei Gottfried Keller und Fontane, die Leid bedeuten. Allein Uwe Johnson weiß außerdem, daß das Leid seiner Menschen nicht mehr vergleichbar ist dem Traurigen, das Keller oder Fontane berichten mußten.

Der vierte Band der »Jahrestage«

Auf den ersten Band (1970) folgte planmäßig im Jahre 1971 das zweite Buch mit Geschichten aus dem Leben der Gesine Cresspahl. In diesem Jahr 1971 erhielt Uwe Johnson den wichtigsten deutschen Literaturpreis, der in Georg Büchners Namen verliehen wird. Zwei Jahre später (1973) wurde der dritte Band veröffentlicht.
Dann begann die im Grunde nach wie vor rätselhafte Zäsur eines Jahrzehnts. Liest man den im Jahre 1983 erschienenen vierten Band, so läßt sich für einen mit Johnsons Arbeitsweise vertrauten Leser einigermaßen genau feststellen, wie weit die Arbeit an diesem Schlußteil zwischen 1973 und 1975 bereits vorgeschritten war, als jene Unterbrechung erfolgte, von der

der Verfasser in seinen »Begleitumständen«, wenngleich bloß andeutungsweise, gesprochen hat.
Die »Schreibhemmung«, wie Johnson es nannte, *betraf ausschließlich die Weiterarbeit an den »Jahrestagen«*. Johnson hat nach wie vor sehr gute Gelegenheitsarbeiten in jener Zeit verfaßt. Übrigens auch im Jahre 1981 und als Beitrag für eine Festschrift zum 70. Geburtstag von *Max Frisch*, eine »Skizze eines Verunglückten«, die man, wahrscheinlich mit Recht, als eine fingierte, doch mit Lebensmaterial arbeitende Studie über den eigenen Zustand verstehen konnte.
Daß jene geheime Inhibition, zu deuten als Fluch eines unschöpferischen Dahinlebens, gerade und ausgerechnet den erhofften Abschluß der »Jahrestage« betraf, hängt mit vielerlei zusammen: mit der Lebensgeschichte Uwe Johnsons in jenen Jahren wie mit den geschichtlichen Konstellationen in der damaligen Welt. Der Plan des Geschehens in dem großen Romanprojekt hatte vorgesehen, daß Gesine Cresspahl, in New York inzwischen aufgerückt zur vertrauten Mitarbeiterin eines Weltbankiers mit Namen de Rosny, einen Geheimauftrag der Bank ausführen soll. Sie scheidet aus in New York, gibt ihre Wohnung auf an der Oberen Westseite, bereitet sich vor, mit der nunmehr elfjährigen Tochter Marie auf Umwegen, vielleicht mit neuen Identitätspapieren, nach Prag zu reisen. Dort ist alles in politischer und sozialer Gärung. Prager Frühling hat man es später genannt. Abermals große Hoffnungen und Erwartungen. Auch der amerikanische Kapitalismus zeigt sich hoffnungs- und erwartungsvoll. De Rosny möchte als erster den Tschechen und Slowaken einen riesigen Kredit anbieten.

Dann wird man weiter sehen. Frau Cresspahl ist geeignet für diese Mission. Sie wuchs auf in der DDR, war damals und auch später in der Tschechoslowakei, ist sprachgewandt. Russisch hat sie in der Schule gelernt und hat sich im Tschechischen ein bißchen eingeübt. Sie soll als geheime Missionarin zur Stelle sein. Wenn es soweit ist.

Als Uwe Johnson, wohl Ende 1968, mit der Arbeit an den »Jahrestagen« begann, wußte er, wie alles ausgehen sollte. Auch hier wieder jene merkwürdige Parallele zu *Robert Musil* und zum »Mann ohne Eigenschaften«. Robert Musil wußte, als er gegen Ende der zwanziger Jahre mit der Niederschrift seines Hauptwerkes begann, wie die kaiserlich-königliche, die österreichisch-ungarische, die habsburgische, die kakanische Welt seines Romans zu Ende gegangen war. Das große Erzählwerk blieb Fragment. Doch war für Musil niemals zweifelhaft, daß die Geschichte enden mußte mit Ausbruch des Weltkrieges von 1914.

Auch Uwe Johnson hatte die »Jahrestage« dahin angelegt, daß Gesine mit der Tochter Marie, nachdem man im August 1968 einen Umweg über Dänemark beschlossen hatte vor der Weiterreise nach Prag, von den Ereignissen des 21. August überrascht wurde. Brüderliche Hilfe der Sowjetunion und der Ostblockstaaten, sprich Panzer.

Die Schlußseiten der »Jahrestage« waren offenbar schon niedergeschrieben, als die große Lebenszäsur eintrat. Johnson hat während der Unterbrechung häufig bei Lesungen gerade diesen Schluß vorgetragen. Was er nicht vermutet hatte oder erwarten konnte, hing nun mit der Tschechoslowakei auch in einem

höchst persönlichen Sinne zusammen. Das hatte aufgehört, ein Thema der Zeitgeschichte zu sein. Es wurde Lebensgeschichte. Damit hing zusammen, wie man vermuten kann, daß entscheidende Figuren des Romans eine ganze und qualvolle Weile lang dem Autor abhanden kamen. Vor allem Gesine und Marie Cresspahl. Man mußte sie, geduldig wartend, mit dem Bewußtsein eines »Verunglückten«, langsam wieder zurückholen. Daß diese schöpferische Leistung gelang, gehört nicht bloß als subjektives Element, sondern als Ausdruck großer Schöpferkraft und Handwerklichkeit zum besonderen Reiz dieses vierten und letzten Bandes.
Im Verlauf eines zehnjährigen Arbeitsprozesses verspürt man, nun da das Gesamtwerk vorliegt, die immer stärker sich ausdrückende Härte des Urteils über Menschen und Weltereignisse. Der erste Band wirkt, vom letzten her gesehen, noch konziliant. Die amerikanische Welt des Romans scheint noch nicht vergiftet von den Krankheitsherden und Metastasen des Krieges in Vietnam. Aber bereits im dritten Band wird unter dem 15. Mai 1968 über die Freude einer jüdischen Emigrantin reflektiert, der Mrs. Ferwalter, die nun endlich amerikanische Bürgerin werden konnte: »Sollen wir ihr die Freude verderben und widersprechen? Sollen wir sie stehen lassen, weil sie in die Bürgerschaft eines Landes gegangen ist, das ein anderes in Südostasien ausrotten will?« Schrecklicher, weil vom Leser vorerst unerwartet, sind auch die Schilderungen vom Tode der Mutter Cresspahl, jener Lisbeth aus dem gierig-reichen und nazistischen Elternhaus, das ihr einen Bruder beschert hat, der im Osten, ohne

sonderliche Gemütserregung, beteiligt war am Massenmord. Gesine Cresspahl reflektiert jetzt erst, was sie als Kind nicht ahnen konnte: die Ursachen für den Untergang und frühen Tod der Mutter und für die wachsende Einsamkeit des Vaters Heinrich Cresspahl.

Dann kommen die Russen. Was nun im dritten und vierten Band der »Jahrestage« geschildert wird, läßt sich an Genauigkeit, Härte und mitschwingender Emotion mit keiner anderen Schilderung dieser schlimmsten deutschen Misere zwischen 1944 und 1946 vergleichen. Mit keinem Geschichtsbericht, keiner Dokumentensammlung. Alle damals und seither geschriebenen subjektiven Erlebnisberichte wirken daneben weinerlich und ungenau. Alles war viel schlimmer, wie Johnson nicht »meint«, sondern erzählt. Weil er es an Menschen zu demonstrieren hat. Soviel Niedertracht und Anpassung und Erbarmungslosigkeit. Auch soviel Komik immer wieder bei allem Grauen. Die »Jahrestage« von Uwe Johnson sind *auch* immer wieder ein großer *humoristischer Roman.*

Im dritten Band war die Geschichte der Frau Abs berichtet worden, die mit ihrem kleinen Sohn Jakob auf der Flucht aus Pommern nach Mecklenburg kam und bei Cresspahl bleibt, um den Haushalt zu führen nach Lisbeths Tod. So kommen die Kinder zueinander, der ältere Jakob Abs und Gesine Cresspahl vom Jahrgang 1933. Je mehr das Romangeschehen fortschreitet, um so deutlicher dringt die Romanwelt der »Mutmassungen über Jakob« als integrierender Bestandteil in das Geschehen der »Jahrestage«. Plötzlich ist auch von Jakobs Vater die Rede, dem Verschollenen. Hier spürt man eine große Nähe zum Leben Uwe Johnsons, der kaum Erinnerung hatte an seinen Vater. »In der kleinen Stadt, versteckt an der See, versteckt im Weizen, konnte der Mann sie nicht finden. Er hatte nicht versprochen, den Jungen und sie zu finden. Als er aus dem Wehrmachtsgefängnis Anklam entlassen und an die ostpreußische Front in Marsch gesetzt war, hatte er einen heimlichen Umweg über die Dievenow gemacht, für zwei Stunden in der Nacht auf dem Boninschen Hof, für das mündliche Testament.«

Als die Russen kommen, setzen sie den politisch unbelasteten Heinrich Cresspahl in Jerichow als Bürgermeister ein. Der steht natürlich vor unlösbaren Aufgaben. Einstweilen begünstigen ihn ein paar Offiziere der sowjetischen Militäradministration, dann aber scheint er deutsch-russische Geschäfte zu stören. Plötzlich wird er abgeholt. Das Kind bleibt allein zurück mit der Frau Abs und mit Jakob. Was Gesine darüber zu berichten hat, bedeutet Erziehung zur Einsamkeit und für das Überleben. Jahrelang ist Cresspahl verschwunden. Dem Cresspahl-Kind weicht man aus. Damit will man nichts zu tun haben. Nachträglich erfährt man, daß Cresspahl geschlagen, auf Hungerration gesetzt, immer wieder verhört wird über Denunziationen, die schließlich widerlegt werden können. Plötzlich ist er wieder da, verdreckt und tief verletzt. Nun sitzt er in einer Badewanne, und sein Bauer-Freund Johnny Schlegel gießt immer wieder heißes Wasser nach über den nackten und verdreckten Körper. Der Erzähler hat die Heimkehr nicht geschildert. Da ist jenes Gespräch zwischen Cresspahl und Johnny. Man spricht plattdeutsch und englisch, denn

Cresspahl war ja jahrelang als Tischler im englischen Richmond, aber auch hochdeutsch. In eben dieser Diktion hätte das auch, wo der Erzähler in Bestform war, bei *Wilhelm Raabe* stehen können. Es war sinnvoll, daß Uwe Johnson noch während der großen Unterbrechung, im Jahre 1975, der Wilhelm-Raabe-Preis der Stadt Braunschweig verliehen wurde.
Vor allem der vierte Band aber bestätigt, daß die nach Erscheinen des ersten Bandes geäußerte Vermutung unrichtig war, ein großes Erzählwerk mit dem Untertitel »Aus dem Leben der Gesine Cresspahl« bediene sich der Titelfigur im wesentlichen, um das epische Geschehen, das sie umgibt, gleichsam zu ordnen. Davon kann die Rede nicht sein. Das Erzählgeschehen der vier Bände ist in der Tat zentral auf diese Figur hin angelegt. Der Irrtum mußte dadurch entstehen, daß Gesine im Verlauf des Romans immer älter wird, wodurch auch ihre Berichte über das eigene Leben immer genauer werden können. Zu Beginn mußte sie über Hörensagen, Familiengeschichten, über den Vater, über Jerichow, über Freund und Feind der Familie berichten. Je mehr sie heranwächst, um so deutlicher wird der autobiographische Bericht. Eines freilich bleibt auffallend: die Ereignisse des Jahres 1956 werden nur mit halben Sätzen und Andeutungen in Erinnerung gerufen. Es handelt sich schließlich um den Tod Jakobs, um die Liebesvereinigung Gesine–Jakob bei Jakobs letztem Besuch in Düsseldorf im Herbst 1956. Das gehört unmittelbar und im Wortsinn zum »Leben« der Gesine. Der Erzähler der »Jahrestage« setzt die Kenntnis der »Mutmassungen« beim Leser voraus. Diese Geschichte muß nicht eigens wiederholt

werden. So kommt es aber auch dazu, daß Marie niemals an der Hand ihres Vaters hat gehen können. Leidvoll ist dies für Gesine, Maries Mutter – so deutet es der Erzähler an.

Die Schilderungen über das Verhalten der deutschen Einheitskommunisten unter sowjetischer Militärhoheit sind hart und unerbittlich. Der Name Walter Ulbrichts fällt nicht. Bei Johnson heißt er immer nur »*der Sachwalter*«. Die Art, wie die Schülerin und spätere Oberschülerin Gesine Cresspahl um 1950 die Rituale im Blauhemd der Freien Deutschen Jugend erlebt und schildert, wird in einer bewußt verfremdeten Sprache referiert. Indem Johnson die offiziellen Bezeichnungen, Losungen, Propagandathesen in seine kühle, den Sachverhalt mitteilende Sprache übersetzt, erzeugt er immer wieder Komik. Hart geht es zu, wenn Lehrer-Denunzianten und ältere Jugendfunktionäre herumkommandieren und Begeisterung, Singen, Marschieren anordnen. Gesine hat auf der Oberschule von Gneez zwei Schulkameraden, zwei Jungen, mit denen sie eine kleine Widerstandsgemeinschaft inmitten der Klasse gebildet hat. Der eine Junge wird später ein zuverlässiger Parteikommunist, ein Meisterflieger bei der ostdeutschen, dann der sowjetischen Luftwaffe. Hoch gelobt und dekoriert. Irgendwann verunglückt er irgendwo in der Sowjetunion. Irgendwelche Überreste bringt man nach Mecklenburg zurück. Gesprochen wird nicht darüber. Heldisch ist er also offensichtlich nicht gestorben. Vielleicht auch ein Staatsfeind ...

Der andere »Jugendfreund« (nach westdeutschem wie nach ostdeutschem Sprachgebrauch) wird entlarvt als Staatsfeind in seinem eigenen Land. »So wird Mancher, wenn er alles hinter sich hat, vor sich fünfundzwanzig Jahre Bau. Nie auf einer Fähre durch den Hafen von New York fahren dürfen. Ein Mädchen verloren haben. Kein Mal aufwachen dürfen, außer von dem Schlag gegen ein Stück Eisenschiene. Wissen, daß das einzige Gepäck die Erinnerung sein wird von bloß neunzehn und zwanzig Jahren.«

Auch Jakob Abs bekommt dank diesem vierten Band nachträglich starke und genaue Konturen. Johnson hatte seinem Jakob von jeher ein bißchen von der eigenen Lebenssubstanz abgegeben, genauso wie jenem Klaus Niebuhr aus dem ersten Roman »Ingrid Babendererde« oder der Figur Joachim de Catt, die stets wieder einmal auftaucht. An einer Stelle aber ist Jakob Abs unverkennbar als Uwe Johnson selbst zu verstehen. Gesine studiert in Halle, ein Kommilitone macht sich an sie heran, offensichtlich in höherem Auftrag. Er möchte sie zu seiner Geliebten machen, dann wird man weiter sehen. Als Gesine allein die Geschichte nicht zu Ende bringen kann, bittet sie Jakob herbei. Mit dem zieht sie abends durch Halle, bis man den so arg verliebten Mitstudenten irgendwo aufgestöbert hat. Jakob Abs stellt sich vor ihn hin und spricht ein paar Worte. Der andere verschwindet. Gesine vermutet, ihr Jakob Abs habe da vielleicht gesagt: »Mein Herr, ich bin wegen Körperverletzung vorbestraft.« Das hätte in der Tat auch Uwe Johnson bei einer solchen Gelegenheit sagen können.

Johnsons Exkurs über Theodor Fontanes Erzählung »Schach von Wuthenow«

An Schulgeschichten, meist grausamen und leidvollen, ist kein Mangel in der abendländischen Literatur. Die deutschen Beispiele bevorzugen dabei, nicht zufällig, das einzelne Subjekt: das Opfer oder den Täter. Entweder das »Leiden eines Knaben« (Beispiele der gequälten Mädchen wurden erst in neuerer Zeit für buchenswert gehalten), das Conrad Ferdinand Meyer in der so überschriebenen Erzählung, obwohl er eigene höchst bürgerliche und schweizerische Erfahrungen zu berichten hatte, ins aristokratische Versailles versetzte. Oder ein von den Kindern dämonisierter Schuldespot. Ein »König Ubu« in der berühmten französischen Farce von Alfred Jary oder ein »Professor Unrat«, wie bei Heinrich Mann und im Katharineum zu Lübeck.

Die »Buddenbrooks« des jüngeren Bruders *Thomas Mann*, geschrieben von einem Autor in den Zwanzigern, vereinten in durchaus ungewöhnlicher Weise die Täter mit den Opfern. Hanno Buddenbrooks »junge Leiden« in der Schule, wohl auch im Katharineum, kennzeichneten die pädagogische Provinz eben als Provinz: als Parzelle eines gewaltigen Reiches. Hier gab es das gottgewollte Oben und Unten. Was für den Bürger heißen mochte: »machtgeschützte Innerlichkeit«. Die Formel stammte von Thomas Mann. Bildung und Besitz waren machtgeschützt. Wirtschaft und Kultur. Die Macht hingegen wurde anderswo exekutiert.

»Direktor Wulicke war ein furchtbarer Mann«, heißt

es in den »Buddenbrooks«. Dann weiter: »... da waren nun die Begriffe Autorität, Pflicht, Macht, Dienst, Karriere zu höchster Würde gelangt, und ›der kategorische Imperativ unseres Philosophen Kant‹ war das Banner, das Direktor Wulicke in jeder Festrede bedrohlich entfaltete.«

Auch *Uwe Johnson*, als ein deutscher Erzähler, war fasziniert von den Jugend- und Schulgeschichten. Sein erstes Erzählwerk »Ingrid Babendererde« schildert die real-existierende DDR im Jahre 1953, am Vorabend des 17. Juni, durchaus als eine durch die pädagogische Provinz kenntlich gemachte Machtstruktur. Gesehen mit der Optik einer Abiturientenklasse irgendwo in Mecklenburg, zugleich aber auch durch einen genau hinblickenden Erzähler.

Schon in diesem epischen Erstling gibt es den Bericht über eine Deutschstunde: als geistiger Zweikampf zwischen den wahrheitsuchenden jungen Menschen und der dogmatischen Lehrkraft, die politische Berichte zu schreiben hat. Es geht um Brecht. Um jenen Bürger also der Deutschen Demokratischen Republik mit österreichischem Paß, der in Moskau und im Politbüro am Rosa-Luxemburg-Platz des östlichen Berlin in der Mitte agieren muß zwischen der erwünschten und der unerwünschten Literatur. Das wissen oder spüren die junge Ingrid Babendererde oder Klaus Niebuhr.

Uwe Johnson hat manches aus dem frühen Erzählwerk übernommen, abgewandelt oder neu integriert, im Schlußband der »Jahrestage«. Auch diesmal eine Deutschstunde um Brecht.

Neu konzipiert jedoch wurde ein Deutschunterricht

im Zeichen von *Theodor Fontane*: konzentriert auf die Erzählung »Schach von Wuthenow«. Erzählung aus der Zeit des Regiments Gensdarmes. Entstanden 1878 bis 1882.
In den »Jahrestagen« hat sich die Erzählsituation gewandelt. Gesine Cresspahl erzählt von ihrer Schulzeit. Ort des Berichts: Manhattan, Obere Westseite. Erzählzeit: 1968. Die erzählte Zeit liegt über fünfzehn Jahre zurück. Dies ist abermals, wie in Uwe Johnsons »Drittem Buch über Achim«, der Bericht eines Berichts.
Auch hier, wie in den »Buddenbrooks«, wird die Deutschstunde verstanden gleichsam als Bericht über die geistige Lage einer Nation: eines ihrer Teile immerhin.
Das Klischee Täter–Opfer ist jedoch vermieden. »Ein Praktikum in Deutsch absolviert in Zusammenarbeit mit den Angehörigen der neuen Elf A Zwei der Diplomphilologe Mathias Weserich von der Universität Leipzig: noch ein Humpelmann, etwas beweglicher im Knie, dessen Gruß fiel aus als ein Diener vom Nacken her, mit einem fast viereckig aufgerissenen Mund voller knallweißer Zähne.«
Weserich wurde schwer verwundet im Krieg. Beinprothese und Zahnprothese. Er stammte aus Thüringen. Bei ihm lernen Gesine und Pagenkopf, ihr Mitschüler und Freund, weit mehr als »Deutsch«: nämlich genau lesen, wiederlesen, das Geschriebene ernst nehmen, nicht sich selbst »einbringen« wollen, sondern einem Autor wie Theodor Fontane vertrauen.
Ein Vergleich mit dem Roman »Deutschstunde« von *Siegfried Lenz* macht deutlich, daß Johnson im Herrn

Weserich vielleicht andeuten wollte, wie er selbst, der Erzähler Uwe Johnson, gelesen werden möchte.

Auch die »Deutschstunde« von Siegfried Lenz gehört zum Jahr 1968. Das wichtigste Buch von Lenz seit der »Zeit der Schuldlosen« und vor dem Spätwerk des Jahres 1985. Siggi Jepsen schreibt seine Strafarbeit in Deutsch in einer Jugendstrafanstalt. Das befohlene Thema lautet: »Die Freuden der Pflicht«. Abermals der furchtbare Direktor Wulicke mit dem bedrohlich zitierten kategorischen Imperativ. Es ist immer noch der hohle Sterbensheroismus, den man den anderen beibringen möchte. Siggi schreibt als Schüler und Sträfling im Dritten Reich. Vor Augen hat er die Gegenbilder des Vaters, dieses »nördlichsten Polizeipostens« im Deutschen und Dritten Reich, und des expressionistischen, folglich verfemten Malers Nansen, nach Emil Noldes Modell.

Praktikant Weserich hingegen verordnet Fontane. Den gibt es aber nur in einem vergilbten Exemplar. Die Klasse stört das nicht: man wird es eben so halten wie bei anderen Deutschlehrern: Reden über... Genau das wird man nicht. Das Vergilbte wird reproduziert. Man lernt lesen. Überschrift. Untertitel, der erste Satz. Warum so und nicht anders?

Seine Frankfurter Vorlesungen stellte Uwe Johnson unter die Überschrift »Begleitumstände«. Auf Erläuterungen zur eigenen Poetik ließ er sich dabei nicht ein.

Hier, aus Anlaß des jungen Adelsmannes Schach von Wuthenow, scheint der Autor vom eigenen Handwerk zu sprechen. Schachs Geschichte faßt der Schüler Dagobert Sasse bei Johnson so zusammen: »Der König befiehlt ihm die Heirat, macht er dann auch; aber erschießt sich nach dem Mittagessen. Den Namen und das Kind, das läßt er ihr.«

Dann macht der Schüler »eine gefällige Handbewegung, so daß wir ihm ansehen konnten, was er meinte: ist doch wahr, oder?«

So wird hier Fontane gelesen, monatelang. Auch die amtlich postulierte Gesellschaftskritik kommt nicht zu kurz. Eine Geschichte aus einem unzeitgemäß gewordenen System. Aber dann wird Weserichs Deutung plötzlich, dank dem Schüler Lockenvitz, konfrontiert mit dem offiziellen Literaturkanon. Lockenvitz war in Berlin, entdeckt dort die Zeitschrift »Sinn und Form« »Heft zwei des Jahrgangs. Seite 44–93«. Dort schreibt »der amtierende Fachmann für sozialistische Theorie in der Literatur«. Er dekretiert, »alle Gesellschaftskritik in Fontanes Erzählung sei purer Zufall, nicht komponiert. Die darin geübte Kritik am preußischen Wert sei ›absichtslos‹, sei ›unbewußt‹.«

Das zielt auf Georg Lukács und seine Thesen über historische Romane und Erzählungen. Wer aber nachschlägt, an der genau bezeichneten Stelle der Zeitschrift »Sinn und Form«, findet nichts dergleichen.

»›Aber das müssen Sie alles erfinden, was Sie schreiben‹, sagte sie.«

Weserich läßt sich die amtliche Meinung geben, verreist dann. »Der kam zurück, dem waren wir widerlich.« Schluß mit dem Schach von Wuthenow. Nun also Frau Jenny Treibel. Da kann nichts passieren.

Auch der Erzähler der »Jahrestage« hält sich an Thomas Manns Maxime aus dem »Vorsatz« zum »Zauberberg«, wonach Erzählen zu verstehen sei als »raunendes Beschwören eines Imperfekts«. Womit zugleich einbekannt wird, daß man beim Erzählen weiß, wie alles weiterging. Dergleichen braucht den Dramatiker nicht zu bekümmern, vor allem nicht in den Komödien. Wie es weitergeht mit dem Soldatenglück des Majors von Tellheim und des Fräuleins von Barnhelm, wenn der Vorhang fällt, das mag sich jeder selbst ausdenken. Der Dramatiker hat darüber nichts zu sagen.

Erzählen hingegen kann nicht stattfinden, ohne daß Trauer spürbar würde. All dies Vergangene. Trauer und Zorn.

Thomas Mann und Robert Musil wußten, wie jene Welt zu Ende kam, die im »Zauberberg« und im »Mann ohne Eigenschaften« so lebensvoll sich präsentiert hatte. Auch für *Robert Musil* stand fest, als er gegen das Ende der zwanziger Jahre seinen Gegenentwurf zum »Zauberberg« plante, daß die Geschichte abbrechen müsse mit dem Kriegsausbruch von 1914. Ganz wie im »Zauberberg«. Eine kakanische »Parallelaktion« bereitet für das Jahr 1918 das siebzigjährige Regierungsjubiläum des Kaisers Franz Joseph vor. Wien will Berlin, das 1918 das dreißigjährige Regierungsjubiläum Kaiser Wilhelms feiern würde, überbieten. So planten es die »Schwärmer« in Musils Roman.

Aber Franz Joseph starb 1916, und das projektierte

Jubiläumsjahr bedeutete das Ende der Habsburgerherrschaft. Bedeutete auch das Ende der Hohenzollernmonarchie. Was die Erzähler natürlich wußten und beim Leser voraussetzten.
Auch die »Jahrestage« erinnern, nicht allein durch die imperfektivische Melancholie, immer wieder an den »Zauberberg«: ob Johnson das bewußt war oder nicht. Ein plebejischer deutscher Kosmos als später Gegenentwurf zu Thomas Manns bürgerlichem Sanatorium. Auch die Gesellschaft der Kranken in Davos, mit dem guten und dem schlechten Russentisch, war international gewesen. Das epische Universum der »Jahrestage« ist Kriegs- und Nachkriegswelt; auch wieder bereits, nicht bloß in Vietnam, eine Kriegswelt. Gleichfalls eine kranke Welt: wie jene des Jahrhundertbeginns. Zorn und Trauer.
Am Schluß der »Jahrestage« stehen drei Menschen in Dänemark vor der Weite des Meeres. Der Ostsee natürlich, die Johnson gern, um internationale Genauigkeit bemüht, als Baltische See zu bezeichnen liebt. Gesine Cresspahl und Marie gedenken weiterzufliegen nach Prag. So verlangt es die Bank und die Mission. Doch gerade zu jener Stunde zieht die brüderliche sozialistische Hilfe an der Moldau ein. Herbeigerufen aufs Stichwort.
Drei Generationen. Die treue Freundin der Gesine hat es fertiggebracht, den geliebten alten Lehrer Dr. Kliefoth, einen »guten Deutschen«, zum Abschied nach Dänemark zu holen. Zum Abschied? Es ist der 20. August 1968. Ein kurzer Aufenthalt vor der Weiterreise nach Prag. »Heute abend rufen wir an aus Prag.« Der Erzähler weiß es anders. Er nimmt Abschied.

»Wie es uns ergeht, haben wir aufgeschrieben bis zu unserer Arbeit in Prag. 1875 Seiten...« Es wurden 1892 Seiten.
Die »Jahrestage« enden so: »Beim Gehen an der See gerieten wir ins Wasser. Rasselnde Kiesel um die Knöchel. Wir hielten einander an den Händen: ein Kind; ein Mann unterwegs an den Ort wo die Toten sind; und sie, das Kind, das ich war.«*

* Erstdruck dieses Kapitels in: Hans Mayer, Die unerwünschte Literatur. Deutsche Schriftsteller und Bücher. 1968–1985. Berlin 1989. Der Abdruck dieses für das vorliegende Buch unentbehrlichen Textes erfolgt mit freundlicher Genehmigung des Siedler Verlags Berlin.

Nachtrag: Hermann Kant erzählt die DDR

Hermann Kant, Das Impressum (1972)

David Groth vom Jahrgang 1927 steht als Chefredakteur im Impressum der Ostberliner »Neuen Berliner Illustrierten«. Er soll Minister werden in der DDR, will aber nicht. Das wird uns im ersten Satz des Romans mitgeteilt. Warum nicht? Davon möchte Kants Roman berichten, was er jedoch nicht tut. Übrigens wäre die Weigerung eines Genossen Chefredakteur, dem Beschluß des Politbüros – oder, wie Kant in einem Verfremdungsversuch zu schreiben liebt: der Obersten Abteilung – den Gehorsam zu verweigern, im Ernstfalle ganz belanglos. Parteiauftrag ist Parteiauftrag.

Er will Chefredakteur dort bleiben, wo er nach Kriegsende als Botenjunge angefangen hatte. »Los mit mir ist, daß ich vierzig bin und nur noch von einem Superlativ träume: Ich möchte Chefredakteur sein, und zwar von der besten Illustrierten der Welt.« Also doch wieder Weltniveau und Wettbewerb mit den Amerikanern und Franzosen, mit »Oggi« und wem sonst noch. Auch Groth hat seine Träume nach vorwärts: »Denn für das Produkt dieses Hauses, sagt David Groth, gibt es potentiell so viele Verbraucher, wie es Menschen auf der Erde hat. Also rund dreieinhalb Milliarden.« Wobei Klassenkampf und ideologische Nichtkoexistenz außer Ansatz bleiben können.

Wie diese Superillustrierte, nach der sich eine Welt verzehrt, aussehen müßte, wird gleichfalls angedeutet.

Eine Sondernummer zum 20. Jahrestag der DDR (1969) muß rechtzeitig vorbereitet werden. Die Redaktionskonferenz unter Groths Leitung berät. Was wäre da an Festlichem auf Weltniveau zu bieten? Ein polnischer Krimi? Die Dominikanische Republik, um zu zeigen, »was rauskommt, wenn die Amis ein Regime retten«. – Doppelseite zu Ehren der pensionierten einstigen Herausgeberin. – Baldur von Schirach nach der Haftentlassung. – »Ich habe etwas mit Ruhla angesponnen; die machen einen elektrischen Wecker, Weltniveau...« Und Autobahnprobleme und Helden der Arbeit und Arbeiterfestspiele und der Kreuzchor aus Dresden, und »die Farbigen in USA, Rhodesien und am Kap« undundund.

Einmal fährt der Reporter Groth, damals noch nicht Chefredakteur, zur Großreportage in die Bundesrepublik Deutschland. Was er dort an Buchenswertem entdeckt, hat der Roman gleichfalls mitzuteilen. Marschbauern berichten über Kohlpreise, wodurch man etwas »über die Praxis der europäischen Marktwirtschaft erfährt«. Glocke des Reichsnährstandes mit Hakenkreuzsymbolen »hinterm Nordseedeich«. Versammlung der »Deutschen Reichspartei« in Hamburg, wobei diskret verschwiegen wird, daß besagte Partei durch das Bundesgericht bald darauf verboten wurde. Innere Führung in einer Fliegerkaserne der Bundeswehr. »Zwei Sitzplätze im Evangelisationszirkus von Billy Graham«, also typischer Alltag der Bundesrepublik. Kulturkongreß der SPD in Wiesbaden, »und müssen die Ohren offen halten auch bei Carlo Schmid«. (Beim Fünfstundenreferat Walter Ulbrichts hängt man natürlich gebannt an Redners

Lippen.) »Dann mengen sie sich in Frankfurt unter die Traditionalisten vom Afrika-Korps und in München unter neufuturistische Maler...« (Über die Infamie dieser demagogischen Kopplung wäre seitenlang zu schreiben.)

Nun weiß man ungefähr, wie David Groths Superillustrierte für die Menschheit aussehen wird: provinziell und verlogen. Weil nämlich Groth und Kant die sozialistische Parteilichkeit mit billiger Demagogie verwechseln. Oder um es Kant in der Parteiterminologie mitzuteilen: weil er Agitation nicht von Propaganda unterscheiden kann. Er sollte folgendes mal bei Sartre nachlesen: »Die bürgerlichen Zeitungen sagen mehr die Wahrheit als die revolutionäre Presse, selbst wenn sie lügen. Sie lügen weniger. Sie lügen geschickter. Sie richten sich ein beim Herunterspielen der Tatsachen, aber sie tragen den Tatsachen dennoch Rechnung.«

Was sonst wäre über diesen zweiten Roman von Hermann Kant zu sagen? Daß er viel ermüdender und enervierender ist als damals die »Aula«, die zwar nach der gleichen hemmungslosen Plaudertechnik und kurzatmigen Anekdotik entworfen wurde, aber etwas mehr von Milieu und Einfall profitieren konnte.

Kant hat ein geheimes literarisches Vorbild, dessen aus vielerlei Gründen nicht gedacht werden darf: den Schriftsteller *Uwe Johnson*. Allein die »Mutmassungen über Jakob« sind ein Buch der Präzision und intellektuellen Redlichkeit. Man lernt grundverschiedene Menschen kennen, Innenwelt und Außenwelt, in vielfacher Spiegelung, und vergißt sie nicht wieder. Kant tritt als Conférencier auf, als Alleinunterhalter: bald berichtend in der Ichform, bald in herkömmlicher Erzähltechnik. Nichts haftet, es bleibt das emsige Bereden von allem. Sehr ermüdend.

Munter hüpft die Causerie über Ereignisse dahin wie den 17. Juni des Jahres 1953, den ungarischen Aufstand von 1956, die Intervention in Prag. Stets das passende Wort, gemäß den Direktiven, an passender Stelle. Bei Johnson war das Nichtaussprechen von Namen wie Stalin und Institutionen wie der Staatssicherheit ein Verfremdungseffekt. Wenn die Russen bei Kant als die »Freunde« auftreten, die Geheimpolizisten als »Untersuchungsorgane«, die Mitglieder des Politbüros als »Oberste Abteilung«, so ist das nicht Verfremdung, sondern Technik der Sklavensprache.

Natürlich weiß der gelernte Liebling der Obersten Abteilung, daß reine Konfliktlosigkeit nicht erwünscht ist. Zu schön ist auch nicht schön. Also gibt es Unerfreuliches im Roman: auf der Kreis-, höchstens Bezirksebene.

Ein einziger Satz mag dies Verfahren illustrieren. »In diesem Land herrscht Diktatur. Wir stöhnen hier unter dem Zwangsregime der Wissenschaft. Hier wird man mit der Leselampe gefoltert. Die Despotie preßt uns in die Gelehrsamkeit. Der Druck bedient sich des Buchdrucks. Qualifizierung – das Wort schon sagt es. Theorie ist die Praxis hiesigen Terrors. Forscher zimmerten unser Joch. Lehrer bewachen unsere Schritte. Unser Profoß ist Professor. Wir führen ein Hirnzellendasein. Für Denken gibt es ein Soll. Wir sind die kybernetisch besetzte Zone. Wir sind ein einziges Schweigelager: Ruhe, Vater muß lernen, und nochmals Ruhe, Mutter auch.«

Karl Kraus zitierte einmal in seiner Polemik gegen Alfred Kerr in vollem Umfang ein sehr arges Durchhaltegedicht Kerrs aus dem Ersten Weltkrieg, um lakonisch hinzuzusetzen: das sei das Ärgste, was er, Kraus, je gegen Kerr »unternommen« habe.*

* Erschienen in »Die Weltwoche«, Zürich, am 31. Mai 1972.

XII. Die Ritter der Tafelrunde

Auch am Ende unseres Jahrhunderts wird er stehen und warten: Don Quijote de la Mancha, der Ritter von der traurigen Gestalt. Er weist hinüber in die Zukunft, indem er zurückschaut. Das tat er von jeher: bereits zur Zeit des Cervantes, der ihn entstehen ließ. Als die Ritterzeit längst vorbei war, und mit ihr alle Verhaltensweisen der Ritterlichkeit. Für den ärmlichen Junker aber aus der Mancha, diesen »ingenioso Hidalgo«, waren sie nach wie vor gültig, denn er hatte sie, die Ritter und die Ritterlichkeit, zwar nicht mehr selbst erlebt, doch gelernt: aus Büchern. Seine Ritterwelt mit all ihren Ritualen und Wertvorstellungen war aus Literatur gemacht: also haltbar.
Diese Konstellation, die ein Spanier am Beginn des 17. Jahrhunderts entwarf, hat seitdem die besten Köpfe der Nachwelt immer von neuem nachdenken lassen. Über die relativen Wirklichkeiten des Lebens und der Literatur. Über eine wünschbare Welt, die man in der Vergangenheit sucht. Über »Widersprüche im Begriff des Fortschritts«, wie Ernst Bloch formulierte. Nicht zuletzt über einen gesellschaftlichen Fehlschluß, der Neuerungen gleichsetzt mit höherem, schönerem, besserem Menschentum.

Auch die Deutsche Demokratische Republik ist eine Utopie gewesen. Über eine solche These wird gelacht werden, doch wäre das ein »dummes Lachen« im Sinne des zum Tod verurteilten Mackie Messer. Vierzig Jahre lang wurde in fünf deutschen Ländern nicht bloß unterdrückt, bestraft, hochmütig belehrt, sondern auch gehofft, gewartet, die Vernunft und die Menschlichkeit »geplant«: für Frauen, für Kinder, alte Leute, für Arme und Unwissende. Es erwies sich, wie die Juristen inzwischen festgestellt haben, als ein »untauglicher Versuch mit untauglichen Mitteln«. Trotzdem kein Grund zum Gelächter. Erst recht nicht zu einer hochnäsigen neuen Besserwisserei.

Am Einsturz des Turmes von Babel kann vieles gelernt werden. Der biblische Bericht spottet, daß man Gott versuchen wollte. Die prometheische Geste der menschlichen Selbstbehauptung wird dabei verkannt. Der Turm von Babel: auch ein untauglicher Versuch mit untauglichen Mitteln. Ganz wie das »Wolkenkuckucksheim« der beiden Athener Hoffegut und Ratefreund in den »Vögeln« des Aristophanes, die genug haben vom Krieg und griechischen Bürgerkrieg und sich hinauf begeben ins Vogelreich.

Die Liste solcher Mißerfolge einer verwirklichten Utopie ist lang und bedrückend. Gottesstaat der Juden. Calvinistischer Gottesstaat in Genf und bei Cromwell in England. Das »Heilige Experiment« der Jesuiten in Paraguay, das immerhin von 1609 bis 1767 dauern sollte. Danach der totale Rousseauismus der Robespierre und Saint-Just. Lenins revolutionärer Kriegskommunismus, den er selbst jedoch in eine Neue Ökonomische Politik (NEP) einmünden ließ, also ein Mischsystem aus Plan- und Marktwirtschaft. Erst Stalin befahl den angeblich totalen Kollektivismus, der nun, nach siebzig Jahren, zusammenbrach. Mit ihm die Filiale der Deutschen Demokratischen Republik.

Auch der Turm von Babel und das Wolkenkuckucksheim der Euelpides und Pisthetairos waren *große Entwürfe*. Die »fundamentalistischen« Entwürfe von König David bis zu W. I. Lenin waren stets gegen den einzelmenschlichen Egoismus gerichtet. Sie wollten Gemeinschaft stiften, Brüderlichkeit, ein transzendentes oder innerweltliches Kollektiv. Alles sollte erzwungen werden und wurde gewaltsam durchgesetzt: bis man alles, in den meisten Fällen, gewaltsam scheitern ließ.
Natürlich war die DDR kein »Heiliges Experiment«, allein auch der jesuitische Fundamentalismus in Lateinamerika hatte die Heiligkeit bloß postuliert, nicht verwirklicht. Doch nicht der schlimme Ulbricht und der doch wohl unfähige Erich Honecker sind zu assoziieren, wenn nachgedacht wird über die vierzig Jahre jenes deutschen Staatsgebildes, sondern viele Menschen, die es am Leben hielten und immer wieder auch Anlaß fanden, ihm zu vertrauen. Es gibt jetzt bereits, da alles zu Ende ging, eine gar nicht besonders geheime »Sehnsucht nach der DDR«. Sie wird sich verstärken. Auch Don Quijote schaut auf sie zurück.

Das Parabelstück *Christoph Heins* über das Ende der Gralsritter und ihrer streng exklusiven und despotischen Tafelrunde entstand noch unter dem »real existierenden Sozialismus«. Es durfte in der Tat am 24. März 1989 im Staatstheater Dresden uraufgeführt werden, nachdem die obligaten Schwierigkeiten mit Kurt Hager und den Seinen umgangen werden konnten. *»Die Ritter der Tafelrunde. Eine Komödie«*. Wieder einmal die wohlbekannten Figuren des mittelalterlichen Heldenbereichs, der episch begann und seitdem im Verlauf der Jahrhunderte einer bürgerlichen Kunst immer mehr dramatisiert wurde. Mit König Artus und Ginevra, mit Jeschute und Lancelot und Parzival. Ritter einer adligen Männergemeinschaft, die das heilige Gefäß des Grals – je nachdem – hüten oder suchen oder retten wollen. Der Gral als Utopie. Was ist der Gral?

Merkwürdig aber, daß sich in der bürgerlichen Literatur seit dem 19. Jahrhundert ausgerechnet die Artus-Sage immer stärker mit den Zügen eines Endspiels präsentiert. Das gilt bereits für den Schluß des *»Parsifal«* bei Richard Wagner. Der Blick zurück auf die Gralsgemeinschaft ist sehnsüchtig und verzweifelt in einem. Erlösung dem Erlöser. Das ist eine Fürbitte. Es ist auch der Blick des Don Quijote.

Im 20. Jahrhundert wird die Parabel der Tafelrunde *nur noch als Endspiel verstanden.* Bei Wagner konnte Klingsors böser Zauber noch gebannt werden. In dem Schauspiel »Die Ritter der Tafelrunde« (Les Chevaliers de la Table Ronde) von *Jean Cocteau* hat Klingsors Nachfolger und Schüler Merlin die Welt bereits weitgehend zerstört. Die Bäume sind krank, die Vögel singen nicht mehr, krank sind auch die Königskinder. Merlin ist allgegenwärtig. Betrug in allem. Zwar bezwingt ihn Sir Galahad (Galaad). Die Natur erholt sich, allein dann muß Galahad weiterziehen. Merlin ist überall.

Cocteaus Spiel wurde 1937 in Paris aufgeführt. In Klaus Manns Tagebüchern ist nachzulesen, wie sehr ihn, durchaus in eigener Sache, dies Spiel des bewunderten Franzosen verstörte. Ein Endspiel in einer Vorkriegswelt. Das Buch der »Ritter der Tafelrunde« von Cocteau erschien im Frühjahr 1939. Da war noch kein Krieg.

Die Komödie *Christoph Heins*, mit dem Cocteau-Titel »Die Ritter der Tafelrunde«, kam in Dresden zur Uraufführung im Frühjahr 1989; die Buchausgabe folgte nach. Beides noch vor den Ereignissen des November, die im Stück selbst sehr genau vorausgesagt wurden.

Man hat diese Komödie, die erfolgreich war auch in Westdeutschland und beim Gastspiel der Dresdener im Ausland, als Satire gedeutet auf ein verkalktes und bösartiges Politbüro, hat demgemäß den König Artus gleichgesetzt mit Erich Honecker, den Durchgreifer des Stückes und Scharfmacher Keie mit dem Chef der Staatssicherheit. Welch ein Irrtum. Diese Komödie ist zornig und traurig. Ihr fehlt ganz, was die Satire ausmacht: die Schadenfreude. Natürlich mußte (und sollte) man in Dresden und im Frühjahr 1989 gerade die Sterilität und Uferlosigkeit der Gespräche am wackeligen Tisch der Tafelrunde als Parabel jenes Geredes am Tisch des Politbüros interpretieren, über welches dann die Hofberichterstattung im »Neuen Deutschland« jeweils genauso steril und uferlos zu berichten pflegte.

Allein Christoph Hein verachtet seine Figuren nicht, auch nicht die »negativen Helden« im Sinne der offiziellen sowjetischen Ästhetik, an die Hein nicht glaubt. Das Stück hat keine Helden, weil es sie nicht nötig hat. Es steht auf der Grenze zwischen Endspiel und Befreiungsgeschichte. Dieser König Artus ist klug und traurig: kein Generalsekretär, der nicht mehr so recht mitkommt. Jener Keie ist kein mörderischer Dummkopf wie Erich Mielke. Keie ist mörderisch, doch hellsichtig und gescheit. Er spricht, im Dialog mit Artus, das geheime Schlüsselwort dieser »Ritter der Tafelrunde«. Natürlich hatte man geschwelgt in heroischen Vergangenheiten. Das mochte so gewesen sein, oder auch nicht. Der Stückeschreiber läßt es offen. Dann aber muß die Frage nach dem Sinn gestellt werden. Keie sagt: *»Wir haben unser Leben für eine Zukunft geopfert, die keiner haben will.«*

Das ist es. Der Mann der Stasi, der als einziger die Wahrheit des Lebens im Reich der Tafelrunde kennen muß, spricht sie aus. Allein damit spricht er zugleich im Namen sehr vieler Menschen, die »irgendwie«, vielleicht als Kraftfahrer oder Prokuristen eines (im Wortsinne) Rittergutes mitgearbeitet haben an der »Zukunft« des Artus-Reiches.

Keie ist es auch, der – wohl nicht zufällig – das Fundament dieser fundamentalistischen Gesellschaft zu deuten sucht: der *Gralsgesellschaft*. Was ist der Gral? Was konnte man bisher von ihm wissen? Gar nichts. So die allgemeine Erkenntnis. Parzival fand ihn nicht, auch nicht Lancelot. Doch glauben tut man weiter an ihn. Sogar – oder gerade – auch Keie: »Natürlich glaube ich an den Gral. Und ich glaube nicht nur, ich weiß, daß es ihn gibt. Ich bezweifle allein, daß wir ihn finden werden. Der Gral ist das menschliche Glück, das Paradies auf Erden. Wir sind alle mehr unglücklich als glücklich. Aber für eine kurze Zeit, und sei es nur für einen Moment, war jeder von uns einmal glücklich. Und dieser winzige Moment unseres Glücks bedeutet, daß es den Gral gibt ...«

Was wäre dem zu entgegnen? Höchstens, daß man solche Momente des individuellen Glücks und der eigenen Glücksvorstellungen nicht zur »Maxime einer allgemeinen Gesetzlichkeit« im Sinne von Immanuel Kant machen kann. Erst recht nicht gewaltsam.
König Artus definiert ihn anders, den Gral, dem auch er noch vertraut: »Doch der Gral ist keine Dummheit. Nur die Tiere können ohne ihn auskommen, weil sie nicht wissen, daß sie sterben müssen.«
Was also, abermals, ist der Gral? Christoph Heins Komödie macht ahnen, daß es ein Gralsritter war, der sie verfaßte. Das Ende dieses Endspiels aus dem Jahre 1989 ist keines. Nun ist Artus mit seinem Sohn und Erben allein geblieben. Mordret glaubt nicht an den Gral, und er will das Artus-Reich nicht haben. Es kann ihm gestohlen bleiben: so vulgär formuliert die Jugend. Doch er läßt sich vom Vater davon überzeugen, daß er Verantwortung trägt: für andere Menschen. Der Schluß ist Frage und Antwort. Artus fragt: »Ich habe Angst, Mordret. Du wirst viel zerstören.« Die Antwort des Sohnes: »Ja, Vater.«
Der Satz kann nüchtern gesprochen werden. Wie eine Feststellung. Er kann auch eine geheime Freude verraten. Endlich das Neue und die frische Luft, und weg mit dem sakralen Tisch der Tafelrunde ins Historische Museum.
Die geschichtliche Dialektik ist immer gut für ironische Pointen. Nach der Dresdener Uraufführung der »Ritter der Tafelrunde« schrieb – ausgerechnet – das »Neue Deutschland«, also damals noch das »Alte«, die Komödie Christoph Heins gebe keinen Anlaß zur Verzweiflung: »Doch Hein schrieb kein absurdes End-

spiel. Er bietet ein realistisches Beginnspiel.« Die Klischees von schlechter Absurdität und guter Realistik kann man vergessen. Doch in der Sache, das würde der Gralsritter Hein bestätigen, kann man dem »Neuen Deutschland« nicht widersprechen. Es kommt freilich darauf an, wie man den Gral interpretiert.

Daß diese Ritter der Tafelrunde *keine Christen* sind, beweist der Text. Der Ort ist bloß die große Artus-Halle. Keine Zeitangabe. Jeschute raucht Zigaretten. Natürlich hat der Gral mit dem »Prinzip Hoffnung« zu tun, aber das wäre auch keine Antwort, denn Ernst Bloch beschrieb nur dessen »Spuren«, ließ uns jedoch auf der Seite 1628 mit dem Glauben an einen Gral namens »Heimat« zurück, der »allen in die Kindheit scheint, und worin noch niemand war«. So ähnlich sprachen auch Keie und Parzival und König Artus in der Komödie von Christoph Hein.

Ist hier der Gral als Sozialismus zu verstehen? So mußte dies Theaterstück seit seiner Uraufführung mit Notwendigkeit verstanden werden, was heißen sollte: als definitives Endspiel. Endspiel für einen »real existierenden«, nämlich durchaus unwirklichen Sozialismus. Lancelot, der zurückkam von vergeblicher Gralssuche, weiß auch dies, und Christoph Hein, den die real existierenden Ritter der Ostberliner Tafelrunde nur allzuoft gebeutelt und gedemütigt hatten, legt ihm die Antwort in den Mund: »Für das Volk sind die Ritter der Tafelrunde ein Haufen von Narren, Idioten und Verbrechern.« Jener Innenminister – hieß er nicht Diestel? – nannte sie einfach Strolche.

Dies also wäre das letzte Wort über vierzig Jahre einer Deutschen Demokratischen Republik? Narren, Idioten, Verbrecher. Strolche. Vierzig Jahre sind nicht viel; ein halbes Menschenleben nach heutigen Maßstäben. Allein das am 18. Januar 1871 im Spiegelsaal von Versailles, also als Hohn für die besiegten Franzosen, begründete Deutsche Reich mit dem Preußenkönig als Deutschem Kaiser hat auch nur siebenundvierzig Jahre bestanden, was nicht besonders viel ist für ein Kaiserreich.

War der Untergang der DDR unvermeidbar? Die Tatsache selbst ist noch keine Begründung. War der Untergang der Weimarer Republik unvermeidbar? Diese Frage ist nicht blasphemisch bloß deshalb, weil dieser Staat eine demokratische Verfassung besaß: mit offenkundigen Mängeln, wie dem Notverordnungsartikel 48. Der Untergang des sogenannten Dritten Reiches war unvermeidbar. Das haben wir Emigranten von damals alle gewußt und auch gesagt. Man konnte es voraussagen und beweisen.

Konnte man auch den Einsturz der DDR voraussagen und beweisen? Merkwürdig, dafür gibt es bis in den Herbst 1989 hinein nahezu keine Belegdokumente. Sonst wäre der rote Teppich für Erich Honecker nirgendwo ausgerollt worden. Seitdem haben es alle gewußt und vorausgesagt.

Daß die Perestrojka Gorbatschows auch die deutsche Kronkolonie erfassen würde, war unvermeidbar. Nur die Ritter der Tafelrunde hatten es nicht begriffen. Ich habe immer vermutet, als man erfuhr, der mächtige *Markus Wolf*, ein sowjetischer Offizier und Sohn meines Freundes, des Schriftstellers und Arztes Dr. Friedrich Wolf aus Neuwied, habe auf eigenen Wunsch die »Staatssicherheit« verlassen, woraufhin er sich enttarnte und fotografieren ließ, er handle hier in Übereinstimmung mit dem Kreml. Wenn das Politbüro nicht begreift, muß man es eben auswechseln. Vielleicht war es so geplant. Es mißlang aber: nicht allein weil Egon Krenz als Alternative eine Zumutung darstellte. Vor allem aber, weil mitten in Deutschland keiner denkbar sein konnte, der die Rolle eines – noch dazu zivilen – Generals Jaruzelski hätte spielen können. Der Turm von Babel wurde nicht demoliert wie die Bastille. Ein Erdbeben ließ ihn zusammenstürzen. Es kam aus dem Osten.

Hat es auch den Glauben an den Gral namens Sozialismus mitverschüttet? Will sagen: an die Möglichkeit einer Gesellschaft, die herkömmlicherweise sich selbst als sozialistisch bezeichnete? Daß *Lenin* starb, ehe er – vielleicht – das Konzept eines demokratischen Sozialismus verwirklichen konnte, steht fest. Eher ist zu vermuten, daß auch Lenin den späteren Weg Stalins hätte gehen müssen. Noch glaubhafter, daß Stalin sich auch Lenins entledigt hätte.

Karl Marx hätte niemals die Möglichkeit anerkannt, im rückständigen Zarenreich die Konzepte des »Kommunistischen Manifests« vom Jahre 1848 zu praktizieren. Der Bindestrich zwischen dem Marxismus und dem Leninismus war vermutlich die »Grundtorheit« aller sozialistischer Gralsritter unseres Jahrhunderts.

Nach dem Kriegsende von 1945 und dem Beginn eines

Kalten Krieges schrieb *Thomas Mann* einen viel bewunderten und viel umstrittenen Aufsatz, worin er den Antikommunismus als »Grundtorheit unserer Epoche« bezeichnete. Vieles spricht dafür, daß er richtig urteilte.

Das Ende der DDR bedeutet nicht das Ende eines Denkens über gesellschaftliche Alternativen. Das Datum des 3. Oktober 1990 verkündet kein Fallen des Vorhangs nach einem Endspiel. Man sollte nicht vergessen, daß *Samuel Becketts* Titel »Fin de partie« von 1957 auf das Schachspiel verweist. Es wird neue Spiele geben, mit anderem Ausgang. Der Vorhang geht auf am 3. Oktober. Ein »Beginnspiel«, wie das »Neue Deutschland« so selbstironisch gemeint hatte. Die Deutsche Demokratische Republik war stets eine deutsche Wunde. Sie wird es bleiben und nicht heilen, solange man nicht erkennt, daß hier eine deutsche Möglichkeit zugrunde ging. Vielleicht gar verspielt wurde.

Das berühmte und viel gedeutete Gedicht *Bertolt Brechts* »An die Nachgeborenen«, im Exil entstanden und in Kalifornien, liest sich heute wie ein poetischer Nachruf auf die Ritter der Tafelrunde. Brecht war einer von ihnen. Auch er ein Ritter von der traurigen Gestalt. Sein Gedicht endet so:

> Ihr aber, wenn es so weit sein wird
> Daß der Mensch dem Menschen ein Helfer ist
> Gedenkt unsrer
> Mit Nachsicht.

Dies war eine Fürbitte; sie ist es geblieben für alle

Zeitgenossen dieses 20. Jahrhunderts. Doch die Erinnerung an eine Deutsche Demokratische Republik darf hier nicht innehalten. Sie kehrt abermals zurück zur Mythe vom babylonischen Turm und von der babylonischen Sprachverwirrung. Damit kehrt sie zugleich zurück von Brechts Gedicht »An die Nachgeborenen« zu Johannes R. Bechers merkwürdiger und hellsichtiger Vision vom Ende des Turmbaus zu Babel. Es wurde bereits gesagt: der biblische Bericht weiß nichts von einer Katastrophe, einem Einsturz, einem plötzlichen Unglück. Das Unglück kam langsam, doch unaufhaltsam. Der Turm wurde einfach nicht weitergebaut. Er blieb ein Fragment: gleich mancher Kathedrale des europäischen und katholischen Mittelalters.
Dennoch besteht ein Unterschied zwischen dem babylonisch-biblischen Mythos und den Wirklichkeiten der unvollendeten gotischen Dome. Im biblischen Bericht bedeuten die Ruinen des allzu ehrgeizigen, gegen den Himmel aufbegehrenden Turmbaus zugleich ein himmlisches Strafgericht. Gottes Zorn hatte gewaltet. Die offenbar von der Bibel vorausgesetzte ursprüngliche Einheit menschlichen Sprechens wurde beseitigt. Man sprach plötzlich in vielen verschiedenen Zungen, und keiner verstand mehr den anderen. Der babylonische Turm und die babylonische Verwirrung gehören zusammen.
Darum ist es notwendig, Johannes R. Bechers Gedicht noch einmal vorzustellen. Am Anfang dieser Erinnerungen wurde es in Verbindung gebracht mit dem Gesamtwerk seines Verfassers: die schwelende Angst wurde gespürt und benannt. Allein da war mehr. Das Gedicht ist erschreckend vielgründig. Wer es genauer

liest, wird sich fragen müssen, was der Schreiber dieser Verse davon wirklich gewußt und bewußt ausgesagt hat.

Turm von Babel

Das ist der Turm von Babel,
Er spricht in allen Zungen.
Und Kain erschlägt den Abel
Und wird als Gott besungen.

Er will mit seinem Turme
Wohl in den Himmel steigen
Und will vor keinem Sturme,
Der ihn umstürmt, sich neigen.

Gerüchte aber schwirren,
Die Wahrheit wird verschwiegen.
Die Herzen sich verwirren –
So hoch sind wir gestiegen!

Das Wort wird zur Vokabel,
Um sinnlos zu verhallen.
Es wird der Turm zu Babel
Im Sturz zu nichts zerfallen.

Becher hat im Titel seinem »Turm« den bestimmten Artikel verweigert. Nicht: Der Turm von Babel, sondern: Turm von Babel. Das babylonische Bauwerk als ein Gleichnis verstanden, nicht als eine – scheinbar – historische Reminiszenz. Die ersten Zeilen stellen beides vor: den Turm und die unermeßliche Vielfalt der

Sprachen und der Sprechenden. Dann aber folgt eine ganz unerwartete Wendung: *eine zweite biblische Mythe gesellt sich hinzu.* Die ersten Menschen. Adam und Eva, Kain und Abel. Die ersten Menschen und die erste Tötung von Menschen durch Menschen.

In sonderbarer Weise aber hat Becher auch hier den biblischen Mythos von Kain und Abel verfremdet. Der biblische Kain wurde nicht als Gott gefeiert. Ihn traf Gottes Zorn als Brandmarkung. Versehen mit dem »Kains-Zeichen«, zog er fort in die Welt, um ein Geschlecht künftiger Mörder zu zeugen. Bei Becher liest es sich anders. Dort wird Kain als Gott gefeiert. Wie ist diese sonderbare Pervertierung der Mythe zu verstehen?

Johannes R. Becher schrieb ein Gedicht in der »Sklavensprache«. Dieser Ausdruck war durchaus gebräuchlich in der Deutschen Demokratischen Republik, wenn Themen behandelt wurden, die der offiziellen Doktrin (und Lüge) widersprachen. Die Formulierung soll zuerst bei Lenin aufgetaucht sein, in seinen Anfängen zwischen Illegalität und Legalität. Wenn manches bloß angedeutet werden konnte, ohne ausdrücklich benannt zu werden. Man rechnete mit dem Verstehen von Lesern, die sich als Sklaven auch untereinander der Sklavensprache bedienten.

Meine Deutung des Becher-Gedichts geht dahin, daß der »Turm von Babel« mehr kennzeichnen sollte als Leben und Welt einer Deutschen Demokratischen Republik. Er meinte die Welt des sowjetischen Herrschaftsbereichs. *Der »Turm von Babel« als ein Gedicht über und gegen Stalin.* Dann ist Stalin = Kain, und Abel kann als Trotzki verstanden werden, oder

Bucharin, oder als einer der vielen von Stalin gleichfalls umgebrachten Moskauer Mit-Emigranten Bechers. Dann ist das Stalin-Reich zu verstehen als babylonische Architektur. Der Viel-Völker-Staat der sowjetischen Union spricht in vielen Sprachen. Darunter sind solche, die man in Babylon schon immer sprach, aber auch viele andere, die nunmehr unter babylonischer Herrschaft hinzukamen, weil man zur Kriegsbeute geworden ist. Der Mörder Kain als offiziell gefeierter Gott und Kriegsheld. »Personenkult«.

Die zweite Strophe ist ein Bericht im Sinne des siegreichen Kain. Er will Weltmacht sein, unbesiegbar. Sogar ein Jahrzehnt nach Stalins Tode hat N.S. Chruschtschow noch an den Turmbau geglaubt. Er verkündete in New York vor den Vereinten Nationen: man lebe bereits im Sozialismus; der Übergang zum Kommunismus sei abzusehen.

Die dritte Strophe berichtet, immer noch in der Sklavensprache, vom Fühlen und Denken der Sklaven in diesem Riesenreich. Die Welt der Gerüchte und Ängste. Eine Welt der Lüge zugleich, wie die Untertanen wissen. »Die Wahrheit wird verschwiegen.« Der Sprachenverwirrung folgt die »Verwirrung der Gefühle«, mit Heinrich von Kleist zu sprechen. Das wird kein gutes Ende nehmen.

Die vierte und letzte Strophe gehört dem Berichterstatter und Dichter. Er weiß, wie alles zu Ende ging. Mit der Lüge begann es. »Das Wort wird zur Vokabel, um sinnlos zu verhallen.« Zum Schluß glaubte keiner der Sklaven mehr an die Direktiven und verlogenen Utopien.

Die letzten beiden Zeilen sind höchst merkwürdig.

Der Berichterstatter steht plötzlich selbst mitten in der Welt des babylonischen Turms. Er berichtet gleichzeitig von den eigenen Ängsten der Gegenwart und vom künftigen geschichtlichen Verlauf, dem Untergang. »Es wird der Turm zu Babel im Sturz zu nichts zerfallen.«

So war es, und so ist es gekommen. Nichts aber wäre verwerflicher, wenn man dies Gedicht reflektiert, an seinen Dichter denkt und sein Thema, als ein Grinsen der Schadenfreude. Das böse deutsche Wort »Schadenfreude« ist schwer zu übersetzen. Die Franzosen sprechen von einer »mauvaise joie«, was dem eigentlichen deutschen Begriff ausweicht. Vergessen wir es nicht: das Gedicht »Turm von Babel« kann auch so gelesen werden, daß der Mörder und der Tod, wie in der »Todesfuge« von Paul Celan, aus Deutschland kommt. Es gibt kein Unglück in der heutigen Welt, ob an der Oder und der Neisse, an der Wolga oder am Jordan, welches nicht zurückzuführen wäre auf jenes schicksalhafte Datum des 30. Januar 1933. Wie bei allen wirklich »historischen« Daten wußten die damals Lebenden nicht, was man mit ihnen machen würde. Ernst Bloch nannte den Vorgang »Das Dunkel des gelebten Augenblicks«.

Man kann geschichtliche Vorgänge nicht als solche dekretieren. Es steht schlecht um die Feiertage der neueren deutschen Geschichte. Da gibt es keine in der Geschichte weiterwirkende Zerstörung der Bastille an einem 14. Juli. Keine Unabhängigkeitsfeier Vereinigter Staaten nach einem Befreiungskrieg von der Fremdherrschaft. Das *Wartburgfest* vom 18. Oktober 1817 war eine erschreckende Mischung aus

Freiheit und Restauration. Die Befreiungskriege von 1813 bis 1815 verdienten mit Recht den Namen der Befreiung und der Freiheit. Als dann aber junge Menschen, als damalige Dissidenten, die von den restaurierten fürstlichen Regierungen später verhaftet, hingerichtet, verjagt wurden, zugleich die lutherische Reformation und die Befreiungsschlacht von Leipzig dort feiern wollten, wo Luther die Bibel übersetzt und den Deutschen ihre Sprache gegeben hatte, wußten sie kein besseres Symbol für ihre Freude und Freiheitlichkeit zu finden, als eine *Bücherverbrennung*. Unter markigen Worten warf man die Symbole des Ancien régime und der Söldnerheere ins Feuer: den Zopf und den Krückstock. Aber auch das Bürgerliche Gesetzbuch der Französischen Revolution, den Code Napoléon. Aber auch Schriften der Aufklärung, nicht zuletzt Schriften der *Judenemanzipation*. Gebildete Studenten riefen jedesmal ihr Pereat. Was heißen sollte: Es möge verrecken!

Erinnerung an eine Deutsche Demokratische Republik. Sie ging zugrunde im Prozeß einer friedlichen Revolution. Schriftsteller haben dabei eine wichtige Rolle gespielt, die es müde waren, in der Sklavensprache zu schreiben. Man hat es gehört und gesehen. Das war vielleicht – in Berlin, am Alexanderplatz – der größte Augenblick. War sie damals, wie manche der Redner gehofft hatten, noch zu retten, die Deutsche Demokratische Republik? Das 20. Jahrhundert entläßt seine Zeitgenossen mit drei offenen – und vermutlich unlösbaren – Fragen. War der Untergang der Weimarer Republik zu vermeiden? War der Sieg Francos im Spanischen Bürgerkrieg in jedem Augenblick gesichert? War die Deutsche Demokratische Republik, deren Gründung bekanntlich als Gegengründung erfolgen mußte nach Proklamierung einer Bundesrepublik Deutschland, in keinem Augenblick wahrhaft lebensfähig? Die Nachgeborenen werden es wissen und zu entscheiden haben.

Personenregister

Abusch, Alexander 57 f., 60, 140
Achmatowa, Anna A. 155
Ackermann, Anton 120
Adenauer, Konrad 24 f., 42, 69, 81, 86 f., 124
Andersen Nexö, Martin 110
Andrič, Ivo 110
Andropow, Jurij W. 77, 125
Apitz, Bruno 204
Aragon, Louis 206
Aristophanes 249
Arnold, Karl 24

Babel, Isaak 129
Bachmann, Ingeborg 204
Barlach, Ernst 59, 193
Bartel, Kurt (Kuba) 96 f., 111, 127, 132
Bartel, Walter 56 f.
Barth, Karl 179
Bauer, Leo 93
Bebel, August 43
Becher, Johannes R. 11–15, 47 ff., 56 ff., 82, 100–115, 132, 134, 136, 137 ff., 142, 156, 157, 163, 193–199, 201, 203, 205 f., 258–263
Becher, Lilly 58, 109
Beckett, Samuel 258
Benjamin, Hilde 158 f.
Benjamin, Walter 158, 197, 205
Benn, Gottfried 100, 104 ff., 155
Beria, Lawrenti 88, 120 ff., 124 ff., 151
Biermann, Wolf 163, 194
Bloch, Ernst 52 f., 59, 72, 74, 118, 136, 141 f., 162, 193, 197, 199, 202, 248, 255, 263
Bloch, Karola 71 f.
Blum, Léon 37 f.
Böll, Heinrich 192, 200
Bohl, Friedrich 20
Borchert, Wolfgang 102
Brandler, Heinrich 40, 43
Brandt, Willy 23, 39, 55, 89
Brauer, Max 54
Brecht, Bertolt 49 f., 53, 59, 60, 95 ff., 112, 115, 117 f., 127, 135–139, 141, 156, 163, 191 f., 198, 201, 214, 236, 258 f.
Bredel, Willi 204, 206
Breitscheid, Rudolf 39
Brentano, Heinrich von 95
Breschnew, Leonid I. 14, 77, 151
Breughel, Pieter d. Ä. 12
Bronnen, Arnolt 102
Bucharin, Nikolai I. 31 f., 84, 155, 170, 182, 262
Buckwitz, Harry 135
Büchner, Georg 119
Burghard, Max 28
Busch, Ernst 141, 153
Byrnes, James Francis 26 f.

Camus, Albert 200
Cato, Marcus Porcius 17
Celan, Paul 263
Cervantes Saavedra, Miguel de 248
Chaplin, Charles 203
Chruschtschow, Nikita S. 51, 88, 121 f., 124 ff., 148, 151, 262

Claudel, Paul 188
Cocteau, Jean 251

Dahlem, Franz 36, 116, 144f.
Dahrendorf, Gustav 25
Dahrendorf, Ralf 25
Dimitroff, Georgi 36f., 45, 46, 152
Dirks, Walter 25
Döblin, Alfred 30, 189, 191
Dürrenmatt, Friedrich 200
Dymschitz, Alexander L. 26, 47

Eberlein, Erich 44, 109
Ebert, Friedrich (Vater) 22, 30
Ebert, Friedrich (Sohn) 22
Ehrenburg, Ilja 128–131
Eisler, Hanns 14, 43, 110, 112, 163, 193
Eluard, Paul 110
Erpenbeck, Fritz 199

Fadejew, Alexander 66f., 85
Felsenstein, Walter 48, 112
Feuchtwanger, Lion 189, 200
Fischer, Ernst 45f., 51, 206
Fischer, Ruth 43
Flaubert, Gustave 59
Fontane, Theodor 226, 237ff.
Franco Bahamonde, Francisco 37f., 265
Frank, Leonhard 53, 136, 189, 200
Franz Joseph, Kaiser von Österreich 240f.
Fried, Erich 105f.
Frings, Theodor 147
Frisch, Max 110, 200, 227
Fröhlich, Paul 71, 156f., 162

Gehlen, Reinhard 61
Gerst, Wilhelm H. 26
Girnus, Wilhelm 58ff., 117, 132, 193
Goebbels, Joseph 33
Goethe, Johann Wolfgang von 56, 60, 153f.
Gomulka, Wladyslaw 141
Gorbatschow, Michail S. 32, 68, 77, 125f., 151, 164, 256
Gotsche, Otto 160ff., 200
Grass, Günter 97, 192, 223
Grotewohl, Otto 18f., 22–27, 39, 40ff., 46, 53–62, 69, 90, 92, 118, 122, 123, 124
Guttuso Renato 110
Gysi, Klaus 140

Hacks, Peter 193f.
Habe, Hans 194f.
Hager, Kurt 68, 162–165, 199, 250
Hallstein, Walter 133f.
Harich, Wolfgang 140, 141f., 193
Harig, Gerhard 132
Harig, Käte 163
Hasenclever, Walter 102
Haubach, Theo 39
Hauptmann, Gerhart 193
Hausenstein, Wilhelm 188
Havemann, Robert 74, 193
Haydn, Joseph 14
Hebbel, Friedrich 108
Hein, Christoph 80, 150, 250–255
Heine, Heinrich 154
Hemingway, Ernest 38
Hermlin, Stephan 58, 79, 89f., 135, 161, 196
Herrnstadt, Rudolf 99, 119f., 122f., 125, 152, 193
Herzfelde, Wieland 197, 199

Hesse, Hermann 195
Heuss, Theodor 87, 188, 190f.
Heym, Georg 102
Heym, Stefan 82f.
Hilferding, Rudolf 39
Hindenburg, Paul von 21
Hirsch, Werner 34f.
Hitler, Adolf 33
Hoffmann, E. T. A. 59, 140
Holtzhauer, Helmut 118
Honecker, Erich 17, 50, 56f., 70–80, 120, 144, 149, 250, 252, 256
Honecker, Margot 72f.
Huch, Ricarda 47, 195, 204
Huchel, Peter 48f., 135, 163, 197ff.

Ihering, Herbet 50, 199

Jahnn, Hans Henny 191, 202
Janka, Walter 136, 203
Jarry, Alfred 235
Jaruzelski, Wojciech 257
Jean Paul s. Richter
Johnson, Uwe 91, 126f., 156, 208–242, 245
Johst, Hanns 205
Joyce, James 140, 200, 217
Jünger, Ernst 130

Kästner, Erich 63, 135, 194f.
Kafka, Franz 106, 140, 193, 200
Kaisen, Wilhelm 54
Kant, Hermann 200, 243–247
Kant, Immanuel 16, 254
Kantorowicz, Alfred 196, 197
Kaschnitz, Marie Luise 204
Keller, Gottfried 226
Kerr, Alfred 247
Kesten, Hermann 189
Kippenberg, Anton 106f.
Kipphardt, Heinar 131f., 139
Kisch, Egon Erwin 199
Kleist, Heinrich von 103, 262
Knef, Hildegard 95
Koeppen, Wolfgang 95, 194
Koestler, Arthur 123
Kogon, Eugen 25
Kolb, Walter 189
Kopf, Hinrich 54
Kraus, Karl 247
Krauss, Werner 52
Kreikemeyer, Otto 93
Krenz, Egon 78, 257
Kuckhoff, Adam 159
Kuckhoff, Greta 159f.
Kurella, Alfred 140f., 162, 204ff.
Kurella, Heinrich 205

Langgässer, Elisabeth 196
Langhoff, Wolfgang 50, 131, 204
Lasky, Melvin J. 197
Leber, Julius 23f., 39
Léger, Fernand 110, 129
Lehmann, Wilhelm 194
Lenin, Wladimir I. 31, 32, 108, 193, 249f., 261
Lenz, Siegfried 237f.
Leonhard, Rudolf 196f., 198
Lessing, Gotthold Ephraim 138
Leuschner, Wilhelm 39
Levi, Paul 43
Liebknecht, Karl 30, 31, 34, 108, 150f.
Livius, Titus 70
Lubbe, Marinus van der 35
Lukács, Georg 13, 59, 96, 102, 110, 114, 136, 139f., 141f., 164, 203, 239
Luxemburg, Rosa 30, 34, 43, 46, 108, 150f.

Maizière, Lothar de 69f., 90f.
Majakowski, Wladimir J. 66
Malenkow, Georgi M. 88, 120ff.
Malraux, André 188
Mandelstam, Ossip 129
Mann, Heinrich 38f., 67, 79, 104, 105, 190, 235
Mann, Klaus 191, 197, 251
Mann, Thomas 15, 52, 56, 96, 104, 107, 113, 134, 136, 139, 189, 190, 198, 203, 218, 235f., 240f., 258
Marchwitza, Hans 161
Markov, Walter 84, 99
Marx, Karl 15, 39, 257
Matern, Hermann 122
Melsheimer (Generalstaatsanwalt), 71, 142, 158
Mende, Erich 87
Meyer, Conrad Ferdinand 235
Meyer, Ernst Hermann 130
Meyerhold, Wsewolod E. 66
Mielke, Erich 38, 73, 77, 99, 119, 144, 253
Mierendorff, Carlo 39
Mittag, Günter 160
Molotow, Wjatscheslaw M. 33f., 88, 120ff., 151f., 155
Moravia, Alberto 188
Müller, Heiner 139, 163, 193
Münster, Clemens 25
Musil, Robert 217, 228, 240
Mussolini, Benito 37

Nagy, Imre 141
Neher, Carola 45, 109
Neruda, Pablo 188
Neumann, Alfred 189
Neumann, Heinz 44, 73, 109
Niekisch, Ernst 199
Nietzsche, Friedrich 164
Nolde, Emil 238

Oelßner, Fred 122f., 124
Ostrowski, Nikolai A. 67
Ottwalt, Ernst 44, 73, 109, 199

Papen, Franz von 47
Pasternak, Boris 65
Pechstein, Max 110
Pétöfi, Alexander 142
Picasso, Pablo 110, 129
Pieck, Wilhelm 17, 18, 24, 27, 36, 37, 40–53, 61f., 90, 92, 120, 148
Pike, David 108
Proust, Marcel 140, 200, 217

Raabe, Wilhelm 232
Rathenau, Walther 87
Rau, Heinrich 116, 145
Redslob, Edwin 195
Reimann, Max 69
Remmele, Hermann 44, 73, 109
Renn, Ludwig 58, 199, 204, 207
Reuter, Ernst 31, 54
Ribbentrop, Joachim von 33f., 152
Richter, Jean Paul Friedrich 133

Saller, Karl 115, 132f.
Sartre, Jean-Paul 41, 200, 213, 245
Scharoun, Hans 110
Scheidemann, Philipp 30
Schmid, Carlo 188
Schnitzler, Karl-Eduard von 28f., 98, 127
Schönberg, Arnold 193
Schostakowitsch, Dmitri D. 66, 130

Schumacher, Kurt 23, 25, 26, 28, 39, 54, 69
Schumann, Robert 225
Seebohm, Hans-Christoph 87
Seghers, Anna 29, 58, 196, 199, 201–204, 207
Semjonow, Wladimir S. 26, 122
Semprun, Jorge 188
Shakespeare, William 41
Shdanow, Andrei A. 59, 66, 138
Sindermann, Horst 144
Sinowjew, Grigori 31, 84, 150
Skrjabin, Alexander 155
Slansky, Rudolf 92 f.
Spiecker, Wilhelm 24
Stalin, Josef W. 31–38, 45, 46, 51, 66, 83 ff., 88, 105, 108, 109, 129, 140, 152, 155, 249, 257, 261 f.
Stern, Carola 148
Stevenson, Robert Louis 78
Strehler, Giorgio 135
Strittmatter, Erwin 97
Sueton (Suëtonius), Gajus S. Tranquillus 40, 70
Suslow, Michail A. 88, 121, 125

Tacitus, Publius Cornelius 40, 70
Thälmann, Ernst 31, 33 f., 36, 43 f., 73, 76
Thalheimer, August 40, 43
Togliatti, Palmiro 46
Torberg, Friedrich 135
Torgler, Ernst 35 f.
Tretjakow, Sergei 105
Trotzki, Leo 84, 126, 129, 261
Truman, Harry S. 26
Tschesno-Hell, Michael 58
Tulpanow, Sergei 26
Tuwim, Julian 110

Uhse, Bodo 58, 199
Ulbricht, Walter 17, 31, 33, 34, 36, 38, 39, 41 f., 44, 45, 50 f., 55, 61, 73–79, 90, 93, 98 f., 109, 111 f., 113, 116, 119, 122–127, 139 f., 141 f. 143–165, 182 f., 194, 233, 244 f., 250

Valentin, Karl 191

Wachsmuth, Bruno 58
Wagner, Richard 113, 251
Walden, Herwarth 44, 109, 199
Wangenheim, Gustav von 130
Wehner, Herbert 45
Weigel, Hans 135
Weigel, Helene 48
Weinert, Erich 109, 199
Weisenborn, Günther 47, 195
Wels, Otto 53
Wendt, Erich 199
Werfel, Franz 106
Wickert, Erwin 188
Wiechert, Ernst 195
Wiegler, Paul 198
Wilhelm II. 40, 67, 240
Wolf, Christa 204
Wolf, Friedrich 195, 196, 199, 204, 206
Wolf, Markus 256 f.
Wolff, Kurt 106
Wulf, Peter 20
Wyneken, Gustav 205

Zaisser, Wilhelm 99, 119, 123, 125
Zetkin, Clara 31
Zinner, Hedda 199
Zweig, Arnold 49 f., 53, 106, 115, 134 f., 136, 200, 202

Abkürzungen

ADN	Allgemeiner Deutscher Nachrichtendienst (DDR)
ČSSR	Tschechische und Slowakische Sozialistische Republiken, Tschechoslowakei
CDU	Christlich-Demokratische Union
FDJ	Freie Deutsche Jugend (DDR)
HJ	Hitlerjugend
KAPD	Kommunistische Arbeiterpartei Deutschlands
Komsomol	Kommunistische Jugendorganisation in der Sowjetunion (kommunistitsches i sojus molodjoschi)
KPD	Kommunistische Partei Deutschlands
KPdSU	Kommunistische Partei der Sowjetunion
LDP	Liberal-Demokratische Partei (DDR)
NEP	Neue Ökonomische Politik
NWDR	Nordwestdeutscher Rundfunk
PEN	Internationale Schriftstellervereinigung (International Association of Poets, Playwrights, Editors, Essayists, and Novelists)
SED	Sozialistische Einheitspartei Deutschlands
SPD	Sozialdemokratische Partei Deutschlands
USPD	Unabhängige Sozialdemokratische Partei Deutschlands
VKPD	Vereinigte Kommunistische Partei Deutschlands
VVN	Vereinigung der Verfolgten des Naziregimes
W. U.	Walter Ulbricht